WILFRIED FELDENKIRCHEN

WERNER VON SIEMENS

WILFRIED FELDENKIRCHEN

WERNER VON SIEMENS

Erfinder und internationaler Unternehmer

PIPER MÜNCHEN ZÜRICH

Erweiterte und veränderte Ausgabe von
»Werner von Siemens.
Erfinder und internationaler Unternehmer«,
Siemens-Aktienges. [Abt. Verlag], Berlin–München 1992.

ISBN 3-492-03897-2

Gesamtherstellung: Kösel, Kempten
Printed in Germany

Inhalt

Vorwort

Werner von Siemens verkörpert in einzigartiger Weise die Kombination von genialem Erfinder und Wissenschaftler auf der einen sowie erfolgreichem und visionärem Unternehmer auf der anderen Seite. In einer Zeit, die von umwälzenden Veränderungen in Politik, Wirtschaft und Gesellschaft geprägt war, hat er das Leben der Menschen durch die Erfindung und Nutzbarmachung innovativer Technologien entscheidend beeinflußt.

Die von Werner von Siemens und Johann Georg Halske im Jahr 1847 gegründete »Telegraphen-Bauanstalt von Siemens & Halske« ist die Keimzelle der heutigen Siemens AG; die Firma gehört fast 150 Jahre nach ihrer Gründung zu den größten elektrotechnischen Unternehmen der Welt. Die überragende Bedeutung des Unternehmensgründers Werner von Siemens als eine für das Geschichtsverständnis des Hauses Siemens zentrale Identifikationsinstanz spiegelt sich bis in die Gegenwart sowohl in den Unternehmensleitlinien als auch in einem bis heute bestehenden Geschäftsverständnis, das sich mit der technisch-wirtschaftlichen Nutzung der Elektrizität im universalen Sinne umschreiben läßt und die Vertretung auf allen Regionalmärkten der Welt einschließt.

Die vorliegende Biographie befaßt sich schwerpunktmäßig mit der unternehmerischen Bedeutung des Werner von Siemens, die in der Forschung angesichts seiner bahnbrechenden technischen Leistungen etwas in den Hintergrund getreten ist. Gleichzeitig werden die vielfältigen Facetten seiner Persönlichkeit, wie sie in seinem politischen und sozialen Engagement, seiner Einstellung gegenüber der Familie und Freunden sowie in zahlreichen selbstkritischen Äußerungen zutage treten, vor dem Hintergrund der gesellschaftlichen, wirtschaftlichen und technischen Rahmenbedingungen des 19. Jahrhunderts beleuchtet.

Die aus Anlaß der 100. Wiederkehr des Todestages von Werner von Siemens entstandene und 1992 in einer ersten Auflage veröffentlichte Biographie wurde für die vorliegende zweite Auflage überarbeitet und unter Einbeziehung weiterer, bei der ersten Auflage noch nicht zugänglicher Quellen und neuer Forschungsergebnisse aktualisiert und erweitert.

Bei der Vorbereitung dieser zweiten Auflage wurde ich wieder von vielen Personen unterstützt. Mein besonderer Dank gilt Frau Almuth Bartels und Herrn Dr. Lothar Schoen vom SiemensForum in München, die sich der Mühe einer Durchsicht des Manuskripts unterzogen haben, und meiner Lehrstuhlsekretärin Frau Susanne Piehl für die umfangreichen Schreibarbeiten.

Nürnberg, im August 1996 Wilfried Feldenkirchen

Einführung

Mitte der dreißiger Jahre des vorigen Jahrhunderts setzte in Deutschland der Prozeß der Industrialisierung ein, der sich um die Jahrhundertmitte beschleunigte und dazu führte, daß das noch weitgehend agrarisch geprägte, wirtschaftlich weit hinter den westeuropäischen Nachbarstaaten zurückgebliebene Land innerhalb weniger Jahrzehnte zu einer der führenden Industrienationen der Welt wurde. In der ersten Phase wurde die Industrialisierung vor allem durch den Eisenbahnbau und die rasch steigende Produktion im Maschinenbau sowie in der Schwerindustrie getragen. Die auch als »zweite Industrialisierung« bezeichnete Entwicklungsphase am Ende des 19. Jahrhunderts, die im internationalen Vergleich in Deutschland besonders dynamisch verlief, wurde dagegen durch die zunehmende Nutzbarmachung der Elektrizität und die Verwertung neu entwickelter anorganischer und organischer chemischer Produkte, beides grundlegende Innovationen im Sinne des österreichischen Ökonomen Joseph Schumpeter[1], bestimmt, wenn auch der Produktionswert dieser »neuen« Industriezweige Elektrotechnik und Chemie und ihr Anteil an der Gesamtzahl aller Beschäftigten vor 1914 im Vergleich zu den »alten« Industrien noch gering waren. Die überdurchschnittlich hohen Wachstumsraten und die erkennbaren Entwicklungsmöglichkeiten deuteten jedoch schon die zukünftige Rolle dieser Industrien im modernen Wirtschaftsleben an, die in ihrer Entwicklung vor allem durch den technischen Fortschritt bestimmt wurden.

Die Entwicklung der Elektrotechnik

Die Elektrizitätslehre war am Ende des 18. Jahrhunderts aus der Beobachtung und Deutung physikalischer Erscheinungen entstanden und als etwas absolut Neues neben die Mechanik und die Anfänge der Wärmelehre getreten. Innerhalb von zwei Jahrhunderten wurde die Elektrizität als neue Energieform in ihrer praktisch verwendbaren Form entdeckt, erforscht und im weitesten Ausmaß zur Anwendung gebracht. Ähnlich wie sich der gesamtwirtschaftliche Wachstumsprozeß seit der Mitte des 19. Jahrhunderts aufgrund der stimulierenden primären und sekundären Wirkungen der Einkommens- und Kapazitätseffekte selbst trug, wurde die Entwicklung der Elektroindustrie, das heißt jenes Wirtschaftsbereiches, der Maschinen und Apparate zur Erzeugung, Speicherung, Fortleitung und Umsetzung elektrischer Energie in andere Energieformen herstellt, durch die ständig erweiterten technischen Möglichkeiten vorangetrieben.[2] Aufgrund neuer Forschungen und Erkenntnisse wurden der Elektrizität immer wieder zusätzliche Anwendungsmöglichkeiten erschlossen, so daß die Elektrotechnik heute unmittelbar oder mittelbar mit allen Bereichen des Lebens verbunden ist und die Wachstumselastizität des Weltelektromarktes gegenüber der Zunahme des weltweiten Sozialprodukts bis heute eine steigende Tendenz hat. Mit einer Größenordnung von 3130 Mrd. DM im Jahre 1995 ist der Weltelektromarkt einer der ganz großen Märkte, und die Elektroindustrie ist mit einem Anteil von ca. 15% an der Bruttowertschöpfung des verarbeitenden Gewerbes nach der chemischen und mineralölverarbeitenden Industrie die zweitgrößte Industriebranche Deutschlands.

Bis zum Jahre 1780, als Galvani (1737–1798) die später nach ihm benannte Kontaktelektrizität entdeckte, war die Elektrizität nur in der durch Reibung erzeugbaren Form bekannt, der kaum eine praktische Bedeutung zukam. Die Beobachtung der Reibungselektrizität, des Blitzes und des Ma-

Bild 1
Oersted demonstriert die Ablenkung der Magnetnadel in der Nähe eines stromdurchflossenen Leiters

gnetismus weckten jedoch in der zweiten Hälfte des 18. Jahrhunderts, der Epoche der Aufklärung, zunehmend die Neugier einiger Denker und Physiker. Elektrotechnische Experimente führten zur Entdeckung neuer Phänomene, von denen sich einige schon bald in praktische Anwendungen umsetzen ließen. Charles Augustin de Coulomb (1736–1806) entdeckte das nach ihm benannte Gesetz von der Anziehungs- und Abstoßungskraft elektrischer Ladungen; der von Benjamin Franklin (1706–1790) in den USA erfundene Blitzableiter hat seine Bedeutung bis in die Gegenwart behalten. Georg Simon Ohm (1789–1854) stellte erstmals in dem nach ihm benannten Gesetz den Zusammenhang zwischen Strom, Spannung und Widerstand fest; André Marie Ampère (1775–1836) stellte das nach ihm benannte Gesetz über die Wechselwirkung zweier paralleler stromdurchflossener Leiter auf. Hans Christian Oersted (1777–1851) entdeckte bei der Untersuchung der Begleiterscheinungen des kontinuierlich fließenden Stroms die Ablenkung einer Magnetnadel durch elektrischen Strom und wurde mit der Erkenntnis, daß zwischen elektrischen und magnetischen Kräften wechselseitige Beziehungen bestehen, zum Begründer der Lehre vom Elektromagnetismus.

In den folgenden Jahrzehnten entwickelten die Briten Michael Faraday (1791–1867) und James Clerk Maxwell (1831–1879) systematisch die experimentellen Grundlagen der Elektrotechnik.[3] Faraday erkannte, daß beim Bewegen einer Spule im Magnetfeld eine Spannung erzeugt wird (Induktion).[4] Damit war die Grundlage zur Ausnutzung der Elektrizität als Kraftquelle geschaffen. Maxwell bestätigte die von Oersted und Faraday gefundenen Zusammenhänge

Bild 2
Michael Faraday (1791–1867)

zwischen elektrischem Strom und Magnetfeld, stellte die nach ihm benannten Gleichungen auf und schuf das theoretisch-mathematische Rüstzeug für die dann tätig werdenden Praktiker.

Obwohl das Prinzip der elektromagnetischen Induktion die Umwandlung mechanischer Energie in elektrische möglich machte, waren einer praktischen Anwendung Grenzen gesetzt. Galvanische Elemente[5] konnten nicht in beliebiger Größe hergestellt werden, und die magnetelektrischen Maschinen benötigten für höhere Leistungen große Permanentmagnete, deren Herstellung sich schwierig gestaltete und die zudem noch den Wirkungsgrad der Maschinen verschlechterten.[6]

Die Anfänge der Elektroindustrie sind daher identisch mit der Entwicklung der Schwachstromtechnik, wie man damals die Nachrichtentechnik in Abgrenzung zur Starkstrom-(Energie-)technik nannte. Die ersten Produkte der zunächst noch handwerklich-manufakturmäßig[7] organisierten Schwachstrom»industrie« waren der Telegraphenapparat, die Freileitung und das Kabel für den Nachrichtenweitverkehr. Der Amerikaner Samuel Morse (1791–1872) baute 1837 den ersten, eine zickzackförmige Schrift hervorbringenden Telegraphenapparat, da weder die bestehenden optischen Systeme[8] noch der Zeigertelegraph von Wheatstone (1802–1875) dem mit der entstehenden Weltwirtschaft rasch zunehmenden Informations- und Kommunikationsbedarf genügen konnten. Das Medium der Nachrichtenübermittlung war der von einem Element gelieferte Gleichstrom, der im Rhythmus der Morsezeichen für kurze oder längere Zeit zugeschaltet wurde.

Werner von Siemens

In die Reihe jener überragenden Persönlichkeiten, die die Voraussetzungen dafür schufen, daß die Elektrotechnik sich aus dem Stadium der experimentellen Beschäftigung zur Elektroindustrie entwickeln konnte, gehört Werner Siemens – seit 1888 nach der Verleihung des erblichen Adelstitels Werner von Siemens –, dessen Name für die frühe deutsche Elektrotechnik steht.[9]

Die Persönlichkeit Werner von Siemens (1816–1892) und das von ihm zusammen mit Johann Georg Halske (1814–1890) im Jahre 1847 gegründete Unternehmen Siemens & Halske, die Keimzelle der heutigen Siemens AG, haben schon früh die Aufmerksamkeit von Biographen, Wirtschafts- und Technikhistorikern auf sich gezogen. Schon kurz nach seinem Tode und noch unter den kritischen Augen des in Rußland geadelten Carl Siemens (1829–1906), einem jüngeren Bruder des Firmengründers, begann Richard Ehrenberg seine nie vollendete, 1906 in einem ersten Band erschienene Studie über »Die Unternehmungen der Brüder Siemens«. Aus Anlaß des 100. Geburtstages publizierte Conrad Matschoß eine kurze Beschreibung von »Leben und Werk« von Werner von Siemens in Verbindung mit einer Teiledition seiner Briefe. Eine vorläufige Synthese dieser Arbeiten und zahlreicher zwischenzeitlich verfaßter Spezialstudien veröffentlichte Sigfrid von Weiher im Jahre 1966 zum 150. Geburtstag des Gründers der deutschen Elektrotechnik.[10]

Die bisherigen Arbeiten über Werner von Siemens haben vor allem seine überragende Bedeutung für die technische Entwicklung der Elektroindustrie hervorgehoben, eine Betrachtungsweise, die wegen seiner bahnbrechenden Erfindungen und Entwicklungen beispielsweise beim Zeigertelegraphen und beim dynamoelektrischen Prinzip – um nur die wichtigsten, mit der heutigen Mikroelektronik in ihren Wirkungen durchaus vergleichbaren zu nennen – gerechtfertigt erscheint. Wegen dieser hervorragenden Leistungen auf dem Gebiet der Technik ist jedoch seine unternehmerische Bedeutung etwas in den Hintergrund getreten, obwohl er damals der jungen Wissenschaft Elektrotechnik nicht nur durch seine Erfindungen wichtige Impulse gegeben, sondern auch als Unternehmer die Entwicklung der Elektroindustrie entscheidend vorangetrieben hat.

Die Betonung der Technik in den bisherigen Veröffentlichungen über Werner von Siemens dürfte darauf zurückzuführen sein, daß dieser sich selbst immer als Wissenschaftler und Erfinder sehen wollte, während er dem Beruf des Kaufmanns weder große Neigung noch besondere Wertschätzung entgegenbrachte.[11] Dennoch war er trotz seines starken technischen Interesses bis in seine letzten Jahre bemüht, rentable und prestigebringende Unternehmungen zu übernehmen, die durchaus nicht nur aus der Fabrikation, sondern auch aus Installation und Betrieb bestanden.[12]

Die neuere Unternehmensforschung geht davon aus, daß ein Unternehmer sich von einem Manager darin unterscheidet, daß er über die betriebliche Leitungsebene hinaus Entscheidungen von grundsätzlicher strategischer Bedeutung trifft, und sich vom Kapitalisten dadurch abhebt, daß der Einsatz von eigenem Kapital für seine Funktion nur

Bild 3
Werner von Siemens (1816–1892)

von sekundärer Bedeutung ist. Werner von Siemens hat lange Zeit auch Manageraufgaben in seinem Unternehmen wahrgenommen und war nach der ersten Konsolidierung der wichtigste Kapitalgeber seiner Firmen, doch standen seine unternehmerischen Aufgaben stets im Vordergrund.[13]

Die Telegraphen-Bauanstalt von Siemens & Halske

Wenn überhaupt, ist die Geschichte der Siemensfirmen als eine Geschichte der Berliner Firma Siemens & Halske geschrieben worden, obwohl die unternehmerische Strategie von Werner von Siemens schon vor der Gründung der Telegraphen-Bauanstalt im Jahre 1847 stark auslandsorientiert war, das Bestehen des Berliner Geschäfts über längere Zeit fast ausschließlich auf seinen Beziehungen zum Ausland beruhte, die Aufwärtsentwicklung der ausländischen Niederlassungen zeitweise die des Berliner Stammhauses übertraf und die internationale Ausrichtung der heutigen Siemens AG Teil einer auf den Gründer zurückreichenden Unternehmenskultur ist. Seit ihrer Gründung hatte die Firma den Charakter eines europäischen Unternehmens deutscher Prägung. Diese internationale Orientierung erhielt bereits Ende der 1870er Jahre einen besonderen Akzent durch die Errichtung einer Fertigung in Österreich und ab 1890 durch den Aufbau eigener Technischer Büros im In- und Ausland. Nur wenige deutsche Unternehmer sind damals mit solcher Bestimmtheit ins europäische Ausland gegangen wie Werner von Siemens und seine Brüder.

Die vorliegende Arbeit stellt daher die maßgeblichen strategischen Entscheidungen zur Entwicklung des multinationalen Unternehmens Siemens, die spezifischen Anlässe für das Auslandsengagement und die Absatzstrategien des Unternehmens im Ausland in den Mittelpunkt der Betrachtung. Die Leistungen von Werner von Siemens als Wissenschaftler, Techniker und Erfinder sollen durch die hier gewählte Betonung der unternehmerischen Tätigkeit keineswegs geschmälert werden, zumal sie letztlich die Grundlage seines wirtschaftlichen und gesellschaftlichen Aufstiegs bildeten. Der offenkundige wirtschaftliche Erfolg der Unternehmungen von Werner von Siemens und seinen Brüdern im In- und Ausland rechtfertigt jedoch eine Betrachtung, die den Ursachen dieses Erfolges in den äußeren Umständen, aber auch in den Unternehmerpersönlichkeiten des Firmengründers und seiner Brüder nachgeht.

Multinationale, weltweit arbeitende Unternehmen sind in den letzten Jahren verstärkt in das Blickfeld der Öffentlichkeit, aber auch der wirtschaftshistorischen Forschung gerückt. Gerade im angloamerikanischen Bereich ist die Frage, warum derartige Unternehmen entstanden sind und welche Einflüsse sie auf die internationale Wirtschaftsverflechtung haben, häufig diskutiert worden. Fallstudien haben gezeigt, daß Unternehmen auf dem Weg zum internationalen Konzern meist eine Stufenfolge durchlaufen. In der ersten Phase der Exportorientierung verkaufen unabhängige Agenten die Firmenprodukte im Ausland. In der zweiten Phase erwirbt das Unternehmen eine Exportagentur oder bestellt einen Exportmanager. Im Zuge der Aufgabenerweiterung dieser Agentur gründet das Unternehmen anschließend eine Verkaufsfiliale oder eine Tochtergesellschaft im Ausland, bevor es auf der letzten Stufe selbst die Produktion im Ausland aufnimmt.

Die Vorläuferfirmen der heutigen Siemens AG gehörten nicht zu den Unternehmen, die auf diese Art ihr internationales Geschäft begründet und ausgebaut haben. Der in der Literatur vereinzelt vertretenen Meinung, daß der internationale Verbund der Siemensfirmen in Berlin, London und St. Petersburg mehr dem Modell vorindustrieller hugenottischer Bankiers- und Kaufmannsfamilien als dem multinationaler Unternehmen entsprochen hätte[14], kann jedoch nicht zugestimmt werden. Werner von Siemens und seine Brüder bemühten sich schon mit ihren ersten Erfindungen und wirtschaftlichen Unternehmungen um

Erfolg außerhalb Deutschlands. Indem sie Tochterunternehmen und eigene Produktionsstätten im Ausland bald nach Gründung der Firma Siemens & Halske in Berlin errichteten, entsprachen sie einem wichtigen Kriterium multinationaler Unternehmen.[15] Die von Beginn an festzustellende internationale Ausrichtung hat ihre Ursache zum Teil sicher in den Besonderheiten der noch jungen Elektro»industrie« um die Mitte des vorigen Jahrhunderts. Schon aus Gründen der Patentsicherung war die Elektroindustrie ebenso wie die chemische Industrie an einem frühzeitigen Auftreten im Ausland interessiert. Auch die Eigenart der ersten elektrotechnischen Produkte wie der Telegraphenanlagen, die der Abdeckung einer nicht unmittelbar marktbestimmten und nicht der allgemeinen Konjunkturentwicklung unterworfenen, aber durch wenige, meist staatliche oder halbstaatliche Großkunden bestimmten, nach dem Beweis der Brauchbarkeit der neuen Einrichtung rasch steigenden Nachfrage dienten, zwang zu frühzeitiger Auslandsorientierung. Zum anderen Teil ist die Wurzel für das Auslandsengagement aber in den Persönlichkeiten der Brüder Siemens, in ihren Anschauungen und politischen Überzeugungen sowie ihrer tiefen Familienbindung zu suchen. Die schnelle Expansion war allerdings nicht immer unproblematisch und brachte neben finanziellen Risiken auch Spannungen zwischen dem Stammhaus und den Unternehmungen im Ausland mit sich.

Pläne, Konflikte und Anschauungen des Firmengründers und seiner am Unternehmen beteiligten Brüder lassen sich aufgrund der ausgezeichneten Quellenlage recht gut nachzeichnen. Werner von Siemens verfaßte nach seinem Ausstieg aus dem aktiven Geschäft seine »Lebenserinnerungen«, die 1892 noch kurz vor seinem Tod erschienen und heute, mit einer fachkundigen Einleitung versehen, bereits in der 18. Auflage vorliegen.[16] Wenn auch die Rückschau auf ein im ganzen erfolgreiches Leben manchen Konflikt im nachhinein mildert und verklärt, so liefert diese Auto-

Bild 4
Fünf Brüder Siemens um 1860:
hinten (von links): Walter, Carl, Werner und Otto;
davor: Wilhelm und seine Frau Anne, geb. Gordon

biographie doch wichtige Aufschlüsse über die Persönlichkeit von Werner von Siemens.

Nach dem frühen Tod von Werners jüngerem Bruder Wilhelm (1823–1883), der fast sein ganzes berufliches Leben in England verbracht hatte, ließ dessen Witwe Anne eine »offizielle« Biographie verfassen. Dem Autor, William Pole, standen dazu Wilhelms Nachlaß, seine Aufzeichnungen und Briefe sowie mündliche Zeugnisse seiner Ehefrau und seiner Freunde zur Verfügung. Damit wird auch diese zeitnahe Biographie zu einer wichtigen Informationsquelle, obwohl Probleme oder Konflikte zwischen den Brüdern vom Autor wenig berücksichtigt wurden.

Einen umfassenden Eindruck der subjektiven Lageeinschätzung, der Pläne und der die Handlungen bestimmenden Motive gewinnt man aus dem Briefwechsel Werners mit seinen Brüdern. Der meist in Berlin residierende »Senior« führte mit seinen jüngeren Brüdern und Geschäftspartnern Wilhelm und Carl (1829–1906) über Jahrzehnte hinweg eine überaus lebhafte, mehr als 5000 Briefe umfassende Korrespondenz, die, in fast ununterbrochener Folge geführt, alles enthält, was die Brüder in wissenschaftlicher, kaufmännischer und persönlicher Hinsicht beschäftigte, und die zum großen Teil im Siemens-Archiv, München, in transkribierter Form zugänglich ist.[17] Nach der Veröffentlichung der ersten Auflage dieses Buches wurden weitere umfangreiche, bisher als verschollen geltende Siemens-Akten im sogenannten Dornburg-Archiv[18] bekannt, die für die zweite Auflage eingesehen werden konnten.

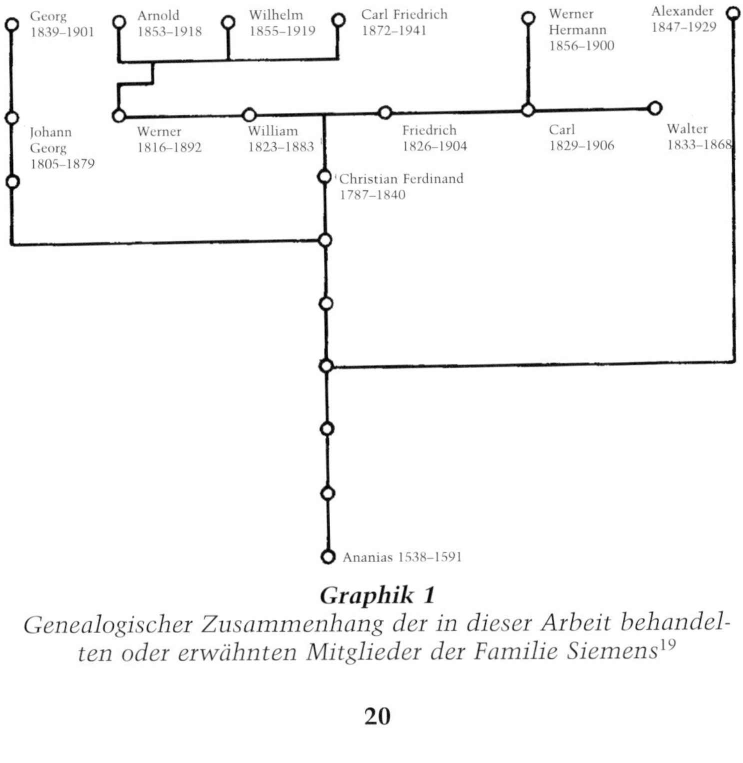

Graphik 1

Genealogischer Zusammenhang der in dieser Arbeit behandelten oder erwähnten Mitglieder der Familie Siemens[19]

Dieses reichhaltige Material bietet eine wertvolle Ergänzung der Geschäftsakten, die sowohl im Hinblick auf die auswärtigen als auch auf die Berliner Unternehmungen bereits in Untersuchungen aufgearbeitet worden sind.[20] Sie lassen ein facettenreiches Bild des Unternehmers Werner von Siemens entstehen, das den vorherrschenden Eindruck vom genialen Techniker und Erfinder ergänzt.

Die folgende Darstellung ist nach einer kurzen Zusammenfassung der wirtschaftlichen Rahmenbedingungen im wesentlichen chronologisch aufgebaut. Nach einer kurzen Skizze der familiären Verhältnisse, der Kindheit und Jugend Werners, soweit sie sich aus den spärlichen Zeugnissen rekonstruieren lassen, sowie seiner fünfzehnjährigen Militärzeit folgt die Schilderung seiner unternehmerischen Aktivitäten in zwei großen Abschnitten. Bis zur Mitte der 1860er Jahre kann man von einer Aufbauphase des Unternehmens Siemens & Halske sprechen. In dieser Epoche stand neben dem Erfinder der Feinmechaniker im Vordergrund. Die Fabrikation erfolgte vorwiegend in Handarbeit. Arbeitsteilung oder der Einsatz von Maschinen spielten keine große Rolle. Die ersten Schritte hin zur Trennung vom Sozius Johann Georg Halske (1814–1890)[21], Werners verändertes politisches Engagement – der liberale Oppositionelle wandelte sich im Jahre 1866 binnen weniger Monate zu einem Bismarck-freundlichen Nationalliberalen[22] –, schließlich auch die Erschließung neuer Unternehmensbereiche durch die Starkstromtechnik, die die Schwachstromtechnik aufgrund der damals viel zahlreicheren Anwendungsmöglichkeiten bald überflügelte, leiteten einen neuen Abschnitt in der Firmengeschichte ein. Die Fabrikationsmethoden änderten sich, der Einsatz von Maschinen und bald auch von Spezialmaschinen nahm zu, kaufmännische Fragen traten neben technische Überlegungen. Die der Elektroindustrie seit ihren Anfängen innewohnende Tendenz zum Großbetrieb, die in der Phase des Telegraphenwesens vor allem auf die schwierige Technik, die geringe Zahl der Kunden und deren Interesse an einer langfristig gesicherten gleichmäßigen Lieferung zurückzuführen war, verstärkte sich noch wegen des hohen Kapitalbedarfs der Starkstromindustrie und der Konjunkturkrise der Jahrhundertwende, von der die zum Teil mit risikoreichen Finanzierungsmethoden arbeitenden Teile der Elektroindustrie besonders betroffen waren. Daher standen sich nach der Einflußnahme der Siemens-Schuckertwerke auf die Bergmann-Elektricitäts-Werke im Jahre 1912 mit dem Haus Siemens und der AEG zwei etwa gleich starke Unternehmensgruppen gegenüber, die den deutschen Markt weitgehend beherrschten, dabei auf manchen Teilgebieten heftig miteinander konkurrierten, auf anderen gemeinschaftlich vorgingen und sogar gemeinsame Tochtergesell-

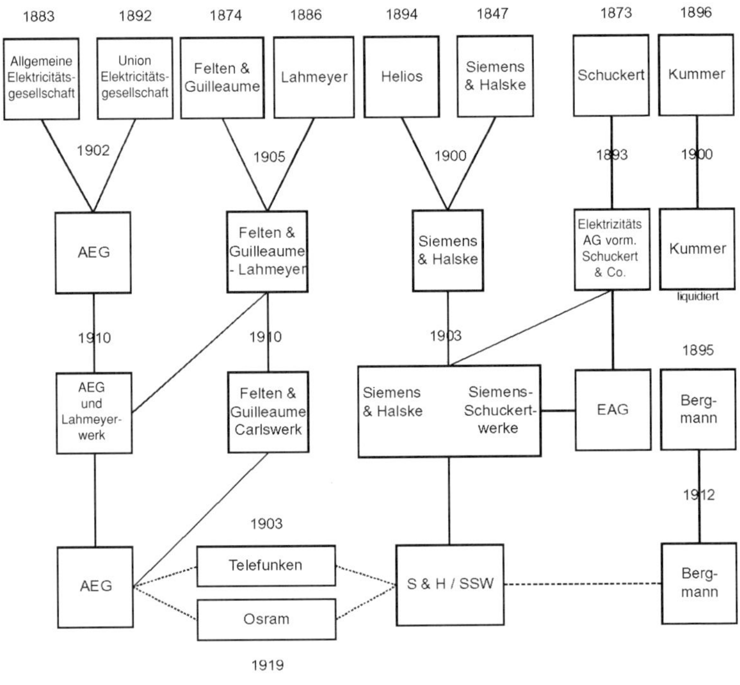

Graphik 2
Die Konzentration in der deutschen Elektroindustrie[23]

schaften gründeten, von denen die Telefunken GmbH die wichtigste war.

Die wesentlichen Parameter für den Erfolg des Unternehmens, der ganz wesentlich von dem persönlichen Stil und dem Selbstverständnis seines Gründers abhing, soll in einem weiteren Kapitel erörtert werden. Am Schluß steht der Ausblick auf die weitere Entwicklung des Hauses Siemens bis zum Ersten Weltkrieg.

Die deutsche Wirtschaft in der zweiten Hälfte des 19. Jahrhunderts

Gründung und frühe Entwicklung der Firma Siemens & Halske, »deren Geschichte gleichzeitig die Geschichte der deutschen Elektrotechnik widerspiegelt«, da »keiner der Konkurrenten nach Größe, Qualifikation, Ansehen, Kontakten, Marktbeherrschung und Macht ... an sie heranreichte«[24], fallen in die Phase der Hochindustrialisierung in Deutschland und in die Zeit der Entstehung der Weltwirtschaft. Diese Rahmenbedingungen haben einerseits die Voraussetzungen für das Wachstum des Unternehmens geschaffen, sind andererseits aber in ihrer Gestaltung auch durch die Erfindungen und die wirtschaftliche Betätigung von Siemens & Halske entscheidend beeinflußt worden. Der folgende kurze Abriß über die wesentlichen Strukturen der deutschen Wirtschaft in der zweiten Hälfte des 19. Jahrhunderts soll diese Rahmenbedingungen veranschaulichen.

Die gesamtwirtschaftliche Entwicklung in Deutschland

Die deutsche Wirtschaft war bis in die erste Hälfte des 19. Jahrhunderts gekennzeichnet durch das Überwiegen der Agrarwirtschaft, das relative Zurücktreten von Handel und Verkehr sowie des Gewerbes, und dazu auch der internationalen Verflechtungen. Gefördert wurde dieser Rückstand Deutschlands gegenüber seinen westeuropäischen Nachbarländern durch das Fehlen einer einheitlichen deutschen Volkswirtschaft. Nachdem der Beginn des Eisenbahnbaus, die Gründung des Deutschen Zollvereins, die Errichtung gewerblicher Großbetriebe in der Textilindustrie und im Maschinenbau sowie die erheblichen Produktionssteigerungen im Kohlebergbau und in der Eisenverarbeitung in den Jahren 1834–1849 die Voraussetzungen für die ab 1850 in Deutschland beschleunigt einsetzende Industrialisierung geschaffen hatten, ist der Wachstumsprozeß der deutschen Wirtschaft mit Ausnahme der Jahre 1874–1880 von der Mitte des 19. Jahrhunderts bis zum Ausbruch des Ersten Weltkrieges ohne längere Unterbrechung verlaufen.

Gefördert durch die günstigen Folgen eines gegenüber England um mehrere Jahrzehnte, gegenüber den westeuropäischen Nachbarstaaten um etwa 20–25 Jahre verzögerten Eintritts in die auch als Take-off-Phase bezeichnete

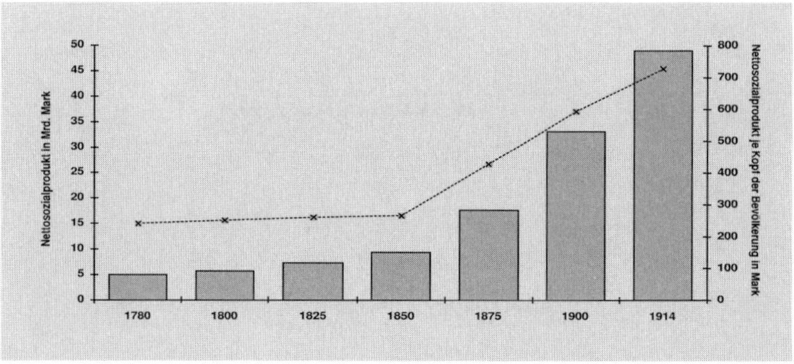

Graphik 3

Entwicklung des Nettosozialprodukts (Balken) und des Nettosozialprodukts je Kopf der Bevölkerung (Linie) 1780–1914 (in Preisen von 1913)[25]

Hochindustrialisierung ist die gesamtwirtschaftliche Leistung – das Sozialprodukt – bei tendenziell zunehmenden Wachstumsraten in Deutschland im Zeitraum 1850–1913 real um durchschnittlich 2,6% im Jahr und damit weit schneller als die der alten Industrienationen Großbritannien und Frankreich gestiegen.

Trotz des historisch vorbildlosen Bevölkerungswachstums in Deutschland von etwa 35 Millionen im Jahre 1850 auf etwa 67 Millionen im Jahre 1913 bewirkte der Industrialisierungsprozeß eine langfristige Steigerung der Realeinkommen und des Lebensstandards. Eine Vermehrung der für den Verbrauch, für Investitionen und Exporte bereitstehenden Gütermengen hatte es in diesem Ausmaß in Deutschland innerhalb einer solch kurzen Zeitspanne noch nie gegeben.

Bei einer absolut weiter zunehmenden Erzeugung im in der vorindustriellen Wirtschaft vorherrschenden primären Sektor Land- und Forstwirtschaft und einer nicht unerheb-

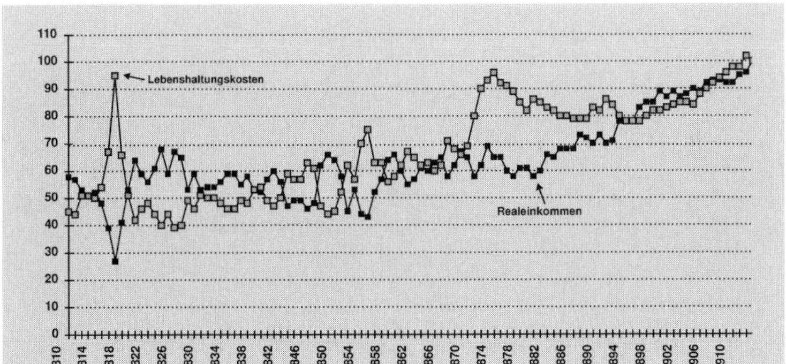

Graphik 4
Die Entwicklung von Lebenshaltungskosten und Realeinkommen von Arbeitnehmern in Deutschland 1810–1913 (1913 = 100)[26]

lichen Produktivitätssteigerung auch in diesem Bereich, die nicht nur die Voraussetzungen für die Ernährung einer steigenden Bevölkerung, sondern auch die für eine Industrialisierung notwendige Freisetzung von Arbeitskräften für die entstehenden Fabriken schuf, war das Wachstum der Produktion von Gewerbe und Industrie besonders hoch, so daß der Beitrag des sekundären Sektors zum Bruttosozialprodukt vor dem Ersten Weltkrieg bereits bei mehr als 45% lag. Während am Anfang des 19. Jahrhunderts noch mehr als zwei Drittel aller Beschäftigten in Deutschland in der Land- und Forstwirtschaft gearbeitet hatten, war der Anteil um die Mitte des 19. Jahrhunderts bereits auf etwa 55% und bis 1913 trotz eines bis nach der Jahrhundertwende anhaltenden absoluten Wachstums bereits auf ein Drittel gesunken. Dem rückläufigen Anteil der landwirtschaftlich Beschäftigten entsprach eine absolute und relative Zunahme der gewerblich Beschäftigten, der

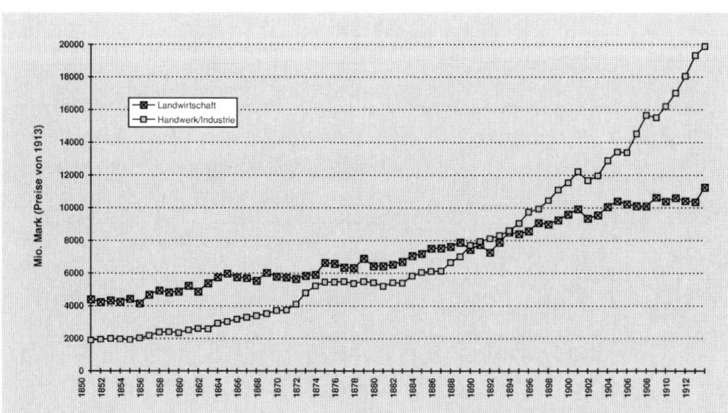

Graphik 5
Die Wertschöpfung der Landwirtschaft sowie von Handwerk und Industrie[27]

gegenüber die Steigerung im Dienstleistungssektor, der seit den 1960er Jahren den größten Anteil aller Beschäftigten hat, zunächst noch weit zurückblieb.

Im Mittelpunkt der deutschen Industrialisierung stand die durch das Vorherrschen von Großunternehmen charakterisierte Produktions- und Investitionsgüterindustrie, deren Aufschwung durch die Entwicklung neuer Finanzierungstechniken gefördert und beschleunigt wurde, während die deutsche Konsumgüterindustrie über nicht so günstige Produktions- und Absatzbedingungen wie die englische Konkurrenz verfügte, die um die Mitte des 19. Jahrhunderts den Weltmarkt mit qualitativ guten billigen Produkten beherrschte.

Die Rolle der Elektroindustrie in der deutschen Industrialisierung

Zu der Aufwärtsentwicklung von Gewerbe und Industrie hat die deutsche Elektroindustrie aus kleinen Anfängen heraus im Laufe der Zeit immer stärker beigetragen, wenn

Jahr	Beschäftigte	Anteil der Gesamtzahl der in Handwerk und Industrie Beschäftigten
1875	1 157	
1882	1 815	
1895	24 343	0,4%
1907	118 963	1,3%

Tabelle 1
Entwicklung der Beschäftigung in der Elektroindustrie

diese Entwicklung in ihren Anfängen auch nur unzureichend zu quantifizieren ist. Amtliche Statistiken, aus denen der Wachstumsverlauf der Elektroindustrie im Rahmen der gesamten industriellen Entwicklung deutlich würden, liegen erst seit Ende des Jahrhunderts und nur für die Zahl der Beschäftigten vor, die allerdings zum Teil eher dem Elektrohandwerk zuzurechnen sind.[28]

Amtliche Nettoproduktionswerte wurden für die deutsche Industrie erst für das Jahr 1936 ermittelt. Die für die Jahre 1890, 1895, 1898 und 1913 vorliegenden Angaben über die Produktion der deutschen Elektroindustrie beruhen daher auf Schätzungen und Erhebungen von Verbandsseite.

Die 1873 einsetzende »Gründerkrise« hat die noch junge Elektroindustrie kaum betroffen. Das Telegraphengeschäft entwickelte sich weiterhin günstig, besonders nachdem 1875 die oberste Postbehörde und das Telegraphen-

Bild 5
Heinrich (von) Stephan (1831–1897)

amt durch den neuen Generalpostmeister Heinrich Stephan (1831–1897) zusammengelegt worden waren. Für 1890 wurde das Produktionsvolumen der deutschen Elektroindustrie auf 45 Mio. Mark veranschlagt.[29] Die immer stärker hervortretenden technischen Möglichkeiten des Drehstromsystems führten dann innerhalb weniger Jahre zu einem regelrechten Entwicklungssprung. 1895 wurden 155 Mio. Mark umgesetzt, und im Jahre 1898 lag der Produktionswert bereits bei 228,7 Mio. Mark. Die Aufteilung von 211,1 Mio. Mark Umsatz mit starkstromtechnischen und 17,6 Mio. Mark mit schwachstromtechnischen Produkten macht deutlich, wie sehr die Energietechnik Charakter und Bedeutung der Industrie verändert hatte. 1913 wurde der Wert der elektrotechnischen Produktion Deutschlands auf 1300 Mio. Mark geschätzt, ein Wert, der etwa ein Drittel der Weltelektroproduktion ausmachte. Der Anteil Deutschlands am Weltelektrohandel betrug fast 47%.

Indirekt kam der Aufschwung der Elektroindustrie auch in der Entwicklung des Stromverbrauchs zum Ausdruck, der vor 1914 vor allem durch die Elektrifizierung der Stadtbahnen mit der verstärkten Nutzung von Kraftstrom und durch den Übergang zum gemischten System der Stromversorgung beeinflußt wurde.[30]

Die Veränderungen im Verkehrs- und Nachrichtenwesen, die die Bezeichnung des 19. Jahrhunderts als »Jahrhundert der Kommunikationsrevolution« gerechtfertigt erscheinen lassen[31], sind zu den Voraussetzungen und Folgen des bis dahin nie erreichten Wachstums der deutschen Volkswirtschaft wie auch der Weltwirtschaft zu zählen. Bis 1867 in den größeren deutschen Staaten durch eigene Postverwaltungen organisiert, in der Folgezeit in einem gesamtstaatlich geführten Postunternehmen mit einem Monopol des telegraphischen, telefonischen und brieflichen Verkehrs zusammengefaßt, stiegen die Verkehrsdienstleistungen der deutschen Post- und Telegraphenanstalten im Zeitraum 1850 bis 1913 um das Fünfzigfache

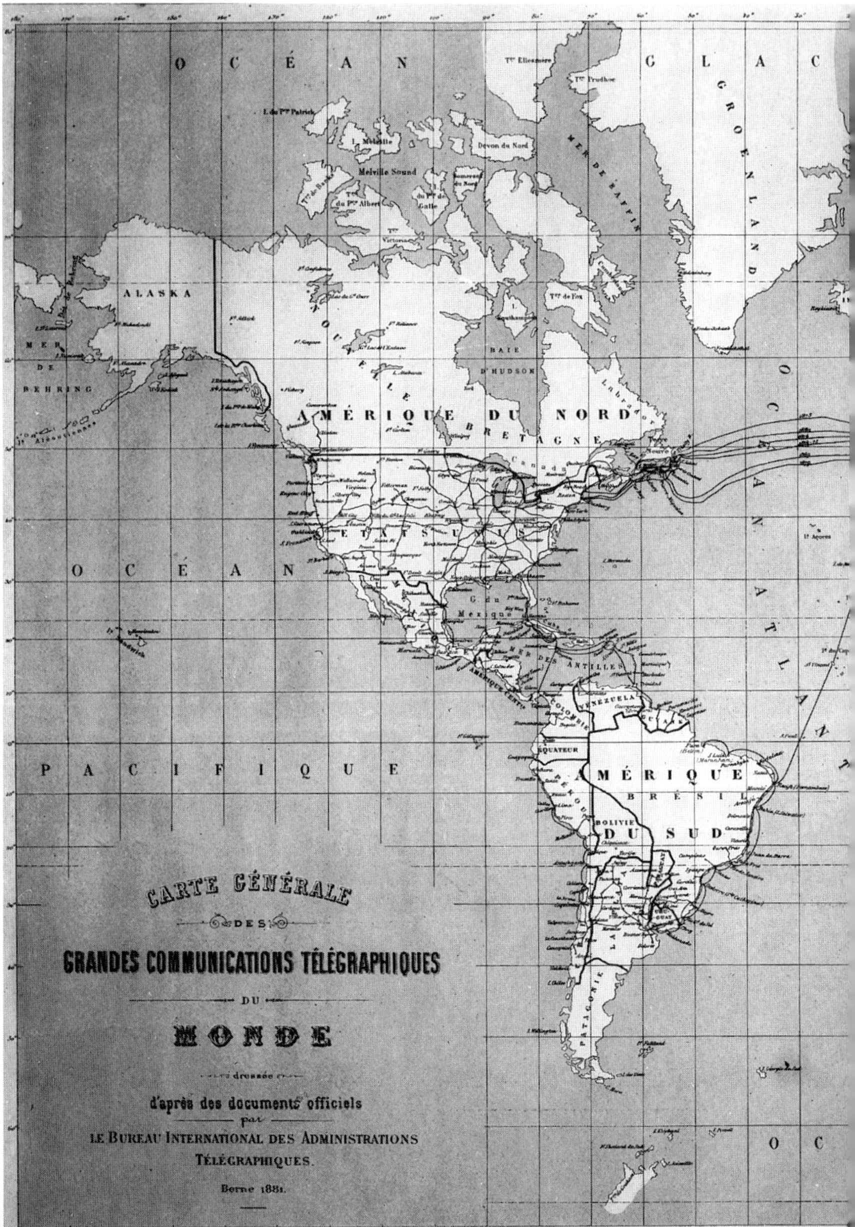
CARTE GÉNÉRALE
DES
GRANDES COMMUNICATIONS TÉLÉGRAPHIQUES
DU
MONDE
dressée
d'après des documents officiels
par
LE BUREAU INTERNATIONAL DES ADMINISTRATIONS TÉLÉGRAPHIQUES.
Berne 1881.
OCÉAN PACIFIQUE
AMÉRIQUE DU NORD
AMÉRIQUE DU SUD
ALASKA
BAIE D'HUDSON
ÉTATS-UNIS
BRÉSIL
BOLIVIE
ÉQUATEUR
VENEZUELA
PATAGONIE
GROENLAND
MER DE BEHRING
MER DES ANTILLES
G. du Mexique

Bild 6 *Die weltweiten Telegraphenverbindungen im Jahre 1881*

und machten vor dem Ersten Weltkrieg bereits knapp ein Fünftel der Wertschöpfung aller Verkehrsdienstleistungen aus.[32] Entscheidenden Anteil daran hatte neben der Ausbreitung des elektrischen Telegraphen der Ausbau des Telefonnetzes nach 1880.[33]

Begünstigt durch sinkende Preise aufgrund zunehmender Nachfrage nach den angebotenen Dienstleistungen[34] trugen die neuen Kommunikationsmöglichkeiten wesentlich zum Abbau der beachtlichen interregionalen Preisdifferenzen für Sachgüter und besonders für Dienstleistungen innerhalb Deutschlands, wie anhand der Annäherung der Zinssätze in den verschiedenen Regionen Deutschlands nachweisbar ist, bei; noch weit stärker jedoch zur Entwicklung des internationalen Sachgüter- und Dienstleistungsverkehrs, da die Geschwindigkeit des Nachrichtenverkehrs der im Güterverkehr weit vorauseilte. Das Nachrichtenwesen schuf damit eine weitere Voraussetzung dafür, daß die schwere Wirtschaftskrise der 1840er Jahre die letzte, durch Entwicklungen in der Landwirtschaft verursachte, und

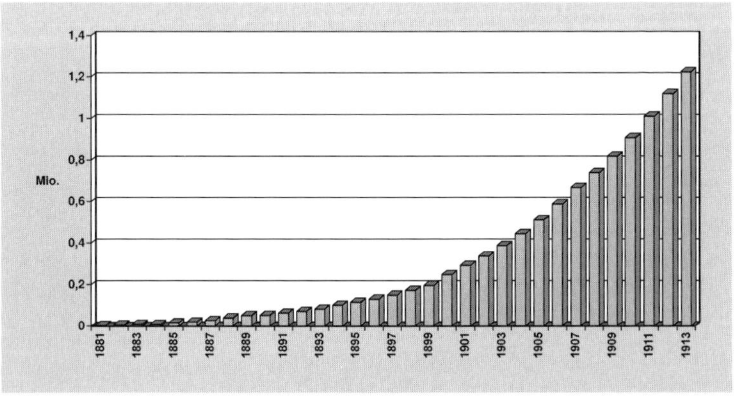

Graphik 6
Zahl der Fernsprechstellen in Deutschland
1881–1913[35]

durch einen interregionalen oder internationalen Warenaustausch noch nicht zu verhindernde Konjunkturkrise »alten Typs« in Deutschland war.[36]

Die Rolle Deutschlands im Welthandel

Die von England ausgehende, auf Adam Smith (1723–1790) zurückgehende Freihandelsbewegung, die grundlegenden Veränderungen des Transport- und Kommunikationswesens, die technischen Innovationen und die zunehmende Liberalisierung des internationalen Kapitalverkehrs schufen die Grundlagen und Voraussetzungen für das Wachstum des Welthandels, das die Zunahme der Produktion noch übertraf und das durch die für europäische Verhältnisse lange Friedenszeit noch gefördert wurde. Durch die zwischenstaatliche Arbeitsteilung, die in der raschen Steigerung des Welthandelsvolumens deutlich wurde, entstand ein Geflecht des internationalen Waren-

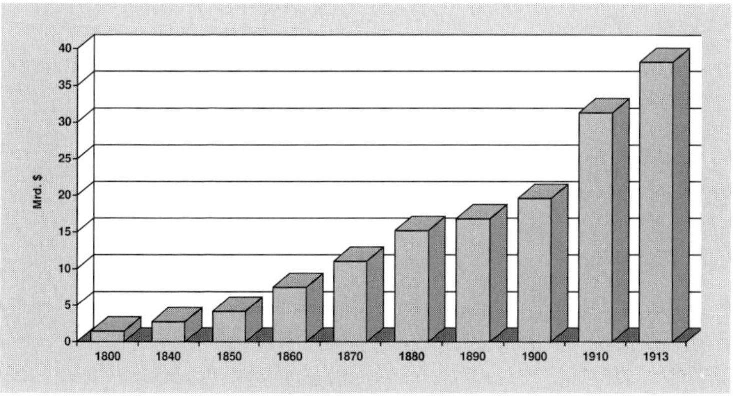

***Graphik** 7*
Die Entwicklung des Welthandels (Importe u. Exporte) im 19. Jahrhundert[37]

handels, das letztlich zur Bildung von Weltmarktpreisen führte.

• Bei rückläufigen Transportzeiten wurden die Transportkosten gesenkt und die Auftragsübermittlung und -bearbeitung wie auch die Marktbeobachtung und -information durch Telefon und Telegraphie erleichtert. Da für den Kontakt zwischen Hersteller und Kunde nun nicht mehr zwingend der Zwischenhändler mit seinem Kommunikationssystem notwendig war, öffneten sich der Exportindustrie aufgrund dieser Entwicklung Märkte in Übersee, die bis dahin nur eingeführten Handelsunternehmen offengestanden hatten.

Die besondere Bedeutung des Außenhandels für die deutsche Wirtschaft wird durch die Tatsache unterstrichen, daß Deutschland schon um die Mitte des 19. Jahrhunderts zu den drei führenden Exportländern der Welt gehörte. Der größte Teil der Exporte entfiel damals jedoch noch auf Rohstoffe und Nahrungsmittel. Nach 1850 wurde die deutsche Wirtschaft dann aufgrund der zunehmenden weltwirtschaftlichen Verflechtung und der eigenen Entwicklung von einem Agrar- zu einem Industriestaat immer stärker in den Welthandel einbezogen, dessen Intensivierung als einer der Motoren wirtschaftlichen Wachstums angesehen werden muß. Der deutsche Außenhandel nahm zwischen 1850 und 1913 um durchschnittlich 4% pro Jahr und damit noch stärker als die gesamtwirtschaftliche Leistung zu, so daß Deutschland im Jahre 1913 einen Anteil von 13% am Welthandelsumsatz und die Exportquote im Deutschen Reich 17,5% der gesamtwirtschaftlichen Leistung erreichte. Diese günstige Entwicklung des Außenhandels verlief bis zum Ersten Weltkrieg relativ stetig, wenn man einmal von Schwankungen in den 1870er und 1880er Jahren absieht, die auf die wirtschaftliche Schwächephase und den nach der Epoche des Freihandels zurückkehrenden handelspolitischen Protektionismus zurückzuführen sind, zu dem Deutschland mit seiner Schutzzollgesetzgebung 1879 noch beitrug.[38]

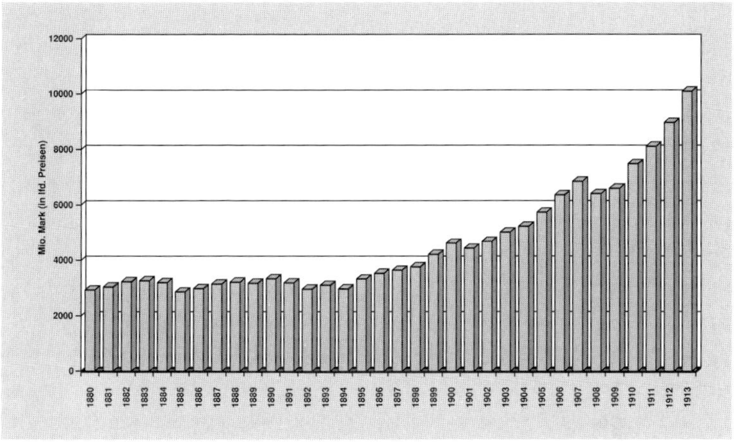

Graphik 8
Die Entwicklung des deutschen Exports 1880–1913[39]

Trotz der langfristig erheblich steigenden, auch durch die Bevölkerungszunahme begünstigten Binnenmarktnachfrage war die deutsche Industrie seit den 1870er Jahren zunehmend auf den Weltmarkt angewiesen, auf dem die von den deutschen Unternehmen erzielten Erlöse meist niedriger als auf dem durch Schutzzölle, gelegentlich auch noch durch Kartelle oder Absprachen geschützten Binnenmarkt lagen.[40]

Um die Mitte des 19. Jahrhunderts erfolgte der deutsche Export in fast allen Warengattungen mit Hilfe selbständiger Ausfuhrorgane, sofern nicht Geschäfte bei Messen und Ausstellungen abgeschlossen wurden.[41] Träger dieses sogenannten indirekten Exports waren in erster Linie Ausfuhrhandelsunternehmen, deren eigentlicher Geschäftszweck der ständige und planmäßige Austausch von Gütern mit dem Ausland war. Die in den Handelszentren angesiedelten Häuser waren auf Import und Export ausgerichtete Handelsunternehmen, die sich aufgrund der kapitalintensiven Marktbearbeitung jeweils auf einzelne Länder konzentrierten, deren Bedarf sie vollständig zu erfüllen versuchten. Wegen seiner geographischen Spezialisierung lag das Augenmerk des Händlers weniger auf der Ware als vielmehr auf dem Abnehmerkreis. Insofern fungierte er vor allem bei den überseeischen Ländern eher als Einkaufsorgan seiner Kundschaft und weniger als Verkaufsorgan der deutschen Industrie. Dies äußerte sich auch darin, daß der Exporthandel nur eine geringe Erzeugnis- und Herstellertreue hatte. Oft verkauften die Handelshäuser ihre Waren im Export unter eigenen Firmenbezeichnungen, so daß der Hersteller unbekannt und in völliger Abhängigkeit vom Händler blieb. Das ursprünglich vorwiegend aus Konsumgütern bestehende breite Sortiment, die damit verbundene Konzentration auf die Warenfunktionen sowie die Wahrnehmung der Markterschließungsfunktion ließen bei den Handelsunternehmen die Vordispositions-, Lager- oder Interessenwahrnehmungs- und Beratungsfunktionen zurücktreten, die jedoch im Laufe der Industrialisierung für die Ausfuhr immer wichtiger wurden. Je größer der Investitionsgüteranteil an der Ausfuhr wurde, um so ungeeigneter erwies sich der Ausfuhrhandel für den Export.

Die Geschäftspolitik, im Ausland durch Beteiligungen oder eigene Produktionsstätten vertreten zu sein, entwickelte sich allgemein aus der Erkenntnis, daß seit den 1880er Jahren ein Trend zur nationalen Industrie und zur Gewährung von Schutzrechten bestand. Für den Export bedeutete diese Handelspolitik erhebliche Behinderungen durch Einfuhrbeschränkungen und Zollschwierigkeiten. Eigene ausländische Fabriken und Niederlassungen schienen daher die besten Voraussetzungen zu bieten, den eigenen Produkten im Ausland den entsprechenden Absatz zu sichern. Die verschiedensten Zollerhöhungen stellten daher die deutschen Industrieunternehmen immer wieder vor die Frage, ob es unter den vorherrschenden Bedingungen möglich sei, von Deutschland aus in das entsprechende Land zu exportieren oder ob eine mögliche Verlagerung der Produktion in das Absatzgebiet sinnvoller sei. Unternehmen einer Branche haben dabei durchaus unterschiedlich entschieden.

Die Auswahl und Entsendung von Kräften aus dem Stammhaus bildete oftmals den Auftakt von Direktinvestitionen, die damals nicht als durchweg positiv im Sinne einer starken nationalen Volkswirtschaft angesehen wurden. Deutsche Unternehmen ließen sich von einer Vielzahl von Überlegungen leiten, wenn sie sich entschlossen, Tochterunternehmen im Ausland zu gründen. Im Vordergrund bei allen Direktinvestitionen stand dabei eindeutig die zunehmend protektionistische Handelspolitik, wenn die Branche nicht durch monopolartige Strukturen in der Lage war, trotz hoher Einfuhrzölle die Märkte zu behaupten.[42] Aber auch die Größe des Marktes, die erwartete Absatzentwicklung und die Höhe der mit einer Direktinvestition verbundenen Kosten hatten Einfluß auf diese Entscheidung.

Die Direktinvestitionen trugen mit dazu bei, daß Deutschland gegen Ende des 19. Jahrhunderts wahrscheinlich zu einer der größeren Gläubigernationen geworden ist, wenn auch in der Folgezeit der Anteil der ausgeführten Kapitalsummen an der volkswirtschaftlichen Ersparnis in Deutschland wesentlich geringer als in Frankreich oder vor allem in Großbritannien blieb. Für 1913 wird der Umfang der deutschen Direktinvestitionen auf etwa 10 Mrd. Mark und der Besitz an ausländischen Wertpapieren auf etwa 20 Mrd. Mark geschätzt.[43] Zu den Firmen, die von ihren Anfängen an planmäßig nicht nur den Absatz der eigenen Produkte außerhalb der Grenzen Deutschlands suchten, sondern dort auch die Produktion aufnahmen, gehörte das Unternehmen Siemens & Halske.

Der junge Werner Siemens

Familienverhältnisse, Kindheit und Jugend

Werner von Siemens wurde am 13. Dezember 1816 als viertes Kind des Gutspächters Christian Ferdinand Siemens und dessen Ehefrau Eleonore, geb. Deichmann, in Lenthe bei Hannover geboren. Aus der Ehe gingen insgesamt 14 Kinder hervor, von denen 10 das Erwachsenenalter erreichten, zwei Mädchen und acht Jungen. Bis auf den älteren Bruder Ludwig und die beiden unmittelbar nach Werner geborenen Kinder Hans (1818) und Ferdinand (1820) arbeiteten alle Brüder später mit Werner mehr oder weniger eng zusammen.

Die soziale Einordnung der Familie fällt schwer. Die ursprünglich aus dem Harz in der Nähe von Goslar stammende Familie Siemens läßt sich bis ins 14. Jahrhundert zurückverfolgen.[44] Eine sorgfältig geführte Familienchronik beweist bürgerliches Selbstbewußtsein. Zahlreiche Vorfahren waren in städtischen Ämtern, zum Beispiel als Ratsherren, tätig und hatten zu einem großen Teil eine akademische Bildung genossen. So finden sich unter den Ahnen Mediziner, Juristen und Metallurgen; herausragende technische Begabungen sind allerdings nicht festzustellen. Werners Vater hatte an der Universität Göttingen einige Semester Landwirtschaft studiert. Werner selbst beschreibt ihn als einen hochgebildeten, klugen und vielfältig interessierten Mann, dessen Unterricht in Weltge-

Bild 7
Christian Ferdinand Siemens (1787–1840),
der Vater von Werner von Siemens

Bild 8
Herren- und Pächterhaus des Gutes Lenthe bei Hannover: Im Pächterhaus (links) wurde Werner von Siemens geboren

schichte und Völkerkunde den Zehnjährigen nachhaltig beeindruckte.[45]

Die Mutter, Eleonore Deichmann, war die Tochter des Amtsrates von Poggenhagen bei Hannover. Nach der Herkunft der Eltern und dem dort herrschenden liberal-protestantischen Geist zu urteilen, müßte man Werners Elternhaus somit dem gehobenen Bildungsbürgertum zuordnen. Damit nicht in Einklang standen jedoch die schlechten wirtschaftlichen Verhältnisse der Familie. Obwohl der Vater in Werners achtem Lebensjahr nach Auseinandersetzungen mit der adeligen Obrigkeit der »Königlich Großbritannischen Provinz Hannover« Lenthe verließ und die Domäne Menzendorf im Fürstentum Ratzeburg (Mecklenburg) pachtete und sich davon eine Besserung erwartete, blieb die ökonomische Situation prekär. Die auf überdurchschnittliche Ernten zurückzuführende Agrarkrise der Jahre 1818–1825, die den Absatz landwirtschaft-

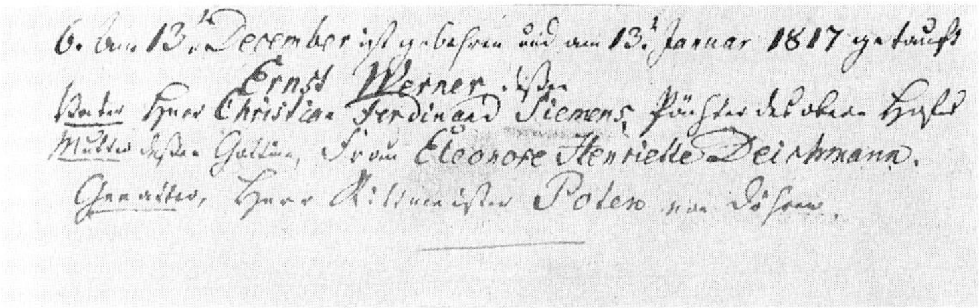
6. den 13. December ist geboren und den 13. Januar 1817 getauft
Ernst Werner.
Vater Herr Christian Ferdinand Siemens
Mutter dessen Gattin, Frau Eleonore Henriette Deichmann.
Gevattern, Herr Poten

Bild 9
Kirchenbucheintrag der Geburt von Werner Siemens

licher Produkte nur zu Niedrigstpreisen möglich machte, welche in keinem Einklang mit Steuern, Pachtzinsen, Lebenshaltung und Betriebsintensität standen, traf die Familie mit voller Härte.[46] Die große Kinderzahl verschärfte die ständigen Existenzsorgen, die auch nicht weniger wurden, als sich die wirtschaftliche Lage in der Landwirtschaft seit dem Ende der 1820er Jahre über mehrere Jahrzehnte verbesserte.

Die den bürgerlichen Ambitionen nicht entsprechenden finanziellen Verhältnisse der Familie erschwerten eine formale Schulbildung der Kinder. Gemeinsam mit seiner älteren Schwester Mathilde (1814–1878) wurde Werner zunächst von seiner Großmutter unterrichtet, die den Kindern Lesen und Schreiben vermittelte und sie Gedichte auswendig lernen ließ. Für ein halbes Jahr übernahm der Vater den Unterricht selbst, schickte den Elfjährigen dann aber zur »Bürgerschule« des nahegelegenen Städtchens Schönberg. Da Werner auf dieser Schule nicht besonders erfolgreich war, engagierte der Vater ab Ostern 1829 schließlich verschiedene Hauslehrer, von denen der Lehrer Sponholz nachhaltigen Einfluß auf ihn ausübte. Erst ab der Obertertia besuchte Werner in Lübeck ein Gymnasium, die Katharinenschule. Mit den weitgehend humanistisch-altsprachlichen Lehrinhalten zeigte er sich noch im nachhinein wenig zufrieden, weil er dort seine wahren Stärken und Neigungen – Mathematik und die Naturwissenschaften –

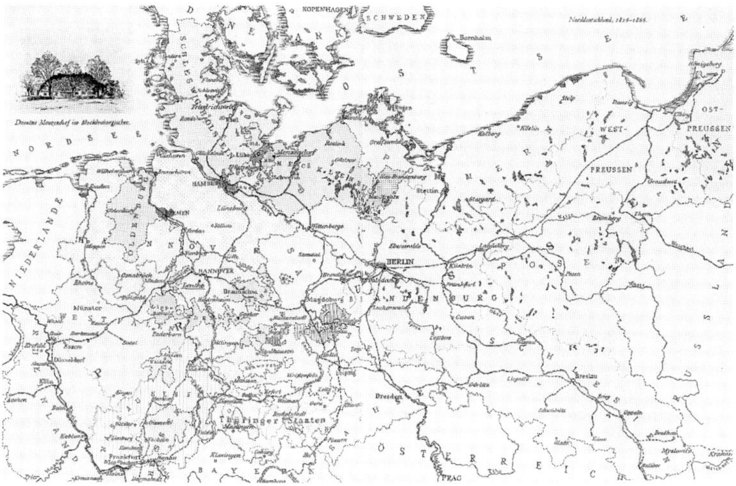

Bild 10
Norddeutschland um die Mitte des 19. Jahrhunderts

kaum gefördert sah. Einige Defizite versuchte er durch Privatstunden in Mathematik etwas auszugleichen. Bereits Ostern 1834 verließ er das Gymnasium, 17jährig und ohne formalen Abschluß; eine Ausgangssituation, die Werner von Siemens in der Einleitung zu seinen Lebenserinnerungen dahingehend beschrieb, daß »es für junge Leute lehrreich und anspornend sein wird, aus ihr zu ersehen, daß ein junger Mann auch ohne ererbte Mittel und einflußreiche Gönner, ja sogar ohne richtige Vorbildung, allein durch seine eigene Arbeit sich emporschwingen und Nützliches leisten kann«.[47]

Wenngleich seine Eltern ihm wenig Möglichkeiten zu einer qualifizierten schulischen und universitären Ausbildung nach seinen Fähigkeiten und Interessen bieten konnten, empfand Werner seine Kindheit und frühe Jugend rückblickend doch als glücklich. Das große Maß an Freiheit beim abgeschiedenen Leben auf dem Lande, gekoppelt mit der frühen Verantwortung für die jüngeren Geschwister und der enge Familienzusammenhalt trugen dazu bei.

Gleichzeitig war die frühe Erfahrung ernster wirtschaftlicher Sorgen, die der Familie keine dem bürgerlichen Standard entsprechende Existenz gestattete, auch ein Antrieb für Werner, zu Wohlstand zu gelangen. So gestand er seinem Bruder Carl als 71jähriger in einem Brief:

»Gewiß habe ich auch nach Gewinn und Reichtum gestrebt, doch wesentlich nicht, um sie zu genießen, als um die Mittel zur Ausführung anderer Pläne und Unternehmungen zu gewinnen und um durch den Erfolg die Anerkennung für die Richtigkeit meiner Handlungen und die Nützlichkeit meiner Arbeiten zu erhalten. So habe ich für die Gründung eines Weltgeschäftes à la Fugger von Jugend an geschwärmt, welches nicht nur mir, sondern auch meinen Nachkommen Macht und Ansehen in der Welt gäbe und die Mittel, auch meine Geschwister und nähere Angehörige in höhere Lebensregionen zu erheben.«[48]

Von seiner Herkunft her ist Werner von Siemens somit nicht typisch für die Unternehmerschaft seiner Zeit. Die weitaus meisten Gründer hatten einen kaufmännischen Hintergrund oder stammten aus Familien mit handwerklich-gewerblicher Tradition. Es gab allerdings nahezu keinen Berufsstand, aus dem nicht wenigstens einige Unternehmer hervorgingen.[49] Wenngleich Werner von Siemens wenig konkrete Erfahrungen in der Leitung von Unternehmen sammeln konnte und kein Kapital im Hintergrund hatte, ist für seine spätere Karriere seine überdurchschnittlich gute Ausbildung sicherlich von Bedeutung gewesen. Der zumindest zeitweilige Besuch eines Gymnasiums, der von Werner wegen der humanistischen Schwerpunkte nicht begrüßt wurde, war für die Unternehmer seiner Zeit durchaus untypisch.

In seiner Herkunft und seiner Ausbildung läßt sich auch die Wurzel für Werners oftmals geäußertes Selbstverständnis als Wissenschaftler und seine spürbare bildungsbürgerliche Verachtung für Kaufleute und reine »Geldleute« finden, die vor allem in den Briefen an seinen Bruder Carl deutlich hervortritt. Diese Haltung war in der Familie Siemens mit ihrer nicht-gewerblichen Tradition weitverbreitet, entsprach jedoch der allgemeinen Haltung des Bildungsbürgertums. Akademiker und Beamte sahen auf Techniker und Kaufleute vielfach herab und ermunterten ihre Kinder auch nicht zu solchen Karrieren.[50] Werner selbst konnte sich erst mit wachsendem sozialen Ansehen des Unternehmerberufs von einer solchen negativen Einschätzung lösen.

Ausbildung und Militärzeit

Die angespannte Finanzlage der Eltern machte ein Studium an der Berliner Bauakademie, das Werner von Siemens erwogen hatte, unmöglich. Werner beschloß daher, sich über den Eintritt in die preußische Armee Zugang zu einer ingenieurwissenschaftlichen Ausbildung zu verschaffen. Im Frühjahr 1834 verließ er mit Billigung seines Vaters das Elternhaus, um nach Berlin zu wandern und sich dort um Aufnahme in das preußische Ingenieurkorps zu bemühen.

Werner bewies schon bei seiner Ankunft in Berlin ein hohes Maß an Selbständigkeit und Zähigkeit in der Verfolgung seiner Ziele. Zwar machte man ihm in Berlin wenig Hoffnung, in das preußische Ingenieurkorps aufgenommen zu werden, schickte ihn aber mit Empfehlungsschreiben nach Magdeburg, um sich dort um Eintritt in die Artillerie-Brigade zu bewerben. Obwohl seine altsprachliche Schulbildung ihn nicht gerade für eine Laufbahn empfahl, die für die Eingangsprüfung gute Kenntnisse unter anderem in Mathematik, Physik, Geographie und Französisch voraussetzte, gelang es ihm mit Glück und einer intensiven dreimonatigen Vorbereitung, den Anforderungen zu entsprechen. Nachdem im Dezember 1834 auch noch die letzten formalen Hindernisse, die unter anderem darin bestanden, daß Werner kein preußischer Untertan war, aus dem Wege geräumt worden waren, wurde er als Offiziersanwärter bei der Artillerie aufgenommen und im Herbst 1835, ganz gemäß seinen eigenen Wünschen, zur Artillerie- und Ingenieurschule nach Berlin abkommandiert. Dort erhielt er endlich die ersehnte fundierte Ausbildung. Das dreijährige Kommando 1835–1838 an die Artillerie- und Ingenieurschule, an der der Mathematiker Ohm, der Physiker Magnus und der Chemiker Erdmann unterrichteten, und der qualifizierte Unterricht in den Basisfächern Mathematik, Physik und Chemie bildeten nach eigener Aussage die Grundlage für seine späteren Erfolge. Die Ausbildung an der Militärakademie, die wohl eine Mittelstellung zwischen Gewerbeschulen und wissenschaftlichen Hochschulen einnahm, sicherte ihm in Wissenschaft und Theorie einen beträchtlichen Vorsprung vor dem Gros der lediglich empirisch-praktisch ausgebildeten Techniker. Nach Abschluß der dreijährigen Studienzeit wurde Werner zum Leutnant ernannt und konnte nach mehr als vierjähriger Abwesenheit von Menzendorf seinen ersten Heimaturlaub antreten.

Zu Hause mußte Werner feststellen, daß sich die wirtschaftlichen Verhältnisse seiner Eltern nicht gebessert hatten und zudem ihr Gesundheitszustand gelitten hatte. Seine Brüder Hans und Ferdinand hatten sich inzwischen trotz schlechter Verdienstchancen für eine landwirtschaftliche Tätigkeit entschieden und arbeiteten mit dem Vater zusammen. Der 15jährige Wilhelm besuchte die Schule und sollte sich nach dem Willen der Eltern auf den Kaufmannsberuf vorbereiten. Werner, der für diesen Plan wenig Verständnis zeigte, beschloß, sich um den Bruder zu kümmern und nahm ihn am Ende seines Urlaubs mit nach Magdeburg, wo der Junge die Handels- und Gewerbeschule besuchen sollte.

Als nach einem weiteren Jahr 1839 die Kasernenwohnpflicht in Magdeburg für Werner endete, nahm er gemeinsam mit seinem Studienfreund William Meyer und seinem Bruder Wilhelm ein Stadtquartier, so daß er sich noch intensiver um Wilhelms Ausbildung kümmern konnte. Er riet dem Bruder, in der Schule auf den Mathematikunterricht zugunsten von Englisch zu verzichten und unterrichtete ihn fortan selbst in Mathematik.

Bild 11
Werner von Siemens
mit seinem Freund William Meyer (1816–1868)
in den 1840er Jahren

Die Bindung der beiden Brüder aneinander und an die jüngeren Geschwister wurde noch verstärkt durch den rasch aufeinanderfolgenden Tod der Eltern. Die Mutter starb am 8. Juli 1839 und der Vater nur wenige Monate später am 16. Januar 1840. Durch den frühen Tod der Eltern fühlte sich Werner für die sechs noch auf Wilhelm folgenden, unmündigen und nicht ausgebildeten Geschwister verantwortlich. Daher versuchte er, sowohl finanziell als auch mit persönlichem Einsatz für ihre Erziehung und Ausbildung aufzukommen. Da seine beschränkten Einkünfte als junger Offizier ein solches Vorhaben fast unmöglich machten, suchte er seine finanzielle Situation durch Erfindungen und deren Verwertung zu verbessern.

Seine Dienstpflichten ließen Werner Zeit und Gelegenheit zu eigenen naturwissenschaftlichen Arbeiten. Besonders eine kurze Festungshaft, zu der er als Sekundant bei

Bild 12
Wilhelm Siemens (1823–1883), etwa 1850

einem Duell verurteilt wurde, konnte er sinnvoll zu erfolgreichen Versuchen mit galvanischer Versilberung und Vergoldung nutzen. Sein jüngerer Bruder Wilhelm, der ein Studium an der Universität Göttingen aus finanziellen Gründen aufgegeben und eine praktische Ingenieurausbildung mangels Interesse abgebrochen hatte, beschloß Ende 1842, auf Reisen zu gehen und unterwegs zu versuchen, Werners Erfindungen zu vermarkten.

Wilhelms erster Englandaufenthalt im Frühjahr und Sommer 1843 brachte für die beiden Brüder einen ersten großen Erfolg. Innerhalb weniger Monate gelang es Wilhelm, die von Werner entwickelte galvanische Versilberungs- und Vergoldungstechnik als Patent anzumelden und an die englische Firma Elkington für 1600 £ (abzüglich 110 £ Patentkosten) zu verkaufen. Dieser Erfolg, der etwa 30000 Mark erbrachte, half den Brüdern nicht nur aus großen finanziellen Schwierigkeiten, sondern ermutigte Wilhelm auch, eine dauerhafte Übersiedlung nach England

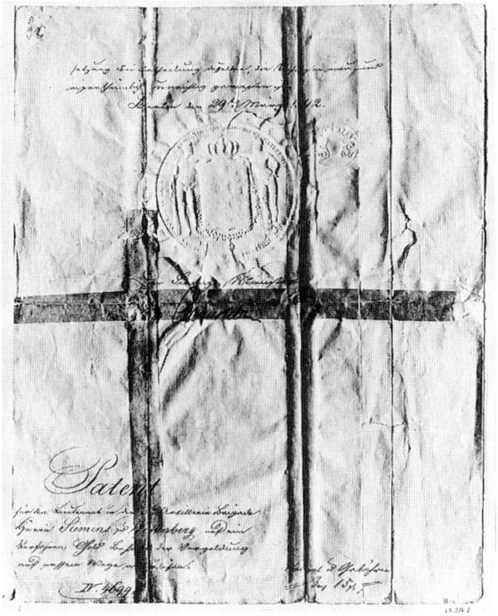

Bild 13
Preußisches Patent von Werner von Siemens zur galvanischen Vergoldung, 1842

in Betracht zu ziehen. Werner unterstützte diesen Plan, so daß Wilhelm nach einem kurzen Aufenthalt in Magdeburg im Januar 1844 abermals nach England reiste.

Der schnelle Erfolg des vorangegangenen Jahres ließ sich jedoch zunächst nicht mehr wiederholen, zumal Wilhelm als 20jähriger Ausländer ohne große Erfahrung kein Glück hatte und mit den englischen Geschäftspraktiken nicht auf Anhieb zurecht kam. In einem Brief an Werner beschwerte er sich bitter:

»... ich habe Gelegenheit gehabt, sehr viel über den Charakter der Engländer zu hören und bin zu der Einsicht gelangt, daß er aus purem Egoismus zusammengebaut ist; so ist es z.B. durchaus keine Schande für ihn, jemanden zu betrügen und es gibt keinen größeren Triumph für ihn, als einen Ausländer und besonders einen Deutschen, hinters Licht zu führen.«

Im gleichen Absatz aber fuhr er fort:

»Als Volk aber sind sie groß, denn sie sind frei und was Freiheit ist, davon kann man in Deutschland gar keine Idee haben. Wenn ich ein Jahr hier gelebt habe, so bin ich gewiß für Deutschland auf immer verdorben.«[51]

Diese Grundhaltung bewog Wilhelm wohl dazu, in England zu bleiben, obwohl seine weiteren Aktivitäten noch auf Jahre kaum finanziellen Ertrag brachten. Die beiden Brüder mußten einsehen, daß der Verkauf von Gelegenheitserfindungen von vielen Zufällen abhängig war. Zu den mißlungenen Projekten zählten Erfindungen in der Zinkdruckerei und eine wenig ausgereifte Schnelldruckpresse. Daneben widmete sich Wilhelm aber auch eigenen Erfindungen, so der eines später sehr erfolgreichen Wassermessers.

Im Sommer 1844 besuchte Werner seinen Bruder in London, arbeitete einige Wochen intensiv mit ihm zusammen und machte auf der Rückreise einen Umweg über Paris, um dort die Industrieausstellung zu besichtigen. Er erkannte auf dieser Reise, daß mit kleineren, unsystematischen Erfindungen auf die Dauer kein Geschäft zu machen war. Da die vorhandenen Mittel schnell aufgezehrt waren, widmete er sich nach seiner Rückkehr nach Berlin daher wieder ernsthaften physikalischen Studien, knüpfte Kontakte zu anderen Forschern und interessierte sich mehr und mehr für elektrische Versuche. In diese Phase fiel auch seine erste Beschäftigung mit der elektrischen Telegraphie, bei der er sich auf die Verbesserung des Wheatstoneschen Zeigertelegraphen konzentrierte.[52] Mit seinem Bruder Wilhelm blieb er während dieser Zeit in engem brieflichen Kontakt und begleitete dessen Arbeiten mit zahlreichen Anregungen und Kommentaren.

Bei seinen elektrischen Versuchen arbeitete Werner, der nach seinen eigenen Worten »ziemlich entschlossen (war), ... eine feste Laufbahn durch die Telegraphie zu bilden, sei es in oder außer dem Militär«[53], mit verschiedenen »Praktikern« zusammen, zunächst mit dem Uhrmacher Leonhardt, mit dem er auch die ersten Konstruktionen zur elektrischen Telegraphie baute. Die Ausführung seiner ersten bahnbrechenden Entwicklung auf dem Gebiet der Telegraphie, des Zeigertelegraphen, übertrug Werner jedoch dem Mechanikermeister Johann Georg Halske, der mit seinem Teilhaber Boetticher die feinmechanische Firma Boetticher & Halske betrieb, und den er ganz für seine Projekte gewinnen und begeistern konnte. Im Herbst 1847 konnte er Halske sogar dazu bewegen, sein bisheriges Geschäft aufzugeben und mit ihm zusammenein neues Unternehmen, die Telegraphen-Bauanstalt Siemens & Halske, zu gründen.

Um den Unterhaltsverpflichtungen gegenüber den jüngeren Geschwistern weiter nachkommen zu können und in der instabilen politischen Situation des Vormärz nicht als »Fahnenflüchtiger« zu erscheinen, blieb Werner vorläufig weiter im Militärdienst und widmete sich dem neuen Unternehmen in seiner Freizeit.[54] Als besonders vorteilhaft erwies es sich dabei, daß er qua Amt beratendes Mitglied der preußischen Telegraphenkommission war. Mittelfristig plante er jedoch, sich ganz dem Telegraphenbau und seiner Firma zu widmen.[55]

Die Bedeutung der politischen Verhältnisse für die unternehmerische Tätigkeit

Die Unternehmertätigkeit von Werner von Siemens wurde anfangs durch die herrschenden politischen Verhältnisse entscheidend beeinflußt. Der Regierungsantritt König Friedrich Wilhelms IV. im Jahre 1840 hatte entgegen den Hoffnungen des liberalen Bürgertums nicht zu einer entschiedenen Abkehr von der preußischen Restaurationspolitik der 1830er Jahre geführt. Die Enttäuschung darüber, daß sich Preußen nicht in Richtung auf einen Verfassungsstaat bewegte, wurde ab etwa 1846 durch die sich schnell verschärfende Wirtschaftskrise verstärkt. Mißernten führten in breiten Bevölkerungsschichten zu regelrechten Hungersnöten. In dieser gereizten politischen und wirtschaftlichen Krisenstimmung gab die Pariser Februarrevolution von 1848 den Anstoß zur Märzrevolution in Berlin.

Die Brüder Siemens zählten zu den nachdrücklichen Befürwortern der Revolution, deren Ziele den nationalen und liberalen Ideen entsprachen, die laut Werner ihre Erziehung geprägt hatten.[56] Ganz eindeutig äußerte sich Wilhelm, der von England aus eine besonders radikal-liberale Haltung einnehmen konnte. So schrieb er in einem seiner Briefe an Werner:

»F. W. ist übrigens ganz der König nach meinem Sinn; er gibt sich alle erdenkliche Mühe, Euch beizubringen, wie unzureichend seine jetzige Regierung ist, u. durch seine Opposition gibt er auch den Vortheil, die Freiheit selbst erringen zu können. In seiner Antwort auf die Stände sagt er hoffentlich, dass er in seinem großen Zeh mehr Weisheit sitzen hätte, als in den Schädeln der Abgeordneten seines Volkes in Summa zu finden sei u. dass er aus diesem Grunde auf ihre Beschlüsse keinen Werth legen könne. ... Michel kriegt am Ende doch noch seine Freiheit u. schwört bei seiner Schlafmütze, er wolle sich nie wieder zum Esel brauchen lassen. Metternich mit seiner Legion von Pfaffen, Zöllnern, Geheimen Räthen, Censoren, Diplomaten, Passplagern u.a. fährt in die Unterwelt und liegt dem Teufel so schwer im Magen, dass er nie wieder einen Deutschen verführt. Säbel und Canonen werden auch überflüssig.«[57]

Königlich privilegirte Berlinische Zeitung
von Staats- und gelehrten Sachen

№ 182.
Donnerstag

den 7. August
1845.

Im Verlage Vossischer Erben. (Redacteur: C. F. Lessing.)

№ 182. Beilage zur Königl. privilegirten Berlinischen Zeitung. 1845.
Donnerstag den 7. August.

Erklärung.

Gewissens- und Lehrfreiheit ist anerkannt die Grundlage ächt menschlicher Bildung und die einzige Gewähr ihrer Fortentwicklung. Mit diesem theuer erkauften Rechte will unsere Zeit endlich Ernst machen. Die Religion und ihre öffentliche Ausübung ist freie Sache des Einzelnen und der Gemeinden.

Dagegen verfolgt eine gewisse Parthei, auf ihren Einfluß trotzend, nur hierarchische Zwecke, beunruhigt die Gewissen, befördert eine die Sittlichkeit zerstörende Heuchelei, verdächtigt und verketzert Andersdenkende, trägt darauf an, sie auszustoßen und als Sektirer zu behandeln.

Weil nun diese Parthei durch solche Uebergriffe die Rechte Anderer kränkt und die gesellschaftlichen Bande löst, — halten die Unterzeichneten, entschlossen jene höchsten Güter nach Kräften auf gesetzlichem Wege zu vertheidigen, auch ihrerseits sich verpflichtet, gegen jenes Treiben öffentlich zu protestiren.

Berlin, im Juli 1845.

D. A. Benda, Bürger. Jul. Behrend, Candidat der Theologie. Dr. K. Nauwerk, Schriftsteller. Dr. Friedheim, prakt. Arzt. Dr. Holthoff, dgl. Ph. v. Leitner, Literat. F. A. Zacharias, Kaufmann. Dr. Genzmer, prakt. Arzt. H. Müller-Strübing, Literat.

senfeld, Kaufmann. Dr. Wöniger, Schriftsteller. Ditmar, Lieut. H. Balsam, Student. C. Botze, Schriftsetzer. C. Gaede, Kfm. W. Ziethe, Student. Fr. G. Walther, Schriftsetzer. H. Baumgaertner, Königl. Seminar-Lehrer. J. Lüdicke, Kaufmann. Hülsen, Schriftsetzer. Otto Baumann, dgl. F. G. Schacht, Weinh. Aug. Spieß, Cigarrenm. C. H. Brauns, Apoth. J. Riuter, Mechan. T. Kirsten, Hdl.-Commis. C. Oertel, Student. A. v. Bornstaedt, Gutsbesitzer. Heide, Lehrer. Pfeiffer, Kaufmann. Fr. Emig, Zimmermann. J. F. Schneider, Steinhändler. Aug. Palm, Kleidermacher. W. Weidling, Kaufmann. W. Scheele, Lehrer. F. W. Müller, Student. G. Schallasta, Escadron-Chirurg. Alb. Roloff, Art.-Lieutenant. F. W. Wolff, Schriftsetzer. G. Büchner, Schneider. Carl Büchler, dgl. J. Schlei, Zimmermann. G. Jansen, Schriftsetzer. Ferd. Schneider, Buchhändler. Howitz, Apotheker. Vetter, Kleidermacher. F. Rönnberg, Student. E. Wißmann, dgl. Ad. Kisting, Gutsbesitzer. J. W. Rumpf, Cand. Theol. C. Meißner, Buchdrucker. C. J. Schönemann, Instrumentenmacher. W. Pyterke, Aktuar. W. Steinhäuser, Maler. Ed. Sarre, Kaufmann. Th. Sarre, dgl. D. Fasquel, dgl. G. Bosse, Comp.-Chirurg. Dr. W. Klotz. E. G. Große, Kaufmann. Ed. Schmidt, Dr. jur. Fr. El. Meyer, Cand. phil. G. H. Bauer, Chemiker.

Cand. phil. Ferd. Schnur, Schauspieler. F. W. Schultze, Lehrer. D. Gerson, Kaufmann. Brohne, Dr. med. Friedberg, Fabrikbesitzer. Schadow, Lehrer. E. Lehmann, Candidat. G. Berger, Maler. H. Delius, Lithograph. E. Staberow, Mechanikus. H. Hempler, Hdl.-Commis. F. Asche, Buchdrucker. Wasserschleben, Militair-Intend.-Sekretair. Spillmann, Proviantamts-Assistent. W. Schramm, Tischlermeister. C. Hollmann, Kammergerichts-Referendar. L. Petri, Dr. med. H. Hohlfeld, Kaufmann. Alb. Marco, Tapezier. Amad. Lauter, Bildhauer. J. F. Berger, Schneidermeister. Boltze, Dr. phil. Dr. Ribbentrop, prakt. Arzt. Seidler, Chirurg. Schöltzel, Bürstenmacher. Fr. Strehlke, Student. Wegener, Tischler. Vieweg, Frotteur. Schultze, Buchdrucker. Aug. Müller, Schneider. L. Havemann, Instrumentenmacher. A. Stockmar, Literat. Herrlich, Kaufmann. F. Hager, Mechanikus. Wisotzki, Leihbibliothekar. E. Luther, Buchbindermeister. M. Alexander, Buchdrucker. Ferd. Doß, Kaufm. Aug.

dgl. F. W. Ziech, dgl. Fr. Ferd. Maaß dgl. E. Naue, dgl. H. Mußaeus, dgl. G. Rahn, Buchdrucker. J. B. Stephan, dgl. C. Winckelmann, dgl. C. Klein, dgl. A. Balde, dgl. A. Loewenstein. H. Fischer, Kleidermacher. W. Weidling, Kaufm. J. Marcus jun., dgl. E. L. Elsner, dgl. Fr. Vollgold, dgl. M. Bernhart dgl. Oehlmann, dgl. Goldbeck dgl. G. Schwendi. J. F. Bock, Kaufm. Grua, Schauspieler. W. Siemens, Lieutenant, C. L. Grell, Buchbinder. Chr. Eichholtz, Schriftsteller. Rud. Baier, Cand. philolog. C. Keltenborn, Drechsler, W. Strahlberg, Buchbinder. Aug. Thiele, Cigarrenmacher. Ad. Bluhm, dgl. J. P. Gau, Papierhändler. E. H. Todt, Bildhauer. Langenmaz, Bürstenbinder. Dr. Thümmel, Sanitätsrath. Dr. Vetter, prakt. Arzt. Dr. Hahr. Dr. H. Hesse. Dr. A. Collmann, Privat-Docent. A. Pieper, Kleidermacher. D. Ruppius, Buchhändler. Th. Rehwaldt, Kaufmann B. Werner, Schriftsetzer. Louis Stern, Geh. Sekretair. Vogel,

Bild 14
Zeitungsbeilage vom 7. August 1845

Als preußischer Offizier mußte Werner sich bei seinen Äußerungen etwas mehr Zurückhaltung auferlegen, doch nahm er bei seiner politischen Einstellung berufliche Nachteile in Kauf. Im Jahre 1845 unterschrieb er eine Unterstützungserklärung für Johannes Ronge und gegen die »Dunkelmänner«. Seine daraufhin geplante Versetzung konnte er nur durch die schnelle Entwicklung einer neuen Schießbaumwolle, die er dem Kriegsminister zuschickte, verhindern. Die ersehnte Revolution kommentierte er emphatisch in seinen Briefen an den Bruder Wilhelm.

Noch vor dem 18. März 1848 schrieb er unter dem Eindruck der französischen Ereignisse:

> »Vive la France! würde ich mit Dir aus vollem Herzen rufen, wenn man noch das Glück hätte, auch moralisch zu den Proletariern zu gehören! Doch das tut nichts; wir machen Riesenfortschritte. Eine solche Bewegung der Gemüther, ein solcher Drang nach Vernichtung aller unwürdigen Fesseln und Scheidewände muss gute Früchte bringen!«[58]

Und wenige Tage später berichtete er aus dem revolutionären Berlin:

> »Ich beeile mich, lieber Bruder, Dir auch meinen ersten Gruss aus freiem Lande zu überbringen!«[59]

Für die geschäftlichen Aktivitäten der Telegraphen-Bauanstalt bedeutete die Revolution, die von Werner so freudig begrüßt wurde, allerdings zunächst einen schweren Rückschlag. Die Telegraphenkommission stellte ihre Tätigkeit bis auf weiteres ein, ohne daß sie formal aufgelöst worden wäre.

Andererseits konnte sich Werner bei seinen Handlungen nunmehr von seinen nationalen Empfindungen leiten lassen. Dänemark hatte im Januar 1848 versucht, Schleswig, das dänisches Lehen war, aber zugleich mit Holstein, das zu Deutschland gehörte, in Realunion verbunden war, in den dänischen Staatsverband einzugliedern. Beide Herzogtümer, Schleswig und Holstein, nahmen an der Revolution teil und versuchten, sich von Dänemark zu lösen und dem Deutschen Bund beizutreten, eine verfassungsrechtlich bedenkliche Situation, da sich in Schleswig die Revolutionäre gegen ihren legitimen Fürsten erhoben hatten. Preußen und andere vom Deutschen Bund mit der Kriegführung gegen die Dänen beauftragte Mitglieder des Bundes zögerten zunächst, militärisch einzugreifen. Werner von Siemens handelte daher ohne offiziellen Befehl, als er sich im April 1848 nach Kiel aufmachte, wohin inzwischen seine Schwester Mathilde mit ihrem Mann, dem Chemie-Professor Carl Himly, gezogen war. Auf eigene Faust und mit Unterstützung seines Schwagers machte Werner sich an die Entwicklung von Unterseeminen mit elektrischer Zündung, die mit großem Erfolg zum Schutz des Kieler Hafens vor dänischen Schiffen eingesetzt wurden. Als Werner nachträglich einen preußischen Auftrag zur Verteidigung des Hafens von Eckernförde erhielt und sogar zum Kommandanten von Friedrichsort ernannt wurde, hatte er schon die Lust an seinem abenteuerlichen Ausflug in die Kriegführung verloren und kehrte umgehend nach Berlin zurück. In seinen Lebenserinnerungen erzählt er jedoch ausführlich und mit spürbarem Vergnügen von diesem Abenteuer, das militärisch – wenn auch nicht politisch – siegreich für Preußen verlaufen war.

Seit Wilhelms dauerhafter Übersiedlung nach England waren inzwischen zwei der jüngeren Brüder, Friedrich (1826–1904) und Carl, soweit herangewachsen, daß sich

Bild 15
Friedrich Siemens (1826–1904), 1866

die Frage nach ihrem weiteren beruflichen Werdegang stellte. Nachdem es Wilhelm in England gelungen war, das Vergoldungspatent zu verkaufen, hatten Friedrich, Carl und Walter (1833–1868) bei Werner in Berlin wohnen und dort die Schule besuchen können. Zuvor hatten sie bei ihrem Onkel in Lübeck gelebt. Friedrich beschloß, nach dem Schulbesuch zunächst zur See zu fahren, erwies sich dafür aber nach kurzer Erprobungszeit als körperlich wenig geeignet, so daß die beiden älteren Brüder sich bemühten, ihm eine adäquate Ausbildungsstelle zu besorgen. Bei Antritt seiner Lehre als Maschinenbauer im Herbst 1847 behielt sich Friedrich jedoch vor, bald zu seinem Bruder Wilhelm nach England überzusiedeln. Auch Carl spielte zunächst mit dem Gedanken, zur See zu gehen, ließ seine Interessen aber von Werner mehr auf die Chemie und Physik lenken. 1846 verließ Carl die Schule mit Primareife

Bild 16
Carl Siemens (1829–1906), etwa 1860

und begann im Sommer 1847 als Chemiker bei der Berliner Firma Haslinger & Schondorf.

Carl und Friedrich folgten nach der März-Revolution beide ihrem Bruder Werner nach Kiel. Von dort aus reiste Friedrich zu einem ersten Aufenthalt nach England, um für Werners Telegraphenprojekte tätig zu werden. Carl blieb als Assistent seines Schwagers Himly noch eine Zeitlang in Kiel, sehr zum Mißfallen seiner Brüder, die meinten, dort könne er seinem »Phlegma« zu stark nachhängen. Die Nachrichten von den kalifornischen Goldfunden bewogen dann die beiden jüngeren Brüder Friedrich und Carl, zu Beginn des Jahres 1849 eine Auswanderung nach Amerika in Erwägung zu ziehen. Werner sagte ihnen dafür prinzipiell seine Unterstützung zu, bat sie aber, ihre Entscheidung noch einmal zu überdenken.

Die positiven Entwicklungen in der zweiten Jahreshälfte 1848 und im folgenden Jahr boten allen vier Brüdern neue, erweiterte Geschäftsmöglichkeiten: Aufträge für den Telegraphenlinienbau in Deutschland auf den Strecken Berlin–Köln und Berlin–Frankfurt, die Siemens & Halske mit großem Erfolg innerhalb weniger Monate baute, ermöglichten es Werner, im Sommer 1849 nach fast fünfzehnjähriger Dienstzeit seinen Abschied vom Militär einzureichen. Seine Arbeitskraft wurde jetzt ganz von der Telegraphen-Bauanstalt in Anspruch genommen. Zudem konnte er als Angehöriger des Militärs für die Förderung des Telegraphenwesens nicht mehr viel bewirken, da die zivile Nutzung der Telegraphie immer stärker in den Vordergrund rückte und in Preußen die Zuständigkeit für das Telegraphenwesen bereits im Februar 1849 vom Kriegsministerium auf das Ministerium für Handel und Gewerbe übertragen worden war. Werner nahm seinen Abschied gern. Er hatte während seiner Militärzeit eine ingenieurwissenschaftliche Ausbildung und auch stets Freiräume für seine Erfindungen und wissenschaftlichen Arbeiten erhalten. Seine liberale politische Haltung hatte ihm nicht geschadet. Daher blickte er mit überwiegend positiven

Erinnerungen auf seine Militärzeit zurück. Die strenge militärische Hierarchie, die übrigens auch in den preußischen Zivilbehörden herrschte, sei durch den »Geist der Kameradschaft« stets etwas gemildert worden. Erst als freier Unternehmer konnte Werner von Siemens seine Möglichkeiten jedoch voll ausschöpfen.

Wilhelm Siemens hatte im Laufe des Jahres 1849 eine feste Anstellung bei der Maschinenbaufirma Fox & Henderson in Birmingham gefunden, die eine flexible Arbeitszeit garantierte, eine Beteiligung an Patenteinnahmen versprach und gleichzeitig ein jährliches Fixum ausbezahlte. Damit konnte er den jahrelangen Zustand wirtschaftlicher Unsicherheit überwinden, die ihn abgesehen von gelegentlichen geringen Patenteinnahmen von Zuwendungen seines Bruders abhängig gemacht hatte.

Ihre gefestigte Position ermöglichte den beiden älteren Brüdern, auch die jüngeren Brüder stärker in die gemeinsamen Geschäfte einzubinden, die bei diesen Aussichten schnell von ihren Auswanderungsplänen abrückten. Seinem Bruder Friedrich konnte Wilhelm bei Fox & Henderson ebenfalls eine fest besoldete Stelle verschaffen. Carl dagegen stieg vorerst bei Siemens & Halske in Berlin ein und betätigte sich bereits Ende 1849 als Konstrukteur im Telegraphenbau.

Unternehmensgründung und erste Expansion bis Mitte der 1860er Jahre

Die Entwicklung des Telegraphenwesens

Die Entwicklung der Nachrichtentechnik ist neben der Einführung des Eisenbahnwesens und den Veränderungen in der Schwerindustrie eines der Merkmale der Industriali-

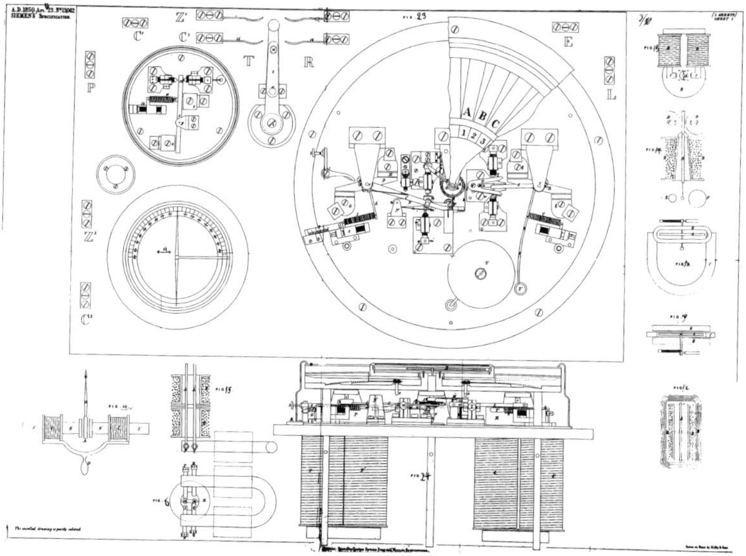

Bild 17
Zeichnung des Zeigertelegraphen von Werner von Siemens in der englischen Patentschrift, 1850

sierung gewesen. Die wie eine Überwindung von Raum und Zeit wirkende Telegraphie schuf eine Grundlage für die wachsende internationale Verflechtung, die Entstehung der Weltwirtschaft. Nach Versuchen mit optischer Telegraphie, die sich als sehr störungsanfällig und nicht tauglich für große Distanzen erwies, wurden in den 1840er Jahren auf der Basis der Geräte von Gauß, Weber, Wheatstone, Morse und anderen die ersten gebrauchsfähigen elektrischen Telegraphen konstruiert. England baute das erste Liniennetz; Samuel Morse setzte 1844 die elektrische Telegraphenlinie zwischen Baltimore und Washington in Betrieb sowie 1845 die erste amerikanische Überlandlinie von Boston nach Philadelphia.[60]

Werner von Siemens gelang es 1846, den Wheatstoneschen Zeigertelegraphen, der in England in Gebrauch war, zu verbessern. Für seine ersten Erfolge beim Bau der preußischen Staatstelegraphen war es unerheblich, daß diese Verbesserung schon kurze Zeit später durch die Morse-

Bild 18
Zeigertelegraph von Werner von Siemens, 1847

Bild 19
Guttaperchapresse, 1847

Apparate überholt wurde. Darüber hinaus lernte er durch Vermittlung seines Bruders Wilhelm die Kabelisolierung mit Guttapercha kennen. Wilhelm schickte ihm bereits 1846 eine Probe des Isolationsstoffes, den der englische Arzt Montgomery 1842 aus Singapur mitgebracht hatte. Für die Isolierung von Drähten mit Guttapercha konstru-

Bild 20
Kabelfabrik mit Guttaperchapressen, um 1855

ierte Werner 1847 eine Presse, die einen nahtlosen Überzug erlaubte.[61] Nachdem man in der Guttapercha, einem eingedickten Pflanzensaft des Guttaperchabaumes mit thermoplastischen Eigenschaften, ein vorzügliches Isoliermaterial für unterirdische Leitungen gefunden zu haben glaubte und Nachrichtenkabel mit Hilfe der Guttaperchapresse isolierte, konnte der Nachrichtenverkehr moderner Prägung entstehen, obwohl man zunächst auch weiterhin auf das galvanische Element als Energiequelle angewiesen war.[62]

Seine Erfindungen versuchte Werner sofort wirtschaftlich zu verwerten. Mit der Patentierung auch in England und Frankreich war die Grundlage für seine unternehmerische Tätigkeit gelegt.

Der Aufbau von Telegraphennetzen wurde in den meisten Ländern zunächst von den Bedürfnissen des Militärs bestimmt, das an einem einfachen und schnellen Kommunikationsmittel sehr interessiert war.[63] Dementsprechend ließen die meisten europäischen Staaten zunächst Staatstelegraphennetze aufbauen. Mit fortschreitender ziviler Nutzung des Telegraphen, der zum Beispiel für die Börsen bald zentrale Bedeutung erlangte, entstanden in einigen Ländern auch private Betriebsgesellschaften. Die Eisenbahnverwaltungen, die ebenfalls zunehmend Telegraphen orderten, bildeten eine weitere Nachfragergruppe. Die starke Konzentration der Nachfrager auf Staaten und wenige private Betreiber verdeutlicht bereits die besondere Struktur des Marktes für Telegraphen.[64]

Aufgrund dieser Nachfragekonzentration übten fiskalische und zum Teil auch prestigeorientierte Überlegungen großen Einfluß auf die entstehende Telegraphenindustrie aus, deren Entwicklung weitgehend losgelöst von der gesamtwirtschaftlichen Lage verlief. Sie verlangte von den Unternehmen der Telegraphenbranche besondere Strategien, zu denen vor allem die Kontaktpflege zu den jeweiligen Staatstelegraphenverwaltungen, aber auch die frühzeitige Anbahnung von Auslandskontakten gehörte, um wenigstens für eine gewisse Zeit mit Aufträgen versorgt zu sein. Trotz ihrer

Bild 21
Werner von Siemens, um 1850

großen Bedeutung für die Verbesserung der Infrastruktur war die Telegraphenindustrie kein gewichtiger gesamtwirtschaftlicher Faktor, spielte also im Gegensatz zum Eisenbahnbau als Arbeitgeber oder als Nachfrager von Rohstoffen kaum eine Rolle. Diese Strukturvorgaben gilt es zu bedenken, wenn man das unternehmerische Handeln von Werner von Siemens und seinen Brüdern beurteilen möchte.

Die Anfänge der Telegraphen-Bauanstalt

Werner von Siemens gründete seine erste Unternehmung, die »Telegraphen-Bauanstalt von Siemens & Halske«, ohne eigenes Kapital gemeinsam mit dem Mechanikermeister Johann Georg Halske, der ihn bereits bei der Entwicklung seines Zeigertelegraphen unterstützt hatte, und mit seinem Vetter, dem Justizrat Johann Georg Siemens (1805–1879). Werner von Siemens brachte in das neue Unternehmen seine Patente ein; Halske, der bereits vorher mit einem Kompagnon eine eigene Werkstatt geleitet hatte, steuerte seine praktische Erfahrung sowohl für die handwerkliche Leitung als auch für die Werkstattorganisation bei. Er erklärte sich auch bereit, der Werkstatt seine gesamte Arbeitskraft zur Verfügung zu stellen, während Werner vorerst seine militärische Stellung behielt. Seine Position in der Telegraphenkommission konnte er dabei für die Akquisition von Aufträgen nutzen, die – wie überhaupt alle äußeren Angelegenheiten und die Repräsentation der Firma – in sein Aufgabengebiet fiel. Sie bezogen gemeinsam ein Haus, in dessen erstem Stock sich auch die Werkstatt befand. Da Werner zu diesem Zeitpunkt über nahezu kein Eigenkapital verfügte, beteiligte sich sein Vetter Johann Georg Siemens als Kapitalgeber mit 6842 Talern – etwas über 20000 Mark – gegen eine Gewinnbeteiligung über sechs Jahre.[65] Im Oktober 1847 wurde die Werkstatt mit 10 Arbeitern in einem Hinterhaus, Schöneberger Straße 19, in Berlin eröffnet.[66] Auf Werner von Siemens

Bild 22
Johann Georg Halske (1814–1890), um 1850

und Johann Georg Halske sollten je zwei Fünftel des Gewinns, auf den »Kapitalisten« Johann Georg Siemens ein Fünftel entfallen.[67] Für die Verwertung seiner Patente im Ausland hatte Werner sich ein Drittel Vorabgewinn gesichert.

Die schnelle, unbürokratische Gründung eines Unternehmens und seine Finanzierung mit der Hilfe von wohlhabenden Verwandten sind typische Erscheinungen der frühen Phase der deutschen Industrialisierung. Weniger typisch ist jedoch, daß die Gründung der Telegraphen-Bauanstalt mitten in einer konjunkturellen wie politischen Krise erfolgte. Eine erfolgreiche Unternehmensgründung in dieser Situation zeigt recht deutlich, daß die neu entstehende Telegraphenindustrie von den wirtschaftlichen Rahmenbedingungen zunächst weitgehend unabhängig arbeiten konnte. Die handwerkliche Fertigung der Telegraphenapparate verlangte darüber hinaus keinen großen Kapitaleinsatz.[68] Alle Geräte wurden einzeln von gelernten

Bild 23
Johann Georg Siemens (1805–1879)

Bild 24

Schöneberger Straße 19, Vorderhaus

Arbeitern hergestellt, größere Maschinen waren überflüssig. Erst 1863 wurde für die nun normierte, serienmäßige Fertigung von Einzelteilen eine erste Dampfmaschine angeschafft.[69]

Die Kehrseite dieser weitgehenden Unabhängigkeit von gesamtwirtschaftlichen Bedingungen war die Abhängigkeit von wenigen Auftraggebern: der Militärverwaltung, wenig später den Verwaltungen der Staatstelegraphen und der Eisenbahnen. Für die Telegraphen-Bauanstalt wurde dieser Nachteil in der ersten Zeit jedoch dadurch ausgeglichen, daß sie nahezu eine Monopolstellung als Anbieter hatte und von den hervorragenden Kontakten Werner von Siemens' profitieren konnte. Schon vor der Firmengründung stand er in aussichtsreichen Verhandlungen mit der preußischen Telegraphenkommission, der Anhaltischen Bahn und dem russischen Gesandten. Bei ihrer Gründung hatte die Telegraphen-Bauanstalt daher schon einige fast sichere Aufträge; das finanzielle Risiko war gering.

Nach einem Wettbewerb, der wegen der Revolution erst im August 1848 stattfand, erhielt Werner von Siemens den Auftrag für eine Telegraphenlinie von Berlin nach Frankfurt a.M. Auf dieser Linie wurde am 28. März 1849 die Wahl des preußischen Königs Friedrich Wilhelms IV. zum deutschen Erbkaiser von der Frankfurter Paulskirche nach Berlin übermittelt.

Nach diesem ersten großen Erfolg entschloß sich Werner von Siemens, der 1848 kurzfristig erwogen hatte, ganz in den zivilen Staatsdienst zu wechseln und preußischer Telegraphendirektor zu werden, seinen Abschied zu nehmen und sich ganz seinem Unternehmen zu widmen. Sein Nachfolger als technischer Leiter der Telegraphenkommission wurde sein Freund und Studienkamerad William Meyer, der später als Prokurist und Oberingenieur bei Siemens & Halske tätig war.

Die gute Zusammenarbeit mit der preußischen Telegraphenverwaltung hielt jedoch nicht lange an. Noch im Sommer 1849, als Werner mit dem Bau weiterer Linien im

Bild 25
Schöneberger Straße 19, Hinterhaus, mit der ersten Werkstatt von Siemens & Halske (im 1. Stock)

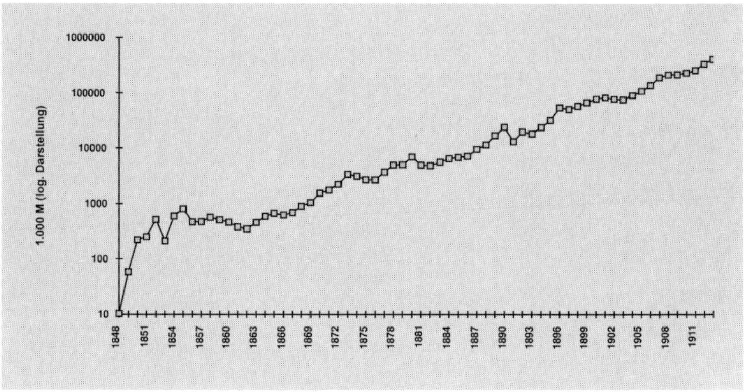

Graphik 9
Umsatzentwicklung des Hauses Siemens 1848–1913[70]

preußischen Rheinland beschäftigt war, kam es zu ersten Schwierigkeiten. Mangelhafte Isolierung unterirdischer Leitungen hatte zu erheblichen Störungen im Telegraphennetz geführt, die Werner von Siemens mit dem Zwang zu billigem Arbeiten rechtfertigte. Der Hauptmangel bestand wohl darin, daß man der Guttaperchaummantelung Schwefel zugesetzt hatte, der mit den Leitern allmählich zu Schwefelkupfer oxidierte. Nebenschlüsse,

Bild 26
Briefkopf von Siemens & Halske um 1853

Mitsprechen und falsche Schrift waren die Folge.[71] Hinzu kam, daß die Arbeiten an der Linie Frankfurt–Berlin wegen der politischen Verhältnisse »etwas überhastet« vor sich gegangen waren.[72] 1851 kam es wegen permanenter Störfälle zum Abbruch der Geschäftsbeziehungen. Der Leiter der Telegraphenkommission, Friedrich Wilhelm Nottebohm, entzog Siemens & Halske ab 1851 alle Anschlußaufträge und stürzte das junge Unternehmen in eine erste existentielle Krise.[73] 1851 erhielt es zwar noch einen größeren Auftrag für die Berlin-Hamburger Eisenbahn in Höhe von 32000 Talern, aber es war offensichtlich, daß ein langfristiges Überleben nach dem Wegfall der preußischen Staatsaufträge nur durch ein florierendes Auslandsgeschäft zu erreichen war.

Bild 27
Erstes Warenzeichen von Siemens & Halske aus den 1850er Jahren

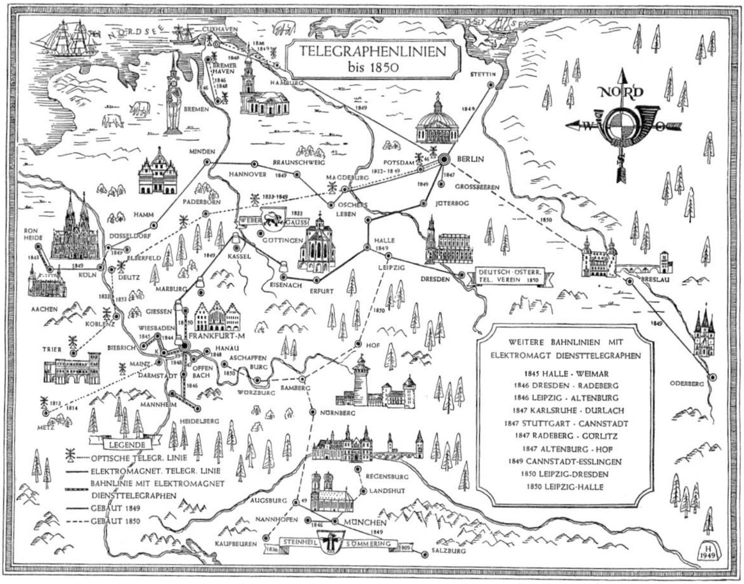

Bild 28
Telegraphenlinien bis 1850

Die Nottebohm-Krise verdeutlicht zwei besondere Probleme der jungen Telegraphenbranche: Die erste Schwierigkeit resultierte daraus, daß mit einem technisch noch wenig ausgereiften Produkt gearbeitet werden mußte. Wettbewerb fand daher in erster Linie über technische Standards, nicht aber über den Preis statt. Zweitens begünstigten die Konzentration auf wenige Nachfrager und das Problem, die technischen Standards sachgerecht zu beurteilen, parteiische Entscheidungen bei der Auftragsvergabe. Da die angebotenen Produkte wegen unterschiedlicher technischer Standards über den Preis nicht vergleichbar waren, entschieden letztlich persönliche Verbindungen, Sympathien und Antipathien sowie das allgemeine »Renommee« einer Firma über die Auftragsvergabe. Die Nottebohm-Krise zeigt, daß sich diese Parameter sehr schnell umkehren und gegen ein vorher erfolgreiches Unternehmen wenden konnten.

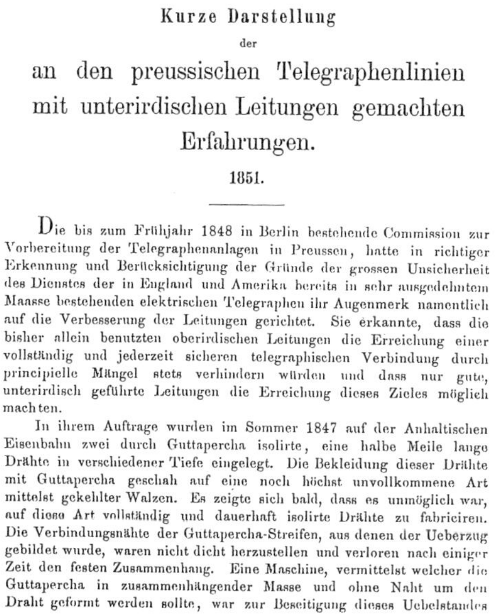

Kurze Darstellung

der

an den preussischen Telegraphenlinien mit unterirdischen Leitungen gemachten Erfahrungen.

1851.

Die bis zum Frühjahr 1848 in Berlin bestehende Commission zur Vorbereitung der Telegraphenanlagen in Preussen, hatte in richtiger Erkennung und Berücksichtigung der Gründe der grossen Unsicherheit des Dienstes der in England und Amerika bereits in sehr ausgedehntem Maasse bestehenden elektrischen Telegraphen ihr Augenmerk namentlich auf die Verbesserung der Leitungen gerichtet. Sie erkannte, dass die bisher allein benutzten oberirdischen Leitungen die Erreichung einer vollständig und jederzeit sicheren telegraphischen Verbindung durch principielle Mängel stets verhindern würden und dass nur gute, unterirdisch geführte Leitungen die Erreichung dieses Zieles möglich machten.

In ihrem Auftrage wurden im Sommer 1847 auf der Anhaltischen Eisenbahn zwei durch Guttapercha isolirte, eine halbe Meile lange Drähte in verschiedener Tiefe eingelegt. Die Bekleidung dieser Drähte mit Guttapercha geschah auf eine noch höchst unvollkommene Art mittelst gekehlter Walzen. Es zeigte sich bald, dass es unmöglich war, auf diese Art vollständig und dauerhaft isolirte Drähte zu fabriciren. Die Verbindungsnähte der Guttapercha-Streifen, aus denen der Ueberzug gebildet wurde, waren nicht dicht herzustellen und verloren nach einiger Zeit den festen Zusammenhang. Eine Maschine, vermittelst welcher die Guttapercha in zusammenhängender Masse und ohne Naht um den Draht geformt werden sollte, war zur Beseitigung dieses Uebelstandes

Bild 29
Kritische Darlegung von Werner von Siemens über die frühen unterirdischen Telegraphenleitungen (in: Wissenschaftliche und Technische Arbeiten, 1891)

Entsprechend unsicher war für Siemens & Halske die Kalkulationsbasis. Bei großen Aufträgen kam die Firma mit der Fertigung von Telegraphenapparaten und Zubehör kaum nach, während zwischenzeitlich Unterbeschäftigung die Existenz des Unternehmens immer wieder in Frage stellte. Dieses grundsätzliche Problem konnte nicht gelöst werden, solange das Unternehmen ausschließlich oder doch vorwiegend in der Telegraphenbranche tätig war. Siemens & Halske versuchte dem durch eine frühzeitige Diversifizierung zu begegnen. Das Berliner Werk fertigte nach dem Wegfall der russischen Aufträge am Ende der 1850er Jahre Wassermesser für den englischen Markt, die Wilhelm Siemens federführend entwickelt und für sich patentiert hatte.[74] Wenn auch die Wassermesserfertigung einige Jahre lang nur geringen Gewinn abwarf[75], gelang es dem Unternehmen durch dieses Geschäftsgebiet, auch in auftragsschwachen Zeiten seinen Stamm von qualifizier-

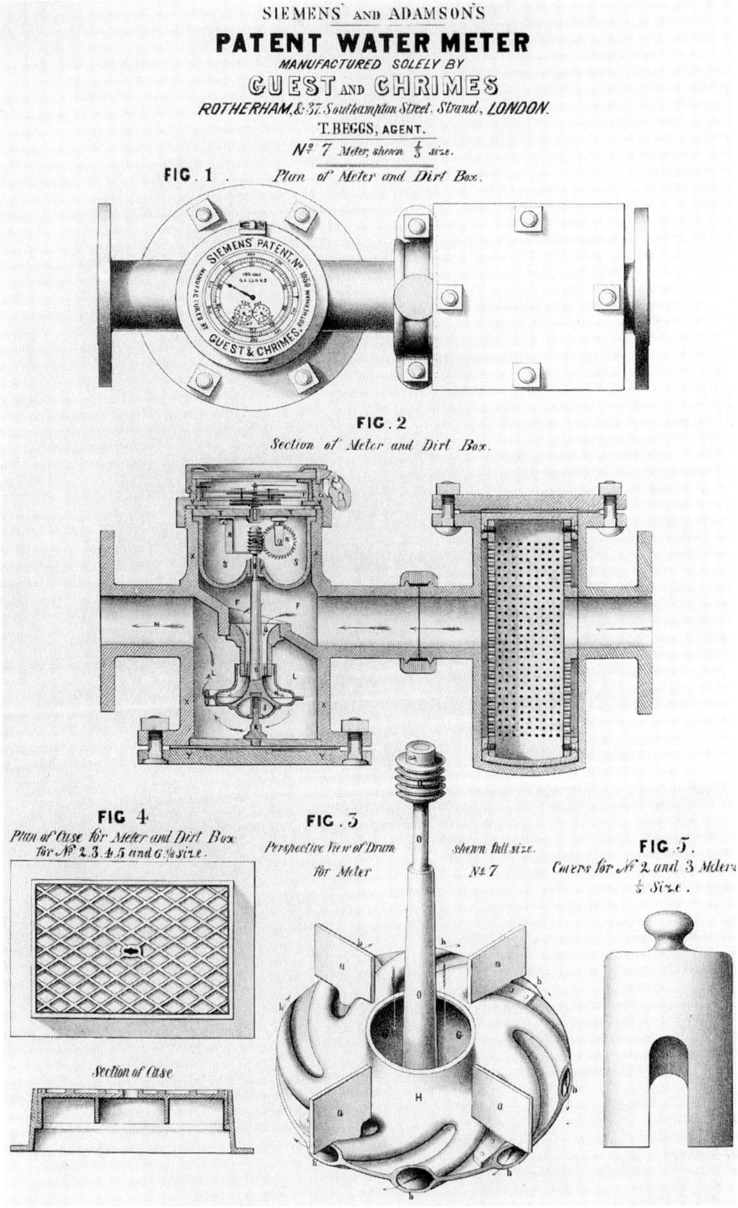

Bild 30 *Wassermesser, patentiert von Wilhelm Siemens 1852*

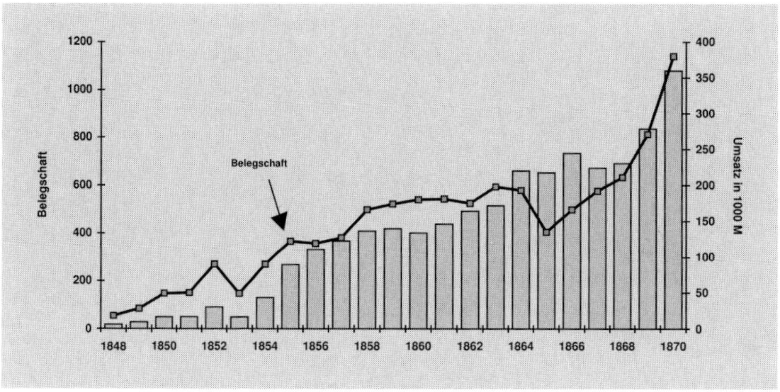

Graphik 10
Belegschaft und Umsatz von Siemens & Halske 1848–1870[76]

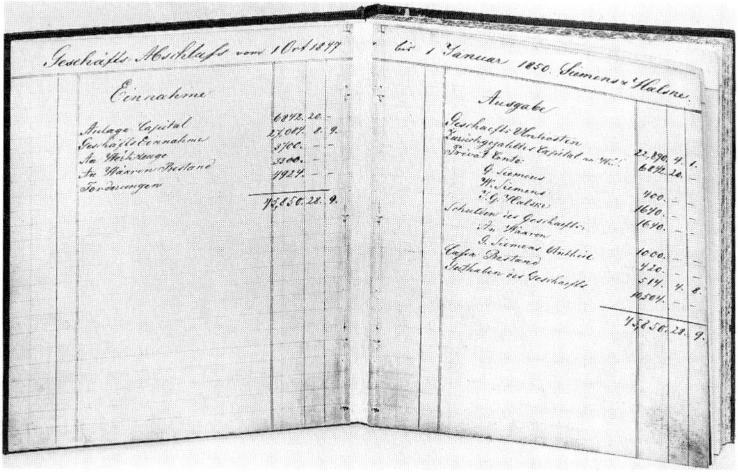

Bild 31
Erster Geschäftsabschluß von Siemens & Halske,
1. 10. 1847–1. 1. 1850

ten Facharbeitern zu halten und weiter zu beschäftigen. In Berlin wurden nach der ersten Expansion bis zur Mitte der 1860er Jahre nahezu konstant ca. 150 Mitarbeiter beschäftigt, von denen nur einige wenige (1867 neun) ungelernte Hilfsarbeiter waren.[77]

Auslandsaufträge konnten die für das Telegraphengeschäft typischen Nachfrageschwankungen und die daraus resultierenden Probleme mit der Auslastung der Kapazitäten nicht beseitigen, da prinzipiell im Ausland die gleichen Probleme und Strukturen bestanden wie in Preußen. Auch darf man die Nottebohm-Krise nicht als ursächlich für die starke internationale Orientierung des Unternehmens ansehen. Auslandskontakte hatte Werner sowohl auf eigene Faust als auch über seinen Bruder Wilhelm von Anfang an gesucht. Die Tatsache, daß ihm die preußischen Aufträge nach 1851 entzogen wurden, verstärkten allerdings den Zwang, um des wirtschaftlichen Überlebens willen im Ausland auch wirklich erfolgreich zu sein.

Bei den rentablen Auslandsaktivitäten in Rußland und England bleibt doch zu erwähnen, daß Werners erste Vorstöße in Belgien und Frankreich anfangs ohne Erfolg blieben. Wie auch in Preußen hatte Werner hier einen Zugang über die wissenschaftlichen Institutionen gesucht. Im Februar 1850 besuchte er Brüssel, nach einem kurzen Aufenthalt bei Wilhelm in London dann im April Paris. Dort hatte er die Möglichkeit, private Kontakte anzuknüpfen, der Akademie einen Bericht über seine Erfindungen und Innovationen im Bereich der Telegraphie vorzulegen und diesen auch wenige Wochen später im »Journal de Physique et Chimie« zu publizieren. Obwohl Werner sich über diesen wissenschaftlichen Erfolg sehr freute und große Hoffnungen daran knüpfte[78], blieben konkrete Aufträge aus Frankreich aus. Ursache für die wenig erfolgreichen Aktivitäten in Frankreich waren die seit 1840 zunehmenden politischen Spannungen, die im Krieg 1870/71 ihren Höhepunkt fanden und denen eine Phase abgekühlter Beziehungen und offener Anfeindungen folgte.[79] Dieses

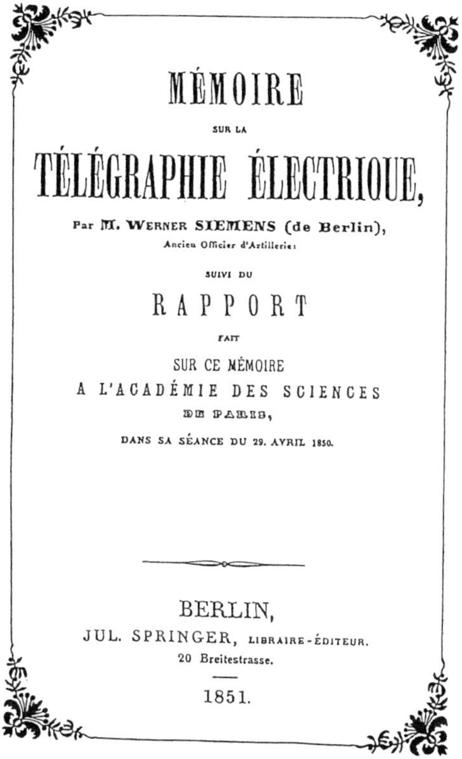

MÉMOIRE

SUR LA

TÉLÉGRAPHIE ÉLECTRIQUE,

Par M. WERNER SIEMENS (de Berlin),

Ancien Officier d'Artillerie:

SUIVI DU

RAPPORT

FAIT

SUR CE MÉMOIRE

A L'ACADÉMIE DES SCIENCES

DE PARIS,

DANS SA SÉANCE DU 29. AVRIL 1850.

BERLIN,

JUL. SPRINGER, LIBRAIRE-ÉDITEUR.

20 Breitestrasse.

1851.

Bild 32
Bericht von Werner von Siemens, 1850 der Pariser Akademie der Wissenschaften vorgelegt

Beispiel zeigt, daß wissenschaftlich-technisches Renommee nicht immer ausreichte, um dauerhafte Geschäftsbeziehungen anzubahnen.

Allgemein blieben die persönliche Kontaktaufnahme und das wissenschaftliche Gespräch in den ersten Jahren typisch für die Absatzbemühungen der Firma Siemens & Halske. Wegen ihrer geringen Kapitalausstattung und der Neuheit ihrer Produkte wäre auch kaum ein anderes Vorgehen denkbar gewesen. Dies wiederum hatte aber zur Folge, daß der Aufbau von Geschäftsbeziehungen nahezu ausschließlich Werner von Siemens selbst überlassen war und allenfalls an seine ebenfalls sachkundigen Brüder Wilhelm, Friedrich und Carl delegiert werden konnte.

Zu einer der wichtigsten werblichen Maßnahmen des jungen Unternehmens gehörte – vor allem vor dem Hintergrund der Nottebohm-Krise – seine Präsenz auf der ersten Weltausstellung, die 1851 in London stattfand.[80] Zur Unterstützung von Wilhelm und Friedrich Siemens, die ja beide eine feste Anstellung in Birmingham hatten und sich nur zeitweilig freimachen konnten, reiste Carl im Frühjahr 1851 nach London, um Siemens & Halske auf der Weltausstellung zu repräsentieren. Wilhelm beteiligte sich weniger bei der Vorführung der Siemens-Produkte, bemühte sich aber während der Ausstellung um konkrete Geschäftsanbahnungen. So trat er mit US-amerikanischen Firmen und mit der Ostindischen Kompagnie in direkte Verhandlungen. Zunächst blieben diese Bemühungen jedoch ohne Erfolg, es gelang allerdings, die Firma international bekannt zu machen. Dazu trug auch die von der Ausstellungsleitung an das Unternehmen Siemens & Halske verliehene hohe Auszeichnung, die »Council medal«, bei.

Ein erneuter Vorstoß in Frankreich, den Carl im Anschluß an die Weltausstellung unternahm, schlug abermals fehl. Diesmal sollte er im Auftrag Werners gleich eine Filiale in Paris gründen und sich nicht mit einer Vertretung

Bild 33 und 34

»Council Medal«, verliehen auf der Londoner Weltausstellung von 1851

begnügen. Die übereilt und ohne Blick auf die Marktchancen gegründete Gesellschaft mußte schon im Dezember 1852 wieder aufgegeben werden. Der 23jährige Carl reiste mit der Erkenntnis aus Frankreich ab: »Viel ausgegeben, nichts verdient und dabei noch schlecht gelebt.«[81] Sein Bruder Werner ermutigte ihn zwar, nicht aufzugeben, plädierte angesichts der miserablen Ergebnisse aber auch für einen schnellen Rückzug.[82]

Das Rußlandgeschäft

Erst das Rußlandgeschäft ermöglichte der Telegraphen-Bauanstalt einen erneuten Aufschwung und sicherte durch längerfristige Wartungsverträge dem Unternehmen bis weit in die 1860er Jahre kontinuierliche Einnahmen. So bewertete Werner von Siemens auch im Rückblick die Aufnahme dieser Geschäftsbeziehungen als eine entscheidende Zäsur:

»Das Jahr 1852 bildete einen entscheidenden Wendepunkt in meinem persönlichen sowohl wie in meinem geschäftlichen Leben.«[83]

Der persönliche Wendepunkt war die Verlobung und Eheschließung mit Mathilde Drumann (1824–1865), einer Professorentochter aus Königsberg. Geschäftlich war die Zäsur mit der Entwicklung in Rußland verbunden. Mit dem russischen Gesandten in Berlin hatte er – wie bereits erwähnt – schon vor der Gründung der Telegraphen-Bauanstalt Sondierungsgespräche geführt, nicht zuletzt wegen politischer Bedenken gegenüber dem »reaktionären« Rußland diesen Kontakt zunächst jedoch nicht weiter verfolgt. So beklagte er noch 1848 seinen Brüdern Friedrich und Wilhelm gegenüber das Wiedererstarken konservativer Kräfte:

»Da mag ich nicht mithelfen, nicht vielleicht gar auf Seite Russlands stehen! ... Das specifische Preussenthum erhebt sich jetzt wieder mit Macht und öffentlich, wozu das unpolitische Benehmen der Frankfurter Linken, das den Preussenstolz beleidigt hat, viel beiträgt.«[84]

Im selben Brief betonte er aber auch, daß mit großer Wahrscheinlichkeit nach den bisherigen Entwicklungen Deutschland wohl mehr oder minder preußisch werde und räumte ein:

»Mein Privatinteresse stimmt jetzt gerade sehr für das letztere.«

Wegen der Nottebohm-Krise kamen Werner von Siemens und seinem jungen Unternehmen die in Rußland sich bietenden Möglichkeiten sehr entgegen, so daß er seine politischen Bedenken schließlich fallen ließ, allerdings nicht ohne sich in seinen Briefen immer wieder über die despotischen Methoden der russischen Staatstelegraphenverwaltung zu entrüsten.

Rußland war Anfang der 1850er Jahre ein sehr vielversprechender Markt für die Telegraphie. Die mangelhafte

Bild 35
Werner von Siemens mit seiner Verlobten und späteren Ehefrau Mathilde Drumann, 1852

Bild 36
Peter Andrejewitsch Graf Kleinmichel (1793–1869), Leiter der russischen Staatstelegraphie

Infrastruktur des riesigen Reichs machte sowohl aus politisch-militärischen als auch aus wirtschaftlichen Gründen eine entscheidende Verbesserung der Kommunikation notwendig. Dementsprechend war das Interesse der maßgebenden politisch-militärischen Kreise und auch des Zaren Nikolaus I. selbst an der neuen Technik sehr groß. Obwohl eine systematische Industrialisierung des Landes bis gegen Ende des 19. Jahrhunderts nicht betrieben wurde, wandte sich die zaristische Regierung doch früh dem Ausbau der Infrastruktur zu. Neben der Telegraphie gilt dies auch für den Eisenbahnbau: 1852 wurde die erste wichtige Strecke zwischen St. Petersburg und Moskau fertiggestellt. Rußland verfügte selbst nicht über qualifizierte technische Fachkräfte, so daß es für die Produktion, Installation und Wartung von Telegraphenanlagen auf das Ausland angewiesen war.

Erste Kontaktaufnahmen zwischen Werner von Siemens und der russischen Regierung gehen bereits auf das Jahr 1847 zurück. Weitere Verhandlungen mit dem russischen Gesandten in Berlin folgten dann 1849, und 1851 erhielt Siemens & Halske einen ersten Auftrag über 75 Zeigertelegraphen für die Linie St. Petersburg–Moskau. Wie beim Bau der Eisenbahn erfolgte die Auftragsvergabe nicht über eine Ausschreibung, sondern aufgrund von Empfehlungen von Ingenieuren, die im Auftrag der russischen Regierung nach Westeuropa gereist waren. Werner von Siemens erkannte schnell die Bedeutung persönlicher Kontakte, die er bislang zum russischen Gesandten gepflegt hatte, und entschloß sich wohl daher Anfang des Jahres 1852 zu einer ersten Reise nach Rußland, der im gleichen Jahr und Anfang 1853 noch zwei weitere Besuche in St. Petersburg folgten. Er bestellte während dieser Aufenthalte den deutschstämmigen Petersburger Kaufmann Hermann von Kapherr zum Vertreter von Siemens & Halske und konnte auch zum Leiter der russischen Staatstelegraphie, dem Grafen Kleinmichel, der über die Auftragsvergabe zu entscheiden hatte, direkte Kontakte anknüpfen. Eine rasche Anpassung an die Landessitten, zu der die Ausstattung der leitenden Beamten mit großzügigen Geschenken gehörte, erleichterte darüber hinaus den Zugang zu Aufträgen.

Da Werner von Siemens bei seinem zweiten Besuch den Grafen Kleinmichel davon überzeugen konnte, Aufträge für den Linienbau an Siemens & Halske zu vergeben, wurde es nötig, einen ständigen Repräsentanten der Firma nach St. Petersburg zu senden, denn Kapherr war dazu weder fachlich in der Lage, noch besaß er das nötige Vertrauen der Unternehmensleitung. Nachdem Werner auf seiner dritten Reise zu Beginn des Jahres 1853 einen Vertrag über den Bau der Telegraphenlinie Petersburg–Oranienbaum–Kronstadt abgeschlossen hatte, schickte er seinen Bruder Carl nach St. Petersburg, der nach dem mißglückten Filialgründungsversuch in Paris wieder für die Firma zur Verfügung stand.

Carl reiste zunächst nach Warschau, da es Halske etwa zeitgleich gelungen war, einen Auftrag über den Bau einer Telegraphenlinie von Warschau bis zur deutschen Grenze vom russischen Generalgouvernement für Polen zu erhalten. Darauf siedelte er nach St. Petersburg über. Wegen seiner Jugend hatte Carl anfangs Schwierigkeiten, in St. Petersburg respektiert zu werden. Graf Kleinmichel schien sogar etwas verstimmt, daß Werner ihm einen erst 24jährigen jungen Mann als verantwortlichen Bauleiter geschickt hatte. Carl konnte durch seine Fähigkeit, schnell und kompetent Problemlösungen zu erarbeiten, Kleinmichel aber rasch überzeugen und nach kurzer Zeit ein besonders gutes Verhältnis zu ihm entwickeln. Bereits im November 1853 erhielt Carl Prokura für das russische Geschäft von Siemens & Halske und konnte fortan selbständig für das Berliner Unternehmen Verträge abschließen.

Als überaus vorteilhaft für die Entwicklung des Geschäfts erwies sich der Ausbruch des Krimkriegs zwischen Rußland und der Türkei im November 1853, in den im März 1854 England auf Seite der Türken eintrat, um gegenüber Rußland seine Position im Schwarzen Meer und an den Meerengen energisch zu wahren. In Berlin war man zunächst zwar besorgt über die Haltung der preußischen Regierung – Siemens & Halske hatte im März 1854 Geschäfte im Umfang von 350000 Rubeln in Arbeit –, aber die Zentralmächte bewahrten bis zum Ende des Krieges aus Unentschlossenheit strikte Neutralität.

Lediglich bei der Lieferung englischer Seetelegraphenkabel der Firma Newall & Co. nach Rußland für die Linie nach Kronstadt traten Verzögerungen ein, die Carl Siemens, der ein englisches Embargo befürchtete, unruhige Wochen durchleben ließen. Ansonsten sorgte der Krieg für eine gute Auftragslage: Das russische Militär war an einer Telegraphenlinie zur Krim höchst interessiert, um ständig Verbindung zu der seit September 1854 für fast ein Jahr belagerten Festung Sewastopol halten zu können. Siemens & Halske erhielt daher den Auftrag zur Errichtung einer Telegraphenlinie Moskau–Sewastopol über Kiew und Odessa.

Die rasch gestiegene Bedeutung des russischen Geschäfts ließ Werner von Siemens bereits im Sommer 1854 an eine Neuorganisation der Beziehungen zwischen St. Petersburg und Berlin denken. Anlaß für die Neugestaltung war der Wunsch des Justizrates Johann Georg Siemens, als Gesellschafter aus dem Unternehmen auszuscheiden. Dieser erhielt in fünf Jahresraten 50000 Taler ausbezahlt. An seiner Stelle trat Carl mit einem Fünftel Anteil am Geschäftskapital in die Gesellschaft ein, wodurch die bisherige Tätigkeit Carls gewürdigt wurde, da unter seiner Leitung das russische Geschäft am meisten zum Gewinn des Gesamtgeschäftes beigetragen hatte. Nach Ablauf der Vertragsdauer von 12 Jahren (ab dem 1. Januar 1855) sollte er überdies die Möglichkeit erhalten, sich mit dem russischen Geschäft selbständig machen zu können.[85] Obwohl dieser Vertrag eine Filialstellung des Petersburger Hauses zu Berlin festschrieb, führte Carl faktisch seit dem 1. Januar 1855 das russische Geschäft selbständig mit eigenem Vermögen und eigenen Gewinnkonten. Dieser Status wurde in einem Nachtrag zum Geschäftsvertrag vom 1. Januar am 1. Oktober 1855 auch vertraglich festgelegt.[86]

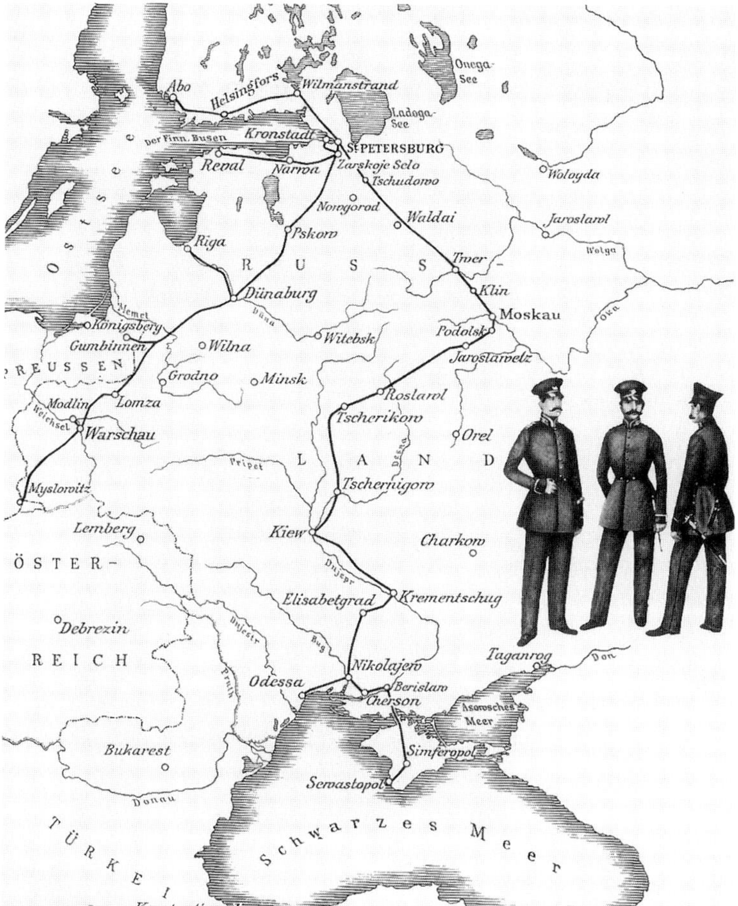

Bild 37

Das von Siemens & Halske 1852–1855 ausgebaute russische Staatstelegraphennetz

Bei der insgesamt günstigen Entwicklung des russischen Geschäfts erschwerten die große militärische Bedeutung der Aufträge und die Kriegssituation die Arbeit. Die russische Regierung versuchte alle möglichen Druckmittel einzusetzen, um eine schnelle Fertigstellung der Linien sicherzustellen. Werner von Siemens wurde bei einem Besuch 1855 zunächst angedroht, daß ihm die Ausreise so lange verweigert würde, bis die im Bau befindlichen Linien, insbesondere die nach Odessa–Sewastopol fertiggestellt wären. Trotz aller Anstrengungen konnte die Krimlinie aber praktisch nur noch im September 1855 genutzt werden, um die Nachricht vom Fall der Festung Sewastopol zu übermitteln.

Mit dem Krimkrieg ging auch die gute Kriegskonjunktur für Siemens & Halske zu Ende. Ab 1856 gab es aufgrund der Lage der russischen Staatsfinanzen keine neuen Aufträge mehr für den Linienbau.[87] Schwerer noch wog, daß nach dem Tod des Zaren Nikolaus I. dessen Nachfolger Alexander II. den Grafen Kleinmichel als Chef der Staatstelegraphie abberief. Damit hatte Carl Siemens seinen direkten persönlichen Zugang zum Leiter der Auftragsvergabe verloren. Auch der Vertreter von Siemens & Halske in St. Petersburg, Kapherr, der inzwischen Carls Schwiegervater geworden war, hatte keine guten Verbindungen zu

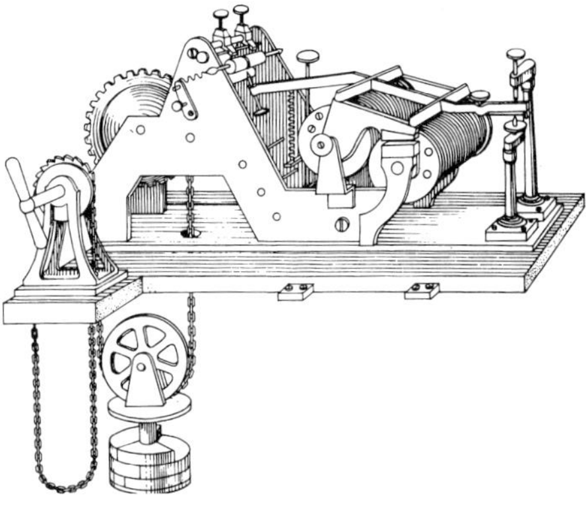

Bild 38
Morse-Reliefschreiber von Siemens & Halske für die russischen Linien, 1853

Kleinmichels Nachfolger. Außerdem traten trotz der Eheschließung zwischen Carl Siemens und Marie Kapherr Schwierigkeiten in den geschäftlichen Beziehungen auf, vermutlich weil nach Carls selbständiger Übernahme des Petersburger Geschäftes keine klaren Kompetenzabgrenzungen zwischen Kapherr und ihm getroffen worden waren.

Trotz dieser unerfreulichen Entwicklungen blieben die Verdienstmöglichkeiten in Rußland weiterhin gut, da 1855 für die von Siemens & Halske gebauten Linien Wartungsverträge mit einer Laufzeit von zwölf Jahren abgeschlossen worden waren. Für diese sogenannte Remonte betrieb die russische Filiale eine kleine Werkstatt in St. Petersburg und drei Ingenieurbüros in St. Petersburg, Kiew und Odessa, denen je ein Bezirk zur Überwachung der Telegraphenlinien zugeteilt war. Wegen des allgemein geringen technischen Kenntnisstandes hatte Siemens & Halske keine Konkurrenz oder eine vorzeitige Kündigung der Verträge zu befürchten. Da einerseits jegliche Erfahrungswerte für den notwendigen Wartungsaufwand fehlten, andererseits auch nicht mit

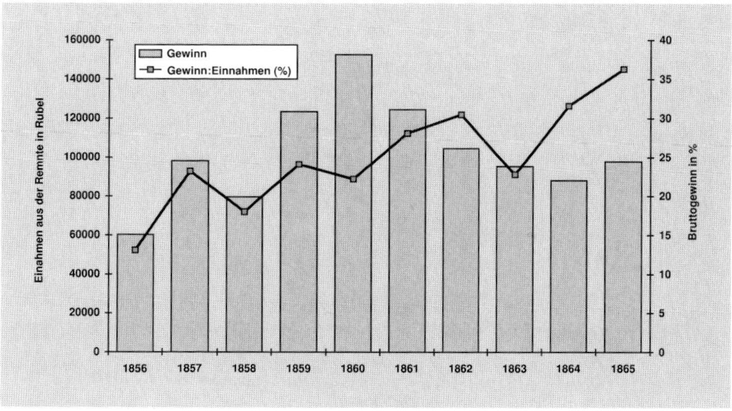

Graphik 11

Gewinn und Gewinnanteil an den Einnahmen aus der Remonte

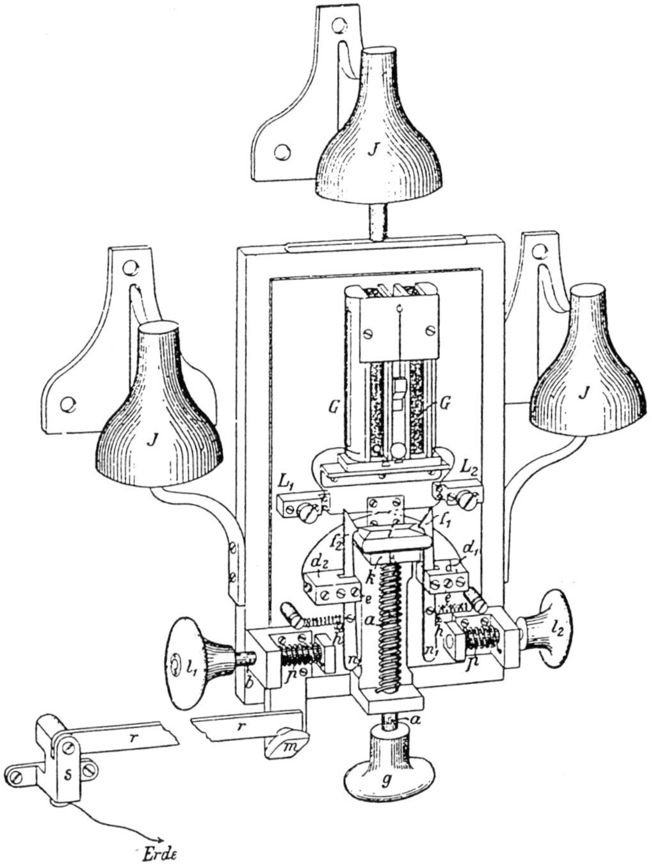

Bild 39
»Tataren-Galvanoskop« von Siemens & Halske, konstruiert 1855

Wettbewerbern bei der Auftragserteilung zu rechnen war, wurden von Siemens & Halske hohe Gebühren angesetzt und zwei Drittel der Erträge zunächst in einem Remonte-Reservefonds für eventuelle Mehrkosten angelegt. Als eine weitere Erfindung von Werner Siemens, das »Tataren-Galvanoskop«, bald eine genaue Lokalisierung von Störungen erlaubte und der Personalbedarf für die Wartung auf ein Mi-

Bild 40
Allegorische Darstellung zum Bau der Telegraphenlinien in Rußland, in der Mitte Werner von Siemens (links) und Johann Georg Halske, 1855

nimum reduziert wurde, da die Entstörungsteams stets gezielt und schnell eingreifen konnten, wurden die Remonte-Erträge zu einer lukrativen Einnahmequelle, auch wenn die Meinungen über die genaue Einnahmenhöhe etwas auseinandergehen. Auch die vorsichtigen Berechnungen von Kirchner gehen jedoch von einem Gesamtgewinn von 1,6 Mio. Rubel aus.[88]

Von 1853 bis 1855 garantierte das russische Geschäft die Kapazitätsauslastung der Berliner Werkstatt. Danach gaben die Wartungsarbeiten lediglich der Petersburger Werkstatt genügend Arbeit. Einige kleine Zusatzgeschäfte mit Rußland außerhalb der Telegraphenbranche entwickelten sich allerdings vielversprechend. So hatte Werner von Siemens einen Alkoholmesser entwickelt, der bei den russischen

Steuerbehörden zur Festsetzung der Alkoholsteuer breite Verwendung fand.

Die großen Linienbauten und die Remonte-Verträge sicherten Siemens & Halske allerdings über das Ende des Krimkrieges hinaus hohes Ansehen in Rußland. So konstatierte Werner von Siemens mit großem Vergnügen, daß das Unternehmen den Titel »Kontrahenten für den Bau und die Remonte der Kaiserlich Russischen Telegraphenlinien« erhielt und das Recht zugesprochen bekam, seine Beamten zu uniformieren, eine Maßnahme, die ihrer Autorität und dem ihnen entgegengebrachten Respekt sehr zuträglich war.[89] Auch nach Ablauf der Verträge 1867 konnte Siemens daher mit der starken ausländischen Konkurrenz in Rußland mithalten und weiterhin Telegraphenapparate und Sicherheitssysteme für die Eisenbahn nach Rußland absetzen. Auch für die in den 1880er Jahren entwickelten Produkte der Beleuchtungstechnik wurde Rußland schnell ein wichtiger Markt für Siemens & Halske.

Das ausgedehnte Auslandsgeschäft mit Rußland machte einige organisatorische Reformen in der Berliner Zentrale nötig, die man jedoch auf ein Minimum zu beschränken trachtete. Mit Carl Haase stellte Siemens & Halske 1855 einen hauptberuflichen Buchhalter ein, der diese Aufgabe für viele Jahre übernahm. Zur weiteren Entlastung der Geschäftsinhaber wurde noch im selben Jahr William Meyer als Prokurist eingestellt, dem vorwiegend Organisations- und Leitungsaufgaben übertragen wurden.

Das Jahr 1867 stellte für das Rußlandgeschäft aus zwei Ursachen einen gewissen Wendepunkt dar. Einmal liefen

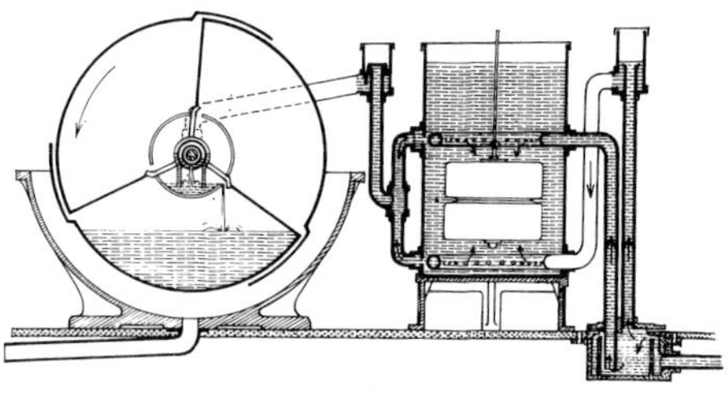

Bild 41
Alkohol-Meßapparat, 1866

Bild 42
Tiflis um 1850

die Remonte-Verträge mit der russischen Regierung ab, die für Siemens & Halske gute Erträge gebracht hatten. Zum anderen verließ Carl Siemens aus gesundheitlichen Gründen St. Petersburg und siedelte zunächst nach Tiflis, später nach London über. Der eigentliche Grund für sein Ausscheiden war aber wohl nicht die Sorge um seine Gesundheit, sondern die »Windstille«, unter der Siemens & Halske St. Petersburg litt und die ihm eine weitere Tätigkeit in der russischen Hauptstadt wenig reizvoll erscheinen ließ. Mit seinem Weggang geriet das Geschäft in eine Flaute, die zu organisatorischen Änderungen führte. Das bisher wirtschaftlich selbständige Unternehmen mußte aufgrund des Vertrages mit Halske liquidieren, damit dessen Auseinandersetzungsanteil festgestellt werden konnte, und wurde im Rahmen der Reorganisation des Gesamtgeschäftes in eine Filiale des Berliner Stammhauses umgewandelt.

Das im allgemeinen wenig erfreuliche Bild, welches das russische Geschäft in den 1870er Jahren bot, änderte sich erst, als Carl Siemens, der sich in London im Schatten seines älteren Bruders Wilhelm nicht recht wohlfühlte, nach St. Petersburg zurückkehrte. Er gestaltete das Verhältnis von St. Petersburg zu Berlin, wie es vor dem Jahr 1868 gewesen war: Siemens & Halske St. Petersburg wurde zur selbständig abrechnenden Filiale des Stammhauses.

Insgesamt wird man die organisatorische Struktur des russischen Geschäfts nur als eher dürftig beschreiben können. Auch der in der Literatur häufig als der »Kaufmann« unter den Siemensbrüdern charakterisierte Carl hielt wenig von betriebswirtschaftlich-strategischen Überlegungen und bezeichnete den ansatzweise in diese Richtung denkenden William Meyer als »riesigen Philister«.[90] So basierte die Arbeit in Rußland organisatorisch im wesentlichen auf Improvisation und auf der Eigeninitiative der Filial- und Niederlassungsleiter. Sie konnte nur so erfolgreich sein, weil an Carls Loyalität zum Berliner Unternehmen kein Zweifel bestand. Auch die beim Linienbau und bei der Wartung mit Leitungsaufgaben betrauten Beamten standen zumeist in enger persönlicher Beziehung zur Familie Siemens und genossen eine besondere Vertrauensstellung. Dieser personale, improvisierte Organisationsstil hatte den großen Vorteil, daß sich das Unternehmen relativ problemlos den stark wechselnden Bedingungen und dem höchst unterschiedlichen Umfang des russischen Geschäftes anpassen konnte. Mittelfristig erwies sich die Struktur jedoch als nachteilig, weil Siemens & Halske mit dem Ende der Remonte-Verträge und Carls Weggang aus St. Petersburg nicht auf ein Management zurückgreifen konnte, das in der Lage war, die Geschäfte in befriedigender Weise weiterzuführen.

Gorodok/Chmelewo

Unmittelbar nach seiner Rückkehr leitete Carl Siemens die Liquidation der Porzellanfabrik in Gorodok ein, die sich als ein äußerst verlustreiches Geschäft erwiesen hatte. Im

Jahre 1861 war von Carl Siemens das Gut Chmelewo am Ilmensee für 60000 Rubel gekauft und darauf die Glashütte Gorodok errichtet worden, um das Regenerativverfahren, eine Erfindung seines Bruders Friedrich, produktionsreif auszugestalten.[91] Da Carl selbst kein Fachmann für Glasfabrikation war, mußte er sich fast blindlings auf den Glasmeister beziehungsweise die späteren technischen Leiter der Fabrik verlassen, was sich sehr schnell als ein großer Mangel herausstellen sollte. Dazu kam noch ein Preissturz von 60–65 Rubel auf 45 Rubel pro Kiste Glas in den nächsten drei Jahren, so daß die Glasfabrik zu einem »faulen Punkt«[92] des russischen Geschäftes wurde. Ihre Umwandlung in eine Porzellanfabrik durch Carl sollte sich als Fehlentscheidung erweisen. Werner von Siemens meinte 1881:

> »Schade, daß wir nicht bei letzterer (der Glasfabrik) geblieben sind. Mit Fritz colossalen Verbesserungen der Glasfabrikation und unter seiner Oberleitung würde Flaschenfabrikation gewiß ein nützliches Resultat gegeben haben.«[93]

Die Porzellanfabrik fertigte in erster Linie Isolatoren für den eigenen Bedarf, darüber hinaus zur Kapazitätsauslastung noch Geschirr.[94] Die Fabrik arbeitete während ihrer gesamten Lebenszeit mit Verlusten und zehrte für die Jahre 1862 bis 1880 38% der in Rußland erwirtschafteten Gewinne auf. Schon im Jahre 1864 hatte Werner geraten, den ganzen Betrieb in Chmelewo einzustellen, war bei Carl jedoch auf Widerstand gestoßen, der mit Hartnäckigkeit versuchte, die Hütte in die Gewinnzone zu bringen. Als die Resultate immer schlechter wurden, sah sich Carl zur Liquidation gezwungen. Am 1. Mai 1881 wurde Gorodok geschlossen. Insgesamt hatte Gorodok/Chmelewo einen Verlust von rund 830000 Rubel oder ca. 2 Millionen Mark gebracht.

A.D. 1856 . . . . Nº 2861.

Furnaces.

LETTERS PATENT to Frederic Siemens, of 7, John Street, Adelphi, London, Engineer, for the Invention of "IMPROVED ARRANGEMENT OF FURNACES, WHICH IMPROVEMENTS ARE APPLICABLE IN ALL CASES WHERE GREAT HEAT IS REQUIRED."

Sealed the 27th January 1857, and dated the 2nd December 1856.

PROVISIONAL SPECIFICATION left by the said Frederic Siemens at the Office of the Commissioners of Patents, with his Petition, on the 2nd December 1856.

I, FREDERIC SIEMENS, of 7, John Street, Adelphi, London, Engineer, do hereby declare the nature of the said Invention for "IMPROVED ARRANGEMENT OF FURNACES, WHICH IMPROVEMENTS ARE APPLICABLE IN ALL CASES WHERE GREAT HEAT IS REQUIRED," to be as follows:—

My improvement consists in so arranging smelting and heating furnaces, smith fires, etc. that the products of combustion on their passage from their place of combustion to the stack or chimney shall pass over an extended surface of brick, metal, or other suitable material, imparting heat thereto, which heat serves to heat the atmospheric air or other materials of combustion in such manner that the cold air or gases are first brought into contact with the less heated material nearest the chimney, and is brought by degrees into contact with the more intensely heated portions, until it finally passes over that portion of the said surfaces nearest the place of combustion, and which are consequently heated to the highest degree. The result of this arrangement is, that the air or other materials of combustion are nearly heated to the degree of temperature of the fire itself, in consequence whereof an almost unlimited accumulation of heat or intensity may be obtained.

Bild 43
Britisches Patent von Friedrich Siemens zum Regenerativ-Ofen, 1856

Die Anfänge des Londoner Unternehmens

Das Engagement in England wurde in den Jahren nach der Nottebohm-Krise zum zweiten wichtigen Standbein der jungen Telegraphen-Bauanstalt. Dort waren die Ausgangsvoraussetzungen grundsätzlich anders als in Rußland. England, das um die Mitte des 19. Jahrhunderts mit Abstand höchstindustrialisierte Land der Welt, verfügte über eine hochentwickelte eigene Telegraphentechnik, so daß nur mit innovativer und überlegener Technik die Möglichkeit bestand, zumindest in Marktnischen aktiv zu werden.

Im Unterschied zu Rußland war das Telegraphennetz in England privatwirtschaftlich organisiert. Die Linien wurden von privaten Betriebsgesellschaften gebaut und gewartet, die sich zu ihrer Finanzierung des hochentwickelten Londoner Kapitalmarktes bedienten.[95] Die Betriebsgesellschaften unterlagen jedoch in vieler Hinsicht strenger staatlicher Aufsicht. Über Konzessionserteilungen wurden der Linienbau gesteuert und direkte Konkurrenz auf einzelnen Linien vermieden. Für Regierungsdepeschen behielt sich die britische Regierung Sonderkonditionen (halber Preis, bevorzugte Beförderung), für den Kriegsfall sogar ein Recht zu Beschlagnahmung der Telegraphenanlagen in England und den englischen Protektoraten vor. Als Gegenleistung wurden die Betriebsgesellschaften mit Regierungsgeldern subventioniert. Wegen dieses geschlossenen Systems war der Marktzutritt in England kleinen und gar ausländischen Unternehmen stark erschwert. Marktbeherrschend im Inland blieb die aus einem Zusammenschluß zwischen der Electric Telegraph Company und der International Telegraph Company 1855 hervorgegangene »Electric and International Telegraph Company«. Die militärische Nutzung des erst 1870 verstaatlichten Telegraphennetzes stand im Gegensatz zum Kontinent lange Zeit im Hintergrund. Die Eisenbahngesellschaften hatten bereits 1838 den Bau der ersten Inlandsleitung in Auftrag gegeben und waren maßgeblich an einem schnellen Ausbau interessiert.

Die Bedeutung englischer Patente und eines in England bekannten Namens für den Absatz auf dem Weltmarkt hatte Werner von Siemens von Anfang an erkannt und daher schon seine ersten Erfindungen in England zu vermarkten versucht. Zunächst wurde er dabei tatkräftig unterstützt von seinem Bruder Wilhelm, der mit der Weiterleitung von Guttaperchaproben nach Berlin zudem einen wichtigen Beitrag zur Verbesserung der Isolierungstechnik leistete. Wilhelm hatte sich jedoch, ab 1848 gemeinsam mit dem nach London übersiedelten Bruder Friedrich, mehr dem Maschinenbau und der Wärmetechnik zugewandt und sich seit der Gründung der Telegraphen-Bauanstalt fachlich und wirtschaftlich mehr und mehr von Werner gelöst. Die Zusammenarbeit zwischen den beiden Brüdern Werner und Wilhelm gestaltete sich daher grundsätzlich anders als die zwischen Werner und Carl. Wilhelm war nicht bereit, seine eigenen Arbeiten und Interessen zugunsten des »Familienunternehmens« des Bruders hintanzustellen. Diese grundsätzliche Haltung und die hohen Preise der Berliner Produkte waren sicherlich für das nicht immer unproblematische Verhältnis zwischen den Londoner und den Berliner Siemensunternehmungen mitverantwortlich.

1850 schloß Wilhelm mit Siemens & Halske einen Vertretervertrag ab, der aber zunächst keine zusätzlichen Umsätze erbrachte, da Wilhelm nur einen kleinen Teil seiner Arbeitszeit auf die Agententätigkeit verwenden konnte. Nachdem die Bemühungen des jüngeren Bruders Friedrich, den Zeigertelegraphen und die anderen Erzeugnisse des Berliner Stammhauses in größerem Umfang in England abzusetzen, nicht zu dem gewünschten Erfolg geführt hatten, wurden für die weitere Geschäftstätigkeit auf der Insel neue Überlegungen angestellt und Direktinvestitionen, zum Beispiel der Bau einer Guttaperchafabrik, erwogen.

Bild 44
Kabellegung der Brüder Brett zwischen Dover und Sangatte bei Calais, 1850

Im Rahmen seiner wissenschaftlichen Tätigkeit hatte Wilhelm sein Interesse inzwischen einem Spezialbereich zugewandt: der Herstellung und Legung telegraphischer Seekabel. Doch auch in diesem Bereich war der Markteintritt schwierig. An den Plänen, Telegraphenverbindungen unter Wasser einzurichten, wurde in England seit den 1840er Jahren mit Nachdruck gearbeitet, nachdem die Entdeckung des Isolierungsvcrfahrens mit Guttapercha eine wichtige Voraussetzung geschaffen hatte. Bereits 1845 wurde in England die »General Oceanic Telegraphic Company« mit dem Ziel gegründet, ein erstes Transatlantikkabel zwischen England und Amerika zu verlegen. Etwas bescheidener angelegt waren die Pläne der Brüder Brett, England mit dem Kontinent durch ein Unterseekabel zu verbinden. Es gelang ihnen, von der französischen Regierung eine Konzession zur Anlandung des Kabels zu erhalten. 1850 installierten sie das erste funktionsfähige Telegraphenkabel zwischen Dover und dem Kap Gris Nez, das jedoch wenig stabil gefertigt war und einen Tag nach seiner Inbetriebnahme gekappt wurde. John und Jacob Brett ließen daraufhin bei der Drahtseilfabrik R. S. Newall & Co. ein spezielles Unterseekabel herstellen, das nicht nur aus isolierten Kupferdrähten, sondern auch einer zusätzlichen Bewehrung aus Stahldraht bestand. Dieses Kabel wurde 1851 zwischen Dover und Calais verlegt und machte Brett und Newall über Nacht berühmt. Brett erhielt zahlreiche Anschlußaufträge für Kabel zwischen England und Irland, England und Belgien sowie für Seekabel im Auftrag der französischen und italienischen Regierung. Bis zur Mitte der 1850er Jahre war Brett unangefochten Marktführer.

Der Einstieg ins Seekabelgeschäft war unter diesen Konkurrenzbedingungen für Siemens & Halske nur über Umwege möglich. Dabei kam dem Unternehmen zugute, daß Wilhelm Siemens gute Kontakte zu Lewis Gordon, einem Teilhaber der Firma R. S. Newall, angeknüpft hatte. Gordon war Professor für Ingenieurwissenschaften an der Universität Glasgow; Wilhelm lernte ihn in den Londoner ingenieurwissenschaftlichen Clubs, die er stark frequentierte, kennen, freundete sich mit ihm an und wurde später (1859) durch Eheschließung mit Lewis' Schwester Anne Gordon sogar sein Schwager.

Ein erster Geschäftskontakt zwischen Newall & Co. und den Siemens-Brüdern war bereits 1853 zustande gekommen, als Newall & Co. kurz vor Ausbruch des Krimkriegs das Seetelegraphenkabel für die Linie St. Petersburg–Oranienbaum–Kronstadt geliefert hatte. Durch Vermittlung von Professor Gordon bot sich ab 1857 die Möglichkeit zu einer über die gegenseitige Abnahme von Produkten hinausgehenden Zusammenarbeit. Newall & Co. hatte einen Auftrag zur Verlegung eines Tiefseekabels zwischen Sardinien und Algerien erhalten und benötigte einen fachlich versierten Partner zur Prüfung der Kabel. Da die Brüder Brett bereits zweimal an dieser Linie gescheitert waren, entschloß sich Newall & Co., Gordons Empfehlungen zu folgen und Siemens & Halske sowohl mit den Prüfungen zu

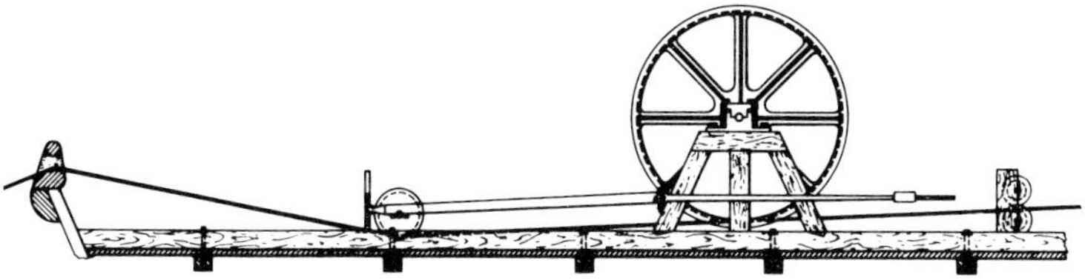

Bild 45
Brems-Dynamometer von Werner von Siemens, konstruiert 1857 zur sicheren Verlegung von Tiefseekabeln

beauftragen als auch die notwendigen Telegraphenapparate bei ihnen zu ordern. Werner von Siemens beteiligte sich selbst an der Kabelverlegung und entwickelte auch über seine eigentliche Aufgabe der Kabelprüfung hinaus ein verbessertes Legeverfahren mit einer auf genauen Berechnungen beruhenden Kabelbremse, das auch zu einem erfolgreichen Abschluß des Auftrags führte.

Damit war der Durchbruch auf dem englischen Markt gelungen. Anschlußaufträge für die kooperierenden Firmen Newall und Siemens folgten schnell. Werner von Siemens konnte sich im Gegensatz zu den rein praktisch-empirisch arbeitenden Engländern den Ruf eines wissenschaftlich vorgehenden Technikers erwerben, den er auch gerne pflegte.[96]

Im Anschluß an die erste sardische Linie führten Newall und Siemens 1857 noch weitere Kabellegungen im Mittelmeer erfolgreich durch. Der bis um die Mitte der 1850er Jahre eindeutig führende Wettbewerber Brett wurde innerhalb weniger Jahre ganz aus dem Geschäft verdrängt. Nach einem Jahr rückläufiger Auftragseingänge im Anschluß an die russischen Bestellungen im Krimkrieg gab diese neue Situation Werner von Siemens Anlaß zu Optimismus:

»Soviel ist klar, daß wir mit Newall vereint eine Macht bilden, die nicht so leicht zu beseitigen oder zu übergehen ist. Es würde sowohl in Newall's als auch in unserem Interesse liegen, diese Vereinigung bekannt zu machen. Jeder hat seinen Kreis von Gläubigern, und unserer ist nicht eben klein – Österreich, Holland und Rußland würden wir ziemlich sicher mitbringen, und alle drei haben große Pläne, namentlich Holland in den Ostindischen Kolonien.«[97]

Die Unternehmensorganisation wurde nach dem Durchbruch auf dem englischen Markt dahingehend geändert, daß die Londoner Vertretung 1858 in ein selbständiges Geschäft umgewandelt wurde, an dem die Brüder Werner und Wilhelm Siemens, Johann Georg Halske und auch die Firma Newall beteiligt waren. Die neue Firma erhielt den Namen Siemens, Halske & Co. und sollte damit auch namensmäßig die enge Verbindung mit dem Berliner Stammhaus zum Ausdruck bringen. Wilhelm sollte auch einen eigenen Fertigungsbetrieb für Telegraphenmaterial in London leiten, nicht zuletzt, um die hohen Einfuhrzölle auf elektrische und mechanische Geräte zu umgehen. Mit dem Cobden-Vertrag[98], in dem weitgehender Freihandel zwischen England und dem Kontinent vereinbart wurde, fielen diese Schutzzölle allerdings weg. Bereits Ende 1858 hatte Wilhelm aber eine kleine Fabrik für 80 bis 100 Arbeiter an der Millbank Row, Westminster, mit Berliner Unterstützung betriebsbereit eingerichtet. Diese Werkstatt bestand bis 1866, als sie in einem größeren Unternehmen aufging.

Der Einstieg ins englische Seekabelgeschäft glückte zwar sehr schnell, doch war der Erfolg keineswegs auf Dauer gesichert. Nachdem die Geschäftspartner 1858 und 1859 noch erfolgreich einige Aufträge, die das Ansehen des deutschen Anbieters nachdrücklich festigten – so zum Beispiel Kabel von Konstantinopel nach Chios und Candia, von Syra nach Chios und von Candia nach Alexandria und schließlich eine Teilstrecke der Telegraphenlinie nach Indien durch das Rote Meer und den Indischen Ozean –, abgewickelt hatten, wurde der auf fünf Jahre geschlossene Vertrag mit Newall 1860 wegen ständiger Auseinandersetzungen gekündigt. Ausschlaggebend waren die Verrechnungspreise zwischen den Partnern. Siemens hatte sich

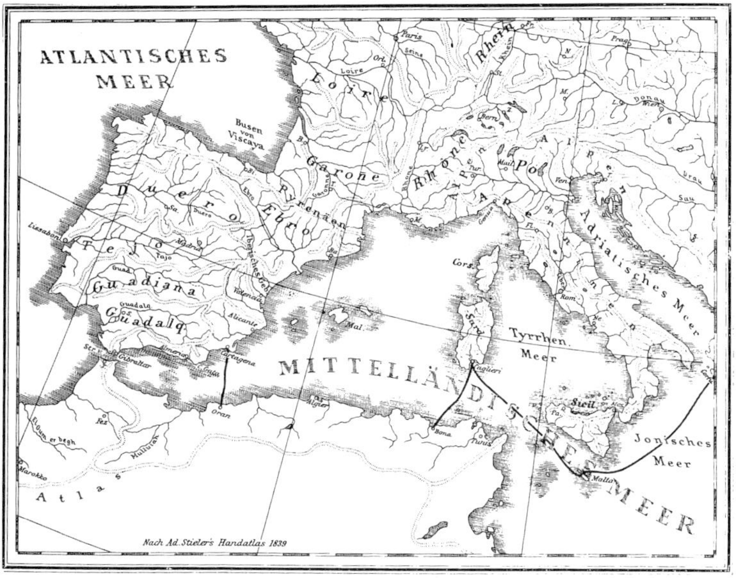

Bild 46
Unter Mitwirkung der Brüder Siemens verlegte Telegraphen-kabel im westlichen Mittelmeer, 1869

zum ausschließlichen Bezug von Newall-Kabeln verpflichtet, sah sich aufgrund überhöhter Preise aber nicht in der Lage, bei Aufträgen wettbewerbsfähige Angebote abzugeben. Ein kurzfristig erörterter Plan, statt mit Newall mit dem Kabelhersteller Glass & Elliott zu kooperieren, wurde nicht weiter verfolgt, weil Glass & Elliott nach Meinung von Wilhelm weder über hohes Ansehen noch über ausreichendes Kapital verfüge. Dennoch kündigte Siemens & Halske 1860 den Vertrag mit Newall auf, zahlte eine Vertragsstrafe von 1000 £ und mußte Newall auch noch die Siemensschen Prüfverfahren zur weiteren Nutzung überlassen. Ohne ihren deutschen Partner konnte sich die Kabelgesellschaft aber nicht mehr auf dem Markt halten und stellte schon kurze Zeit später die Herstellung von Seetelegraphenkabeln ein.

Werner und Wilhelm Siemens, die 1859 zu persönlichen Beratern der englischen Regierung für Tiefseekabel ernannt worden waren, sahen sich jedoch in der Lage, auch ohne englischen Partner weiterzuarbeiten. Wilhelm Siemens, der sich am 19. März 1859, dem Tag seiner Verlobung mit Anne Gordon, in England hatte naturalisieren lassen und fortan seinen Namen in der anglisierten Form, Charles William Siemens, benutzte[99], konnte seine guten Kontakte zu Ingenieurkreisen wie auch zu staatlichen Stellen zum Nutzen des Unternehmens einsetzen. Es gelang ihm, durch seine Kontakte zum britischen Handelsministerium gemeinsam mit seinem Bruder Werner einen Vertrag mit der Regierung zu schließen, durch den Siemens & Halske am 13. Juli 1859 mit der Überprüfung sämtlicher Regierungskabel beauftragt wurde, da sich fast alle britischen Unterseekabel als nicht funktionstüchtig erwiesen hatten. Der in der Öffentlichkeit heftig kritisierte Prüfvertrag mit der Regierung bedeutete für Siemens den endgültigen Marktzutritt.[100]

Nach der Trennung von Newall & Co. benötigten die Siemensbrüder einen neuen Kabellieferanten. Um sich nicht erneut an einen englischen Partner zu binden, wurden Überlegungen angestellt, selbst in England eine Kabelfabrik zu errichten. Wilhelm ermutigte seinen Bruder Werner auch, den Betrieb von Telegraphenleitungen direkt zu übernehmen, also ins Unternehmergeschäft einzusteigen. Als Projekt bot sich die Linie Malta–Alexandria an, die die englische Regierung wegen des hohen Risikos nicht weiter selbst betreiben wollte. Nach vielversprechenden Verhandlungen scheiterte die Übernahme jedoch, weil der Kabelhersteller Glass & Elliott Siemens & Halske unterbot. Auch der Vertrauensvorschuß, den das deutsche Unternehmen dank seiner erfolgreichen Kabellege- und Prüftätigkeit bei der britischen Regierung genoß, konnte die wesentlich günstigeren Konditionen des einheimischen Anbieters nicht aufwiegen. Glass & Elliot verdiente am Betrieb der Linie Malta–Alexandria große Summen und konnte darüber hinaus seine Marktposition erheblich verbessern. Wilhelm Siemens reagierte sehr verstimmt darauf, daß sein Bruder Werner und Johann Georg Halske mit ihrer »übervorsichtigen« Kalkulation dieses Geschäft verdorben hatten:

»Dadurch, daß wir den Betrieb der Malta-Alexandria Linie verloren haben, haben wir Glass & Elliott die erste Stellung eingeräumt und unser hiesiges Geschäft auf 0 reduziert oder richtiger auf 200 Pfund Verlust pro Monat.«[101]

Mit Blick auf das Gesamtgeschäft – seit Jahren nur noch Wartungsgeschäfte in Rußland und anhaltende Stagnation in Deutschland – waren die Aussichten für weitere Großaufträge nicht günstig. Zwar bestanden für das Londoner Unternehmen Verdienstmöglichkeiten, wie der Bau einer 100 km langen Überlandlinie in Südafrika zur Verbindung von Kapstadt mit der Delagoa Bay – ein Auftrag im Wert von 20000 £ – gezeigt hatte, doch forderte Wilhelm einen forcierten Einstieg ins Seekabelgeschäft. Nur in diesem Bereich des Telegraphengeschäftes war in England nach seiner Einschätzung noch keine Marktsättigung festzustellen.

Interkontinentale Telegraphenlinien wie zum Beispiel die Verbindung von England nach Indien oder nach Amerika bedurften eines großen Kapitalaufwandes, da sie nicht von staatlichen Stellen, sondern von privaten Betriebsgesellschaften finanziert werden mußten. Entsprechend hoch war, besonders bei noch wenig ausgereifter Verlegetechnik im Seekabelbereich, das Risiko solcher Unternehmungen. Bei Siemens & Halske bildeten sich schnell klare Fronten: Wilhelm Siemens sah in der Seekabelverlegung sowohl eine reizvolle technische Herausforderung als auch eine profitable Marktchance und war bereit, das Risiko einzugehen. Werner war risikoscheuer, aber von der technischen Aufgabe fasziniert und überdies bereit, seinen Bruder zu unterstützten. Halske schließlich scheute vor dem hohen finanziellen Risiko zurück und wehrte sich zudem gegen eine unkontrollierte Expansion des bis dahin eher handwerklich arbeitenden Unternehmens. Zu einem ersten Schritt ließ er sich jedoch, wenn auch widerstrebend, noch überreden: Anfang 1863 eröffnete die Londoner Filiale eine eigene Kabelfabrik in Charlton bei Woolwich, um sich von Qualität und Preisen der Zulieferer unabhängig zu machen.

Ein Auftrag der französischen Regierung, den Werner aufgrund persönlicher Kontakte zum Generaldirektor des französischen Telegraphenwesens, M. de Vougie, akquiriert hatte, sollte Siemens & Halske die erste Möglichkeit geben, mit eigenem Material ein Seekabel zwischen Cartagena und Oran zu verlegen. Die Verlegung wurde ein völliger Fehlschlag: In zwei Versuchen ging das Kabel verloren, darüber hinaus wurde das Schiff beschädigt. Dieses Scheitern war umso gravierender, als die Brüder Siemens ihr gesamtes Prestige bei diesem Auftrag eingesetzt hatten. Werner und Wilhelm waren beide persönlich angereist, um die Verlegung zu betreuen. Zum finanziellen Verlust in Höhe von 150000 £, dem halben Geschäftskapital, kam somit eine persönliche Blamage.[102]

Für Johann Georg Halske war dieser Fehlschlag der Anlaß, die Beteiligung am ohnehin ungeliebten Englandgeschäft aufzukündigen. Er verlangte sogar die vollständige Auflösung des englischen Hauses und erhielt in diesem Bestreben Unterstützung von Werners Freund, dem Prokuristen William Meyer. In dieser Situation retteten nur Werners Familiensinn und sein Traum von einem »Weltgeschäft« das englische Haus. Bei einem völligen Rückzug Berlins wäre Wilhelm Siemens kaum in der Lage gewesen, das mit schweren Verlusten belastete Geschäft allein weiterzuführen, zumal sein Hauptinteresse nicht bei der Telegraphie lag. Werner mußte zwar Halskes Wunsch nach Ausstieg akzeptieren, war aber nicht gewillt, seinen Bruder Wilhelm im Stich zu lassen. Allerdings machte die inzwischen spannungsgeladene Atmosphäre zwischen London und Berlin Verhandlungen über eine neue Geschäftsgrundlage schwierig.

Bild 47
Fabrik von Siemens Brothers in Woolwich bei London, errichtet 1863

Bild 48
Bei Siemens Brothers in Woolwich gefertigte Kabel

Die Neuordnung des Londoner Geschäfts, das ab dem 1. Januar 1865 unter dem Namen »Siemens Brothers«[103] fortgeführt wurde, erwies sich als langwierig und schwierig, weil Wilhelm und Werner grundsätzlich unterschiedliche Vorstellungen über das Verhältnis zwischen Berlin und London hatten. Wilhelm war zwar bereit, mit seinen Brüdern zu kooperieren, lehnte aber jede Bindung an Berlin rundheraus ab. Werners Idee eines »Gesamtgeschäftes«, dessen einzelne Glieder sich dem großen Ganzen unterordnen und dessen Zentrale Berlin sein sollte, stieß schon vor dem großen Zerwürfnis mit Halske auf Wilhelms Widerstand.[104]

Wilhelm wünschte im wesentlichen freie Hand bei seiner Geschäftspolitik: Apparate sollte das Londoner Unternehmen sowohl selbst herstellen als auch bei Siemens & Halske, Berlin, und anderswo einkaufen können, eine Vorstellung, auf die sich Werner auf keinen Fall einlassen wollte:

»Dein Vorschlag läuft darauf hinaus, dass zwei concurrierende Geschäfte, hier und in London, etablirt werden oder bleiben. Während ich das hiesige allein leite und besitze, soll ich bei dem concurrierenden Londoner als stiller Compagnon beteiligt sein. Ich glaube, Du wirst Dir bei ruhiger Überlegung selbst sagen, dass das eine unmögliche Stellung für mich ist. ... Ich bitte Dich daher, künftig immer nur die beiden Alternativen – ganze Vereinigung oder gänzliche Trennung unserer telegraphischen Interessen im Auge zu haben. Auf eine unklare Zwischenstellung werde ich nie eingehen.«[105]

Da Werner über die entschieden höheren Kapitalmittel verfügte, konnte er eine gewisse Ankoppelung der selbständigen Londoner Firma an Siemens & Halske, Berlin, schließlich doch durchsetzen. Die unterschiedlichen Auffassungen Wilhelms und auch seines engsten Londoner Mitarbeiters Ludwig Löffler und des Hauptkapitalgebers Werner von Siemens über die Beziehungen zu Berlin gaben jedoch in den kommenden Jahren immer wieder Anlaß zu Spannungen im »Gesamtgeschäft«. Da Halske überdies an seinem

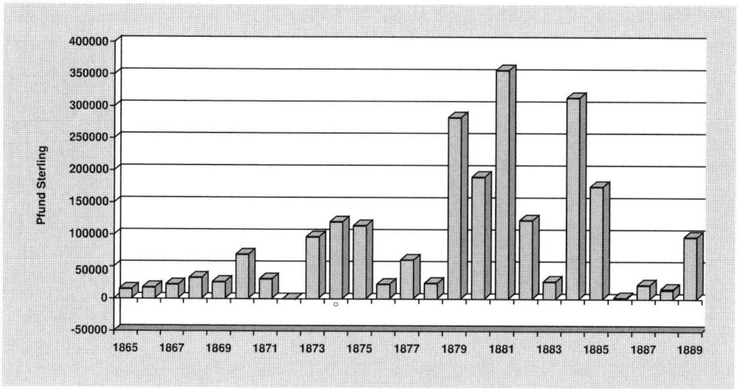

Graphik 12
Die Geschäftsergebnisse von Siemens Brothers 1865–1889[106]

Entschluß festhielt, wie vorgesehen 1867 auch aus dem Berliner Geschäft auszuscheiden und in diesem Jahr auch die russischen Remonte-Verträge abliefen, war die Zukunft der drei Hauptsäulen des Siemensgeschäftes Berlin, St. Petersburg und London Mitte der 1860er Jahre höchst unsicher.

Krise und Umstrukturierung

Die durch die gescheiterte Kabellegung und Halskes Ausscheiden aus dem Londoner Geschäft ausgelöste Krise ging in ihren Ursachen über einen geschäftlichen Fehlschlag weit hinaus. Die Leiter der beiden Auslandsunternehmen – und hier war Carl mit seinem Bruder Wilhelm ausnahmsweise einmal einer Meinung – warfen Berlin im Grunde unprofessionelles Management vor, litten unter der wenig flexiblen Arbeitsweise des Berliner Werks und seinem gleichzeitig argwöhnisch gehüteten Vormachtanspruch. So war Berlin bei großen Aufträgen wie den russischen Linien, den Geschäften mit Newall oder auch Nebengeschäften wie der Produktion von Wassermessern für den englischen Markt aufgrund der immer noch handwerklichen Produktionstechnik nicht in der Lage, Lieferverzögerungen zu vermeiden. Gleichzeitig reagierten sämtliche leitenden Angestellten, ähnlich wie Johann Georg Halske und auch Werner von Siemens selbst, höchst empfindlich, wenn die Brüder nach anderen Lieferanten Ausschau hielten oder selbst produzieren wollten. Werner von Siemens versuchte zwar stets Verständnis für seine Brüder aufzubringen, war aber von dem Gedanken an ein »Haus Siemens« und ein »Gesamtgeschäft« so eingenommen, daß er betriebswirtschaftliche Argumente nicht gelten ließ, wenn dadurch seine Geschäftsidee – ein weltweit arbeitendes, eng verknüpftes Familienunternehmen unter seiner Führung – gefährdet wurde. Dieses Grundkonzept sollte auch in Zukunft noch für Spannungen sorgen.

Wilhelm Siemens reagierte auf diese Krise, in der Werner seine Vorstellungen letztlich durchsetzte, indem er sich zunächst wieder auf sein Ingenieurgeschäft konzentrierte. Zusammen mit seinem Bruder Friedrich arbeitete er an der Entwicklung des Siemens-Martinverfahrens zur Herstellung von Stahl, das er 1868 der Chemical Society in London vorstellte.[107] Das nächste Großprojekt, das von Siemens Brothers übernommen wurde, die Indo-Europäische Telegraphenlinie, überließ er in Planung wie Durchführung im wesentlichen seinen Brüdern.

Carls Verhältnis zu Werner war unkomplizierter, obwohl auch seine Beziehungen zu Berlin nicht ganz ungetrübt blieben. Die Remonte-Einnahmen hatte Carl im großen und ganzen erfolglos in verschiedenen Geschäften investiert, 1864 sogar in Abstimmung mit Werner ein Kupferbergwerk in Kedabeg (Georgien) gekauft. Die fehlenden Folgeaufträge in St. Petersburg und seine glücklose Hand bei anderen Geschäften (ausgenommen der bereits erwähnte Alkoholmesser) ließen eine Liquidation des Petersburger

Geschäfts nach Ablauf der Remonte-Verträge 1867 immer wahrscheinlicher werden.

Werner wollte den Bruder gerne wieder in Berlin oder London in der Geschäftsleitung sehen. Nicht zuletzt mit Rücksicht auf seine Frau, die lungenkrank war, zog es Carl aber vor, sich in Tiflis niederzulassen und sich dort dem Kupferbergwerk Kedabeg und den Verhandlungen zum Bau der Indo-Europäischen Telegraphenlinie zu widmen.

Werner von Siemens fühlte sich durch solche »Ausstiegspläne« in arge Bedrängnis gebracht. Es war Siemens & Halske bisher nicht gelungen, im Ausland ohne den Einsatz loyaler Familienmitglieder Fuß zu fassen. Einen ersten Versuch dazu hatte es mit einer Filialgründung 1858 in Wien gegeben, zu der die österreichische Regierung Siemens ausdrücklich aufgefordert hatte. Wegen der Intensivierung des Eisenbahnbaus schienen die Verdienstaussichten gut, die Brückenkopffunktion zum Balkan, nach Griechenland und in die Türkei für den zukünftigen Bau von Telegraphenlinien zudem verlockend. Für eine solche Linie – als Teilstück für eine Indienlinie – wollte Werner von Siemens eine Betriebsgesellschaft zur Finanzierung gründen. Mit der Leitung der Wiener Filiale wurde der Berliner Beamte Steinert beauftragt, der sich jedoch nicht bewährte. In den ersten beiden Jahren blieben die Umsätze gering, dann nahm Steinert mehr Aufträge an, als die Wiener Werkstatt bewältigen konnte, und verprellte mit schlechter Produktqualität und Lieferverzögerungen viele Kunden. 1864 mußte die Wiener Filiale mit Verlust liquidiert werden.[108]

Angesichts solcher Erfahrungen war Werner mehr denn je daran interessiert, möglichst Familienmitglieder an leitenden Positionen im Geschäft einzusetzen und schenkte der Tatsache wenig Beachtung, daß zumindest Wilhelm seiner Vormundschaft inzwischen entwachsen war. Nach der Entwicklung der Dynamomaschine[109] im Jahr 1866, Vorverhandlungen für das Großprojekt der Indo-Europäischen Telegraphenlinie und mit Blick auf das Ausscheiden

Johann Georg Halskes am 31. Dezember 1867 widmete Werner von Siemens den Großteil seiner unternehmerischen Energie der Neuordnung seiner Unternehmungen. In einem mehrgliedrigen Vertragswerk vom 23. und 24. August 1867 gelang es ihm, drei wichtige Weichenstellungen für die Zukunft durchzusetzen:

1. Halske beließ einen großen Teil seines Kapitals als Darlehen in der Firma, die somit keinen plötzlichen Kapitalverlust hinnehmen mußte.
2. Siemens & Halske, Berlin, sowie Siemens Brothers, London, wurden auf gemeinsame Rechnung übernommen und als Gesamtgeschäft fortgeführt. Das selbständige Petersburger Geschäft wurde liquidiert und als Filiale des Berliner Hauses in der Rechtsform einer Kommanditgesellschaft weitergeführt.
3. Die Brüder Wilhelm und Carl wurden nach Halskes Ausscheiden die einzigen Teilhaber des Hauptgeschäftes und verpflichteten sich zur dauerhaften Mitarbeit in der Geschäftsleitung; Wilhelm als Leiter des Londoner Hauses; Carl mit vorläufigem Wohnsitz in Tiflis.

Mit dieser Verwirklichung des »Gesamtgeschäftes« hatte Werner seine Vorstellungen vollständig durchgesetzt. Als Zugeständnis an die Brüder sah der Vertrag vor, daß jeder auf eigene Rechnung weitere Geschäfte fortführen durfte, also Wilhelm sein Ingenieurgeschäft und Carl mit Werner und dem jüngeren Bruder Walter das Bergbaugeschäft in Tiflis. Außerdem zeigte Werner sich bei der Gewinnverteilung großzügig. Für ihre Geschäftsführertätigkeit wurden Wilhelm und Carl mit Gewinnquoten weit über ihrer tatsächlichen Kapitaleinlage entschädigt: Werner erhielt 40, Wilhelm 35 und Carl 25 Prozent des Gewinns.[110]

Diesem Vertrag, der mit leichten Änderungen, zum Beispiel bei der Gewinnverteilung, bis 1880 Bestand hatte, waren langwierige briefliche Verhandlungen zwischen London, Berlin und St. Petersburg vorangegangen. Werners Ziel, Carl aus dem etwas abseits gelegenen Tiflis wieder für eine Position in Berlin oder London zu gewinnen, erreichte er erst nach dem Tod von dessen Frau Marie. Die Sondergeschäfte des Bruders akzeptierte er nur widerwillig:

»Die Sache ist die, daß Du dann ganz in unserem Privatgeschäft (Tiflis) thätig bist. Davon habe ich allerdings den grössten Nutzen, aber nicht unsere anderen Compagnons. Es ist das der Übelstand, den Privatgeschäfte einzelner Compagnons mit sich führen! Am liebsten hätte ich die Gelegenheit benutzt, eine Wiedervereinigung des ganzen Geschäftes, natürlich unter Anteilsbedingungen, die factisch bestehenden Verhältnissen Rechnung tragen, zu Stande zu bringen.«[111]

20 Jahre nach der Gründung von Siemens & Halske war es Werner von Siemens immerhin gelungen, das inzwischen weltweit operierende Telegraphengeschäft zusammenzuhalten und nunmehr rein auf Familienbasis weiterzubetreiben. Durch die gemeinsame Rechnungsführung behielt das Stammhaus in Berlin eine herausgehobene Stellung, obwohl sich mit der Indo-Europäischen Telegraphenlinie und weiteren Kabelgeschäften eine größere Bedeutung des Londoner Hauses abzeichnete. Organisatorisch war das inzwischen recht umsatzstarke Unternehmen noch nicht sehr komplex gegliedert. Größere Geschäfte wurden ausschließlich von Familienmitgliedern eingeleitet und überwacht. Die Leitung der Routinegeschäfte in London und Berlin ruhte in der Hand weniger langjähriger Mitarbeiter wie Löffler in London und Haase in Berlin. Als einzige Konzession an die fabrikmäßige Fertigung war 1858 in Berlin die Akkordarbeit eingeführt worden.[112] Werners enger Mitarbeiter und Freund William Meyer, der seit 1855 als Prokurist bei Siemens & Halske tätig war, erkrankte allerdings 1867 schwer und wurde nur noch pro forma bis zu seinem Tode 1868 in der Firma weiterbeschäftigt. Erst nach dessen Erkrankung und Halskes Ausscheiden begann Werner von Siemens, auch Konstruktions- und Entwicklungsarbeiten an dafür eingestellte Ingenieure zu delegieren.

Die fehlenden Organisationsstrukturen und die fast ausschließliche Arbeit mit Familienmitgliedern muten heute für ein angehendes Weltunternehmen zwar merkwürdig an, boten jedoch in der Aufbauphase große Vorteile. Die Loyalität und der bedingungslose persönliche Einsatz waren in der von wenigen, meist staatlichen Auftraggebern abhängigen Branche von unschätzbarem Wert. Der Verzicht auf schwerfällige Organisationsstrukturen erlaubte größtmögliche Flexibilität und ermöglichte den Brüdern auch, bei Fehlschlägen ohne große Verluste einfach etwas Neues zu beginnen.[113] Die Erweiterung der Produktpalette durch den Einstieg in die Starkstromtechnik und die immer größer werdenden Geschäfte im Linienbau und bei den Seekabeln erforderten jedoch für die kommenden 20 Jahre stärker strukturierte unternehmerische Planung. Dazu gehörte auch, daß nach 1867 erstmalig mit Fremdkapital von Banken gearbeitet wurde, nachdem Siemens & Halske bislang Banken nur zum Transfer von Erlösen aus dem Ausland und zur kurzfristigen Überbrückung von Liquiditätsengpässen eingeschaltet hatte.

Unternehmenspolitik und Projekte der Brüder Siemens bis 1889

Gesamtüberblick

Langfristig sind Umsätze, Gewinne und Belegschaftsgröße des Hauses Siemens von der Mitte der 1860er Jahre bis zum Ausscheiden von Werner Siemens aus dem Geschäft im Jahre 1890 erheblich angestiegen. Die günstige Entwicklung über mehr als zwei Jahrzehnte überlagert allerdings kurzfristige Schwankungen, die auf grundlegend neue Erfindungen, technische Veränderungen, neue Markt- und Wettbewerbsbedingungen sowie Anpassungen in der Organisation des Hauses zurückzuführen sind.

Wirtschaftlich zunächst weniger bedeutsam, aber zukunftsweisend war Werner von Siemens' Entdeckung des dynamoelektrischen Prinzips.[114] Mit der Konstruktion der ersten Dynamomaschinen begründete er die Starkstromtechnik, da mit seiner Maschine erstmals die Herstellung beliebiger Spannungen ohne den Einsatz von Batterien möglich war. Werner von Siemens sicherte sich die wirtschaftliche Verwertung bereits 1867 in Deutschland und England. Mit dem dynamoelektrischen Prinzip eröffneten sich neben der Telegraphie viele neue Felder der Elektrotechnik. Anfangs standen neben der Beleuchtung besonders die Anwendung der Krafttechnik für Elektromotoren und Elektrobahnen im Vordergrund.

Die wirtschaftliche Nutzung der Starkstromtechnik über ein Versuchsstadium hinaus begann bei Siemens & Halske jedoch erst nach weiteren Verbesserungen gegen Ende der 1870er Jahre. Im Beleuchtungsgeschäft ergaben sich einige Verzögerungen, weil Werner von Siemens zunächst nicht an die Durchsetzungsfähigkeit des elektrischen Lichts gegenüber dem Gaslicht glaubte und zudem statt auf das Glühlicht auf Bogenlicht setzte.[115]

Die steigenden Umsätze seit Ende der 1860er Jahre beruhten auf mehreren Großaufträgen: die Indo-Europäische Telegraphenlinie und das in Zusammenarbeit mit Siemens Brothers verlegte Transatlantikkabel – aber auch Aufträge des preußischen Militärs, die im Zusammenhang mit dem deutsch-französischen Krieg standen. Die Belegschaft des Berliner Hauses stieg innerhalb weniger Jahre von 166 (1866) auf 628 (1873) Beschäftigte.[116] Gleichzeitig wurden die Fabrikgebäude in der Markgrafenstraße großzügig ausgebaut. In Charlottenburg ließ Werner von Siemens eine zweite Fabrik errichten, wohin die nicht zur Telegraphie gehörende Produktion des Unternehmens, zunächst vor allem die Fertigung von Alkoholmessern, ausgelagert wurde.[117]

Das Verhältnis zur preußischen Staatstelegraphenverwaltung hatte sich nach dem Ausscheiden von Nottebohm 1857 gebessert, und mit Nottebohms Nachfolger, Oberst Franz von Chauvin, ergab sich wieder eine zufriedenstellende Zusammenarbeit. Regelrecht gefördert wurde Siemens & Halske aber nach 1875, als die Telegraphenverwaltung der Reichspost eingegliedert wurde. Mit dem Amt des Generalpostmeisters, das zunächst Heinrich (von) Stephan, ein großer Bewunderer und Freund von Werner von Siemens, innehatte, wurde eine maßgebliche Instanz für die Vergabe von Großaufträgen geschaffen. Trotz der angespannten Finanzlage des Staates in der »Gründerkrise« unterstützte Stephan den Aufbau eines unterirdischen Telegraphennetzes. 1876 gründete Siemens & Halske daher eine eigene Kabelfabrik in Berlin, die im Gegensatz zur englischen Produktionsstätte in Woolwich auch den Wunsch der Reichsverwaltung nach nationaler Produktion befriedigte. Dank dieser Aufträge hatte Siemens & Halske

Bild 49

Fabrikgelände von Siemens & Halske an der Markgrafenstraße (im Vordergrund) gegen Ende des 19. Jahrhunderts

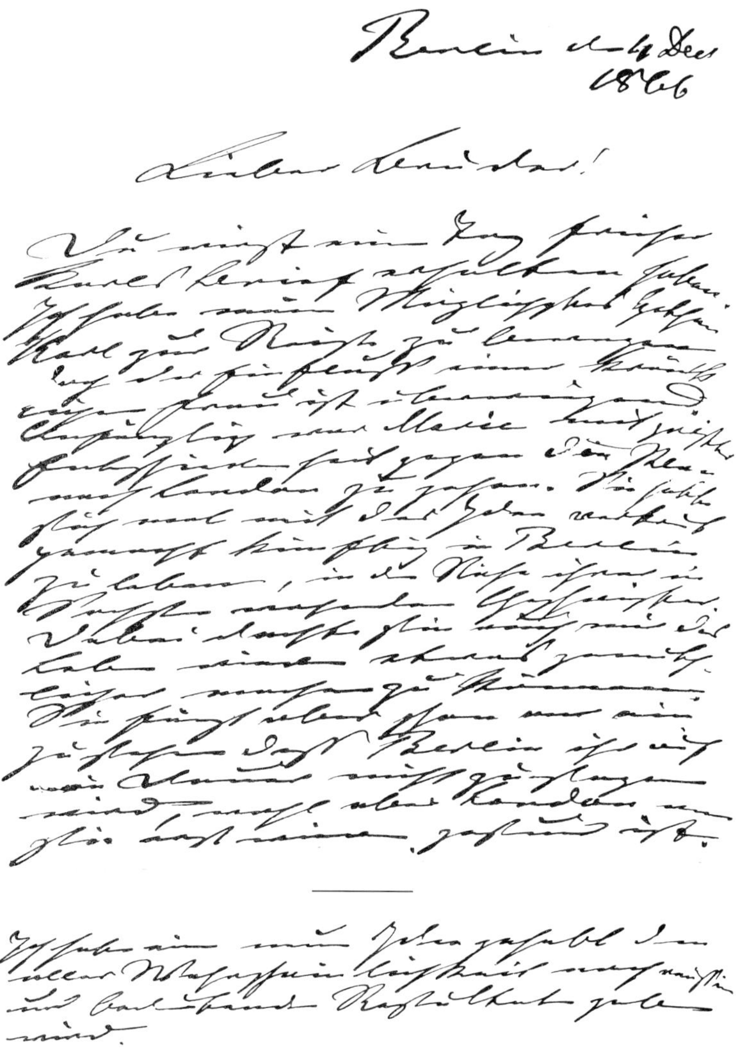

Berlin d. 4 Dec 1866

Lieber Bruder!

Ich habe eine neue Idee gehabt die aller Wahrscheinlichkeit nach reüssiren und bedeutende Resultate geben wird.

Bild 50

Ausschnitt des Briefes von Werner von Siemens an Bruder Wilhelm, 4. Dezember 1866, in dem über die Entdeckung des dynamoelektrischen Prinzips berichtet wird. Die letzten der hier abgebildeten Zeilen lauten: »Ich habe eine neue Idee gehabt, die aller Wahrscheinlichkeit nach reüssieren und bedeutende Resultate geben wird.«

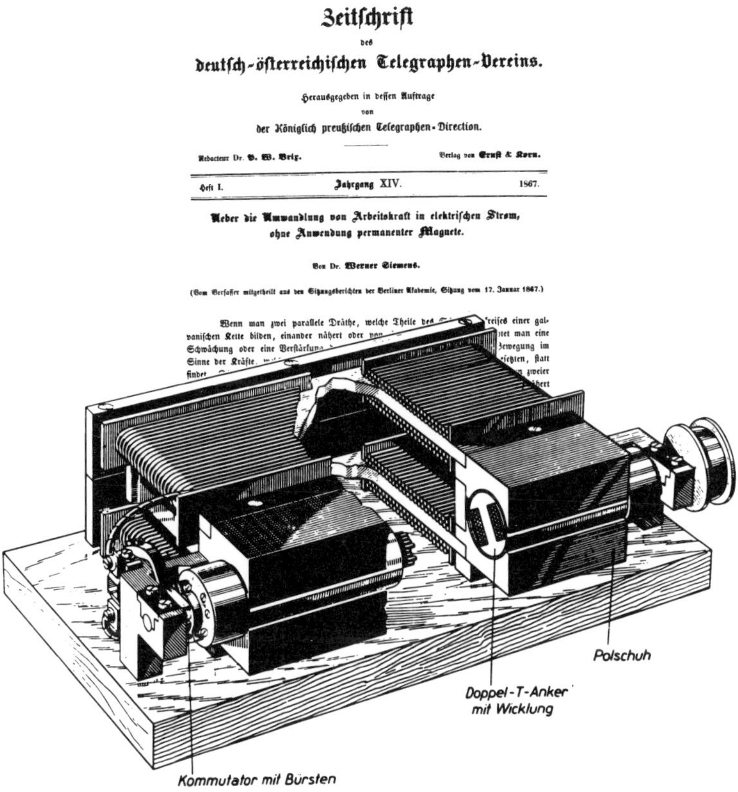

Zeitschrift
des
deutsch-österreichischen Telegraphen-Vereins.

Herausgegeben in dessen Auftrage
von
der Königlich preußischen Telegraphen-Direction.

Redacteur Dr. P. W. Brix. Verlag von Ernst & Korn.

Heft I. Jahrgang XIV. 1867.

Ueber die Umwandlung von Arbeitskraft in elektrischen Strom, ohne Anwendung permanenter Magnete.

Von Dr. Werner Siemens.

(Vom Verfasser mitgetheilt aus den Sitzungsberichten der Berliner Akademie, Sitzung vom 17. Januar 1867.)

Bild 51
Dynamomaschine von Werner von Siemens (Schnittzeichnung)

auch in den 1880er Jahren nach anfänglich schweren Einbußen durch das Auslaufen internationaler Aufträge stetig steigende Umsätze zu verzeichnen.[118]

Obwohl weder Siemens & Halske noch die Elektroindustrie insgesamt von den Auswirkungen der »Gründerkrise« und des verlangsamten gesamtwirtschaftlichen Wachstums in der Folgezeit erfaßt wurden, da die Fortschritte in der Starkstromtechnik und für Siemens speziell weitere See- und Landkabellegungen – besonders über die Londoner Firma – sogar einen Aufschwung bewirkten, büßte

Bild 52
Kohlenwechsel an einer Differential-Bogenlampe in Berlin, um 1890

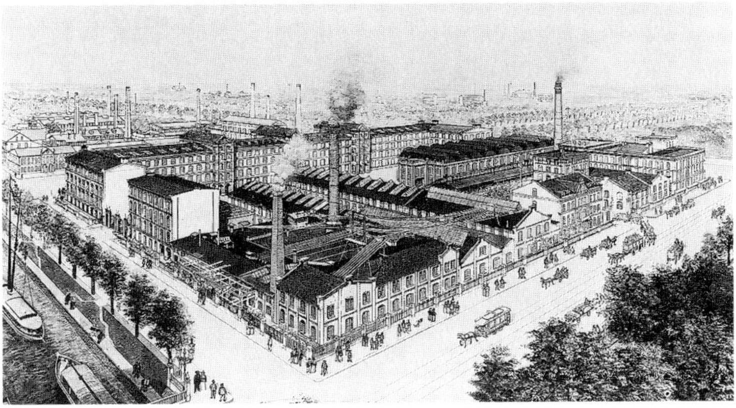

Bild 53
Charlottenburger Werk, um 1895

Siemens & Halske einen erheblichen Teil des Vorsprungs ein, den das Unternehmen gegenüber der Konkurrenz besessen hatte. Diese Entwicklung war allerdings nicht auf Versäumnisse im Bereich der Technik, sondern auf Mängel in der Unternehmensorganisation, die mit der stark personenbezogenen Leitung des Unternehmens durch seinen Gründer zusammenhingen, zurückzuführen.

Nach einem kurzen Ausflug in die Wissenschaft und Politik zwischen 1862 und 1867 und einer persönlichen Krise nach dem Tod seiner ersten Frau Mathilde 1865 engagierte sich Werner von Siemens wieder mit voller Kraft in der Unternehmensführung. Etwa zeitgleich mit dem Ausscheiden Halskes und dem Tod Meyers hatte Werner von Siemens neben dem Buchhalter Haase auch einige technische Mitarbeiter eingestellt, so 1867 den Ingenieur Friedrich von Hefner-Alteneck[119], der den Trommelanker in der Form schuf, in der noch heute die Anker von Gleichstrommaschinen ausgeführt werden, und der die Differentialbogenlampe konstruierte; 1869 den Telegrapheningenieur Carl Frischen, den er zunächst für die Arbeiten an der Indo-Linie und dann für Siemens & Halske aus dem staatlichen

Bild 54
Bei Siemens & Halske in Berlin, 1886

Bild 55
Heinrich (von) Stephan inspiziert die Arbeiten zur Verlegung des Reichstelegraphenkabels Berlin–Köln, 1878

Bild 56
Friedrich von Hefner-Alteneck (1845–1904)

Bild 57
Dynamomaschine von Siemens & Halske, 1873, mit Trommelanker von Friedrich von Hefner-Alteneck (konstruiert 1872)

Telegraphendienst anwarb[120]; und 1873 den Physiker Dr. Oscar Frölich. Der Spielraum, der diesen leitenden Mitarbeitern eingeräumt wurde, war zunächst jedoch sehr klein. Vor allem gegenüber dem Akademiker Frölich hatte Werner von Siemens starke Vorbehalte.[121]

Im internationalen Geschäft erwies sich diese Abneigung gegen das Delegieren und das starke Mißtrauen gegenüber allen, die nicht zur Familie gehörten, mehr und mehr als hinderlich. Schließlich expandierte allein Siemens & Halske, Berlin, von einem allenfalls mittelgroßen Unternehmen mit 192 Mitarbeitern im Jahre 1867 zu einem Großunternehmen mit 2125 Mitarbeitern im Jahre 1889. Mit den ausländischen Gesellschaften betrug die Beschäftigtenzahl 1889 sogar 4513.[122]

Das Auslandsgeschäft war mit der Expansion des Berliner Unternehmens gewachsen, allerdings nicht in gleichem Maße. Das Londoner Unternehmen zeigte sich bei der neuen Starkstromtechnik zunächst sehr zurückhaltend und setzte weiter auf das Kabelgeschäft. Wilhelm wollte sich den Berliner Vorgaben nicht unterordnen, wandte sich

Bild 58
Carl Frischen
(1830–1890)

zunehmend seinen ingenieurwissenschaftlichen Arbeiten zu und überließ die Leitung von Siemens Brothers mehr und mehr seinem Bruder Carl, der 1870 zu seiner Unterstützung nach London übergesiedelt war, und seinem Prokuristen Ludwig Löffler.[123] Das Verhältnis zum Stammhaus in Berlin entspannte sich erst, als nach Carls erneuter Übersiedlung nach Rußland das Londoner Geschäft in eine Aktiengesellschaft umgewandelt wurde, auch wenn Werner von Siemens bedauerte, nunmehr in England nur noch finanzielle Interessen zu haben und die enge Verknüpfung mit dem Londoner Unternehmen aufgeben zu müssen. Weiter gelockert wurden die Beziehungen nach Wilhelms Tod 1883. Mit Ludwig Löffler, dem Wilhelm ein größeres Paket von Siemens-Brothers-Aktien hinterlassen hatte, das er durch Zukäufe noch vergrößerte, kam es zu harten Auseinandersetzungen, die eine weitere Abstimmung zwischen den Häusern erheblich erschwerten, zumal letztlich Löfflers Pläne darauf hinausliefen, Siemens Brothers aus der Gesamtfirma herauszulösen. Absprachen über eine Aufteilung des Weltmarktes, der dem Londoner Haus freie Hand im Machtbereich des British Empire garantierte, blieben allerdings weiterhin in Kraft. Bis zum Ersten Weltkrieg machten sich die Siemensunternehmen in Berlin und London auf dem Weltmarkt keine Konkurrenz.

Das russische Geschäft belebte sich nach Carls Rückkehr nach Rußland, ohne aber für Berlin jemals wieder die entscheidende Rolle zu spielen, die es während des Krimkriegs besaß. Carl war gegenüber der neuen Starkstromtechnik sehr aufgeschlossen und verkaufte in St. Petersburg mit wichtigem Prestigeerfolg große Beleuchtungsanlagen (zum Beispiel für den Newski-Prospekt und das Winterpalais). Jedoch war der erneute Erfolg in Rußland wieder-

Bild 59
Oscar Frölich
(1843–1909)

um nicht von Dauer. Nach Werners Rückzug aus dem Geschäft versuchte Carl vergeblich, das Petersburger Geschäft zu liquidieren und kehrte nach dem Tod des älteren Bruders zur Unterstützung seiner Neffen in die Berliner Geschäftsführung zurück.

Neben den Geschäften in London und St. Petersburg konnte im Ausland auch die Wiener Filiale schließlich mit Erfolg geführt werden. Ein Versuch, in Paris wieder mit einem eigenen Unternehmen, diesmal im Bereich der

Bild 60
Beleuchtung des Newski-Prospekts in St. Petersburg, 1886

Beleuchtungstechnik, ins Geschäft zu kommen, scheiterte abermals. Zwar mieteten die Brüder 1878 Räume für eine eigene Werkstatt und gründeten von London aus das Tochterunternehmen Siemens Frères, aber sie mußten die Firma 1886 mit erheblichen Verlusten liquidieren. Werner von Siemens hatte im Vertrauen auf sein persönliches Ansehen in Frankreich die Stärke antideutscher Ressentiments auf dem französischen Markt nach dem deutsch-französischen Krieg unterschätzt.

Die weitere Expansion des Auslandsgeschäftes erfolgte nicht mehr über Filialgründungen im Ausland. Da im Gegensatz zur ersten Phase in der Geschäftstätigkeit von Siemens & Halske schon seit den 1860er Jahren ein sehr starker Rückgang vorfinanzierter Staatsaufträge zu verzeichnen war, mußten neue Geschäftsformen etabliert werden. Das Unternehmergeschäft, also etwa die Finanzierung größerer Anlagen durch das Unternehmen selbst oder eine von ihm abhängige Betreibergesellschaft, und der Aufbau eines Vertreternetzes wurden zu den beiden für die Zukunft wichtigen Säulen des Auslandsgeschäfts. Beide Formen waren mit gewissen Schwierigkeiten verbunden, die in den folgenden Kapiteln dargestellt werden sollen. Das erste große Projekt, das Siemens auf diese Art und Weise abwickelte, war die Indo-Europäische Telegraphenlinie.

Die Indo-Europäische Telegraphenlinie

Eine erste Telegraphenlinie nach Indien war bereits 1860 von der Red Sea and India Telegraph Co. errichtet worden. An einigen Teilstrecken war Siemens aufgrund der Zusammenarbeit mit Newall & Co. als Prüfer beteiligt gewesen. Die Linie litt jedoch an zahlreichen Unzulänglichkeiten. Auch zwei weitere Linien über den Landweg, über Persien und Rußland bzw. Persien und die Türkei, die seit 1865 in Betrieb waren, erwiesen sich als sehr störanfällig. Da die Depeschen auf den Zwischenstationen neu eingegeben werden mußten, die persischen oder russischen Beamten aber ihren Inhalt oft nicht verstanden, kamen sie vielfach kaum noch lesbar beim Empfänger an. Außerdem arbeiteten wegen des häufigen Umtelegraphierens beide Linien sehr langsam.[124]

Werner von Siemens wollte diese Probleme mit dem Bau einer neuen Linie beseitigen, die die Depeschen per Induktionsstrom vollautomatisch befördern sollte. Einen solchen Plan hegten die Brüder schon seit 1865, die Verwirklichung erwies sich jedoch aus technischen und politischen Gründen als schwierig. England befürchtete bei einer Linienführung durch Rußland einen Machtzuwachs des Zarenreiches und stand einer Zusammenschaltung nationaler Netze ablehnend gegenüber. Der preußisch-österreichische Krieg unterbrach zunächst die Verhandlungen der Brüder Siemens um Konzessionen. Nach Kriegsende verbesserte sich ihre Position jedoch erheblich, da zwei Männer, zu denen Werner von Siemens gute persönliche Kontakte pflegte, entscheidende Stellungen im Telegraphengeschäft übernahmen: Bei den beiden Persönlichkeiten handelte es sich zum einen um General von Lüders, der bereits das erste Rußlandgeschäft mit Siemens & Halske vermittelt hatte und der im Oktober 1866 zum neuen Telegraphendirektor ernannt wurde, und zum zweiten um den preußischen Amtsinhaber von Chauvin, der im selben Jahr die Position des Norddeutschen Telegraphendirektors erhielt.

Nach einem Treffen der Telegraphendirektoren Champain (Englisch-Indische Telegraphenverwaltung), Chauvin und Lüders im April 1867 erhielten die Brüder Siemens im Herbst die preußische und die russische Konzession zum Bau der Linie. Eine eigene Kabellegung von Deutschland nach England war jedoch nicht möglich, da Preußen mit der Electric Company einen Vertrag geschlossen hatte, der ihr auf mehrere Jahre das alleinige Recht der Kabellegung sicherte. Eine ähnliche Vereinbarung gab es auch mit dem Telegraphenbüro Reuter für das ehemalige Hannoversche

Staatsgebiet. Mit beiden Unternehmen konnte man jedoch Absprachen treffen.

Besonders schwierig gestalteten sich die Verhandlungen mit Persien, das einerseits eine starke Abhängigkeit von England und Rußland auf jeden Fall vermeiden, andererseits die Telegraphenkonzession als willkommene Einnahmequelle möglichst teuer verkaufen wollte. Als Unterhändler wurde Walter Siemens nach Teheran geschickt. Walter hatte sich nach dem Kauf des Kupferbergwerks Kedabeg in diesem »Privatgeschäft« von Werner und Carl Siemens engagiert und war von seinen Brüdern mit 20% beteiligt worden. Durch die Arbeiten in Tiflis, wo er auch zum deutschen Konsul ernannt wurde[125], war er mit den Geschäftspraktiken in diesem Teil der Welt bestens vertraut. Seinen Auftrag in Teheran führte er mit großer Zähigkeit und Geschick aus. Nach mehrmonatigen Verhandlungen erhielt er zum Jahreswechsel 1867/68 eine Konzession für den Bau und Betrieb einer Telegraphenlinie von Djulfa nach Teheran.

Nachdem diese ersten Hürden aus dem Weg geräumt waren, mußte die Finanzierung des Linienbaus sichergestellt werden. Die Indo-Europäische Telegraphenlinie versprach zwar ein wirtschaftlicher Erfolg zu werden, doch waren die technischen Probleme und die sich aus der Linienführung durch vier verschiedene Hoheitsgebiete ergebenden Schwierigkeiten nicht zu unterschätzen. Werners ursprünglicher Plan, das Kapital auf dem Wege der Bankenfinanzierung aufzubringen, ließ sich nicht umsetzen. Verhandlungen mit dem Bankier Rothschild, der drei Viertel der erforderlichen Summe zur Verfügung stellen sollte, und parallel geführte Gespräche mit den Kölner Bankhäusern Schaaffhausen und Mevissen führten zu keinem Ergebnis[126], so daß sich die Brüder Siemens entschlossen, das Projekt über den Aktienmarkt zu finanzieren. Zur Aufbringung des Kapitals wurde am 8. April 1868 die »Indo-European Telegraph Company« (IET) als Aktiengesellschaft englischen Rechts mit einem Kapital von 450000 £ gegründet. Siemens Brothers und Siemens & Halske übernahmen 20% des Kapitals, die übrigen 80% wurden zur Hälfte in England, zur Hälfte auf dem Kontinent zum Kauf angeboten. Die Brüder Siemens brachten ihre Konzessionen ein und sicherten sich dafür den Bauauftrag zum Pauschalpreis von 400000 £. Für den Unterhalt der Strecke sollte Siemens 34000 £ jährlich erhalten. Die Plazierung der Aktien erfolgte in Deutschland zügig, in England allerdings schleppend.

Die Indo-Europäische Telegraphenlinie sollte von allen Teilen des Siemens-Gesamtgeschäftes gebaut werden. Die Bauausführung lag bei Berlin und St. Petersburg, während Siemens Brothers in London die Verlegung der Unterseekabel im Schwarzen Meer und die Anlieferung der Materialien übernahm. Da an drei Abschnitten gleichzeitig gebaut wurde, traten neben technische besonders logistische Probleme. Die größten Schwierigkeiten für das umfangreichste bis dahin von Siemens je begonnene Projekt waren jedoch finanzieller Natur. Im Sommer 1868 tagte der drei Jahre zuvor in Paris gegründete Welttelegraphenverein in Wien, um neben technischen Fragen das Gebührenwesen zu regeln. Nach der Abreise von Werner von Siemens wurden mit den Stimmen seiner Konkurrenten, aber auch ohne Widerstand des russischen Telegraphendirektors Carl von Lüders, die Gebühren für Depeschen von England nach Indien von 87,5 auf 71 Franc gesenkt. Für die Strecke Djulfa–Teheran sollte außerdem die persische Regierung 5 Franc, für die Strecke Teheran-Buschir die britisch-indische Telegraphenverwaltung 8,5 Franc Gebühren erhalten.[127] Damit waren alle Rentabilitätsrechnungen der Brüder Siemens hinfällig; aufgrund der hohen Abgaben für die Konzessionen mußte der Bau der Linie zu einem Verlustgeschäft der Betreibergesellschaft führen. Auch das Angebot der russischen Telegraphenverwaltung, ihre Konzessionsgebühren ein wenig zu senken, konnte daran nichts ändern.

Werner von Siemens sah den einzigen Ausweg darin, in Persien neu zu verhandeln und die Gebührenerhöhung dort

Bild 61
Georg (von) Siemens (1839–1901), 1866

rückgängig zu machen oder wenigstens zu mildern. Ein doppelt schwerer Verlust war unter diesen Umständen der Tod von Walter Siemens im Frühsommer 1868 infolge eines Unfalls. Für Persien mußte also ein neuer Unterhändler gesucht werden, der das volle Vertrauen des Firmenseniors besaß. Die geeignete Person war Georg Siemens (1839–1901), der Sohn von Werners Vetter und vormaligem Kompagnon, der für die Brüder damals als Syndikus tätig war. Georg Siemens erwies sich bei der Führung der Verhandlungen als äußerst geschickt. Während der acht Monate Aufenthalt in Persien erreichte er mit der Drohung, die gesamte Linie an Großbritannien zu verkaufen, ein Einlenken des Schahs, der ein jährliches Fixum von 12000 Tomans akzeptierte.[128]

Dank tüchtiger Bauleiter an den einzelnen Streckenabschnitten, denen Werner von Siemens weitgehend freie Hand gelassen hatte, sowie einer umsichtigen Gesamtkoor-

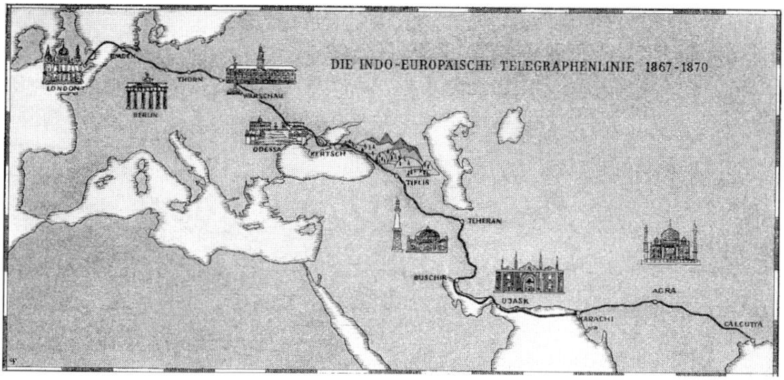

Bild 62
Die Indo-Europäische Telegraphenlinie, errichtet in wesentlichen Teilen 1867–1870

dination, um die sich der neu eingestellte Telegrapheningenieur Carl Frischen und Carl Siemens verdient gemacht hatten, konnten die Bauarbeiten Anfang des Jahres 1870 erfolgreich abgeschlossen werden. Allerdings wurde die Linie noch nicht sofort in Betrieb genommen, denn der strenge Winter, aber auch die mangelhafte Schulung des Personals mit dem neuen Apparatesystem, dem Lochstreifentelegraphen mit Kurbelinduktor, der weitere Handarbeit unnötig machte, verhinderten eine rasche Eröffnung. Da in der Zwischenzeit die »Great Eastern« die Seekabelverbindung nach Indien wieder hergerichtet hatte, fielen die IET-Aktien massiv im Wert, so daß Eile geboten war. Am 12. April 1870 tauschte Wilhelm Siemens in London vor geladenen Gästen von London nach Kalkutta, einer Strecke von 11 000 km, binnen einer Stunde Telegramme aus. Werner von Siemens hatte sein technisches Ziel erreicht, nämlich »eine lange Normallinie herzustellen und in Gang zu bringen, welche zeigt, was die Telegraphie jetzt wirklich zu leisten imstande ist«.[129] Darüber hinaus war er über Nacht ein berühmter Mann geworden.

Der wirtschaftliche Erfolg des Indo-Europäischen Telegraphen stellte sich nach einiger Zeit ebenfalls ein. Nach-

Bild 63
Arbeiten bei der Errichtung der Indo-Europäischen Telegraphenlinie im Kaukasus

dem zunächst am 1. Juli 1870 das Seekabel im Schwarzen Meer infolge eines Erdbebens zerstört worden war und durch eine neue Landlinie ersetzt werden mußte, blieb die Linie nach der Wiedereröffnung 1871 mit Ausnahme einer Unterbrechung im Ersten Weltkrieg bis 1931 in Betrieb. Aus dem Bau der Linie inklusive der Nacharbeiten erzielten die Brüder Siemens in etwa den erwarteten Gewinn. Eine angemessene Verzinsung der eingesetzten Kapitals wurde jedoch erst nach einiger Zeit erreicht. In den ersten Jahren reichten die Einnahmen kaum zur Kostendeckung.[130] Die Siemensfirmen verzichteten daher zunächst auf die ihnen zustehenden Aktienerträge und erklärten sich bereit, auf die zustehenden Dividenden so lange zu verzichten, bis für die außenstehenden Aktionäre mindestens 10% gezahlt werden konnten. Nachdem den Siemensfirmen ab 1886 entsprechende Dividenden zuflossen, erwies sich die Beteiligung an der Betriebsgesellschaft langfristig als lohnend, da die Telegraphengesellschaft kon-

Bild 64
Die Indo-Europäische Telegraphenlinie im Kaukasus

tinuierlich hohe Erträge erwirtschaftete. Werner von Siemens hatte noch in der Krisenphase vor der Eröffnung der Linie an seinen Bruder Carl geschrieben:

»Wenn die Aktien auf die Hälfte fallen, werde ich trotz allem mein disponibles Geld darin anlegen, denn unser Fundament ist die ausschließliche Konzession Rußlands und Preußens. Die submarinen Linien werden schon ihren Stoß bekommen.«[131]

Die Eastern Telegraph Company, die die Konkurrenzlinie durch das Mittelmeer betrieb, versuchte die IET immer wieder aufzukaufen. 1877 kam es schließlich gegen den anfänglichen Widerstand Preußens und Rußlands zu einem »joint purse arrangement«, das die Eastern und ihr See-

Bild 65
Empfänger der Indo-Europäischen Telegraphenlinie

kabel zwar bevorzugte, aber gleichzeitig der Indo-Europäischen Linie eine ausreichende Beschäftigung garantierte. Da sich das Seekabel als wesentlich störungsanfälliger erwies, konnte die IET mehrfach wochen- oder monatelang den Telegraphenverkehr zwischen Europa und Indien allein abwickeln. Dies trug wesentlich zur Steigerung der Rentabilität der IET bei. Längerfristig war neben der großen Bedeutung der Indo-Europäischen Linie für den Ruf des Hauses Siemens und neben den Gewinnen beim eigentlichen Linienbau auch die Kapitalinvestition für Siemens lohnend. Das Vertrauen von Werner von Siemens in die technischen Möglichkeiten und sein unternehmerischer Weitblick hatten sich in jeder Hinsicht ausgezahlt.

Bild 66
Sendeapparatur der Indo-Europäischen Telegraphenlinie

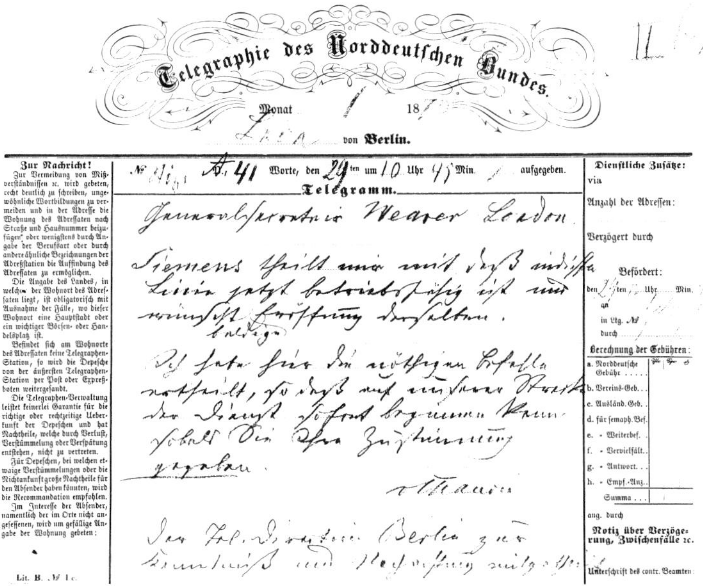

Telegraphie des Norddeutschen Bundes.

Monat 1 1870

Lond. von Berlin.

Zur Nachricht!

Zur Vermeidung von Mißverständnissen 2c. wird gebeten, recht deutlich zu schreiben, ungewöhnliche Wortbildungen zu vermeiden und in der Adresse die Wohnung des Adressaten nach Straße und Hausnummer beizufügen, oder wenigstens durch Angabe der Berufsart oder durch andere ähnliche Bezeichnungen der Adreßstation die Auffindung des Adressaten zu ermöglichen.

Die Angabe des Landes, in welchem der Wohnort des Adressaten liegt, ist obligatorisch mit Ausnahme der Fälle, wo dieser Wohnort eine Hauptstadt oder ein wichtiger Börsen- oder Handelsplatz ist.

Befindet sich am Wohnorte des Adressaten keine Telegraphen-Station, so wird die Depesche von der äußersten Telegraphen-Station per Post oder Expreßboten weitergesandt.

Die Telegraphen-Verwaltung leistet keinerlei Garantie für die richtige oder rechtzeitige Ueberkunft der Depeschen und hat Nachtheile, welche durch Verlust, Verstümmelung oder Verspätung entstehen, nicht zu vertreten.

Für Depeschen, bei welchen etwaige Verstümmelungen oder die Nichtankunft große Nachtheile für den Absender haben könnten, wird die Recommandation empfohlen.

Im Interesse der Absender, namentlich der im Orte nicht angesessenen, wird um gefällige Angabe der Wohnung gebeten:

Lit. B. № 1 c.

№ A. 41 Worte, den 29ten um 10 Uhr 45 Min. aufgegeben.

Telegramm.

Generalsecretair Weaver London.

Siemens theilt mir mit, daß indische Linie jetzt betriebsfähig ist und wünscht baldige Eröffnung derselben.

Ich habe für die nöthigen Befehle ertheilt, so daß auf unserer Strecke der Dienst sofort beginnen kann, sobald Sie Ihre Zustimmung gegeben.

[illegible]

Der Tel.-Direction Berlin zur Kenntniß und Nachachtung mitgetheilt.

Dienstliche Zusätze:
via
Anzahl der Adressen:
Verzögert durch

Befördert:
den 29ten Uhr Min.
an
in Ltg. №
durch

Berechnung der Gebühren:

	Thlr	Sgr	Pf
a. Norddeutsche Gebühr			
b. Vereins-Geb.			
c. Ausländ. Geb.			
d. für semaph. Bef.			
e. " Weiterbef.			
f. " Vervielfält.			
g. " Antwort.			
h. " Empf.-Anz.			
Summa			

ang. durch

Notiz über Verzögerung, Zwischenfälle 2c.

Unterschrift des contr. Beamten:

Bild 67
Depesche vom 29. Januar 1870 zur Inbetriebnahme der Indo-Europäischen Telegraphenlinie

Das Transatlantikkabel

Noch wesentlich gewagter als der Bau und Betrieb der Indo-Europäischen Telegraphenlinie waren die Geschäfte, denen sich das Londoner Haus in den 1870er Jahren nahezu ausschließlich widmete: die Verlegung von Seekabeln. Ökonomisch, politisch und auch vom Prestigewert her vordringlich war die Herstellung einer Telegraphenverbindung nach Amerika. 1855 hatte der britische Regierungsbeamte Gisborne Neufundland mit Telegraphenlinien erschlossen. Schon ein Jahr später versuchte man von dort aus, eine Nachrichtenverbindung nach Europa herzustellen. Zu diesem Zweck wurde 1856 die »Atlantic Telegraph Company« mit einem Grundkapital von 350000 £ gegründet. Der Amerikaner Cyrus Field übernahm 80000 £, J. W. Brett 12000 £, und der spätere »Kabelkönig« John Pender beteiligte sich in unbekannter Höhe. Die schnelle Zeichnung des Kapitals zeigt, wie dringlich die Einrichtung einer solchen Verbindung gesehen wurde, verdeutlicht aber auch die hohe Bereitschaft auf beiden Seiten des Atlantiks, Risikokapital zur Verfügung zu stellen, obwohl die Technik der Seekabellegung zu diesem Zeitpunkt noch keineswegs ausgereift war. Besonders bei Tiefseekabeln waren die technischen Probleme noch nicht gelöst, wie die Versuche von Newall & Co. und Siemens & Halske im Mittelmeer und auch die ersten Versuche mit einem Transatlantikkabel gezeigt hatten. Das politische Interesse, eine solche Verbindung zustande zu bringen, war jedoch so groß, daß das englische Handelsministerium eine Kommission einsetzte, die mit Ingenieuren der Atlantic Telegraph Company Lösungsmöglichkeiten erarbeiten sollte. Zu den Experten, die 1861 im Rahmen dieser Arbeiten angehört wurden, gehörte auch Wilhelm Siemens.

Erst 1866 konnten zwei Kabel erfolgreich in Amerika gelandet werden. Finanziert wurden sie von der Nachfolgerin der Atlantic Telegraph Co., der Anglo-American Telegraph Company, an der wiederum Cyrus Field maßgeblich

Bild 68
Verlegung von Seekabelabschnitten einer Telegraphenlinie

beteiligt war.[132] Um den Anforderungen für die Kabelfertigung gerecht zu werden, hatten der Kabelhersteller Glass & Elliott und die Guttapercha Co. zur »Telegraph Construction and Maintenance Company« fusioniert, der John Pender als Chairman vorstand. Diese Gesellschaft hatte 315000 £ der auf 600000 £ veranschlagten Kabelkosten übernommen, während Field die restlichen 285000 £ trug. Eine marktbeherrschende Stellung der Pender-Gruppe, die stark expandierte und mehrmals versuchte, die IET aufzu-

Bild 69
Einladen des Transatlantikkabels auf dem Kabelverlegungsschiff »Agamemnon«, 1858

kaufen, schien möglich, als Penders Trust »Globe« Produktionsstätten baute bzw. kaufte und sich Einfluß auf Betriebsgesellschaften verschaffte. Wettbewerb bestand nur in gewisser Weise durch ein Kabel, das die französische Société du Cable Transatlantique Français 1869 von Brest via Neufundland in Massachusetts gelandet hatte.

Carl Siemens, der sich nach dem Tod seiner Frau Marie am 1. Februar 1869 entschlossen hatte, seine Arbeitskraft ganz Siemens Brothers in London zuzuwenden, schlug nun seinen Brüdern vor, das Pender-Monopol zu durchbrechen und die Verlegung eines eigenen Transatlantikkabels in Angriff zu nehmen. Wie bei der Indo-Europäischen Linie sollte eine zu gründende Bau- und Betriebsgesellschaft den Auftrag an Siemens Brothers vergeben.

Im Unterschied zu den bislang via Neufundland laufenden Kabeln plante Carl eine direkte Kabelverbindung zwischen Europa und den USA. Die Gesellschaft sollte deshalb den Namen »Direct United States Telegraph Company« erhalten. Wegen der zum Teil negativen Erfahrungen, die man mit der Verlegung von Tiefseekabeln gemacht hatte,

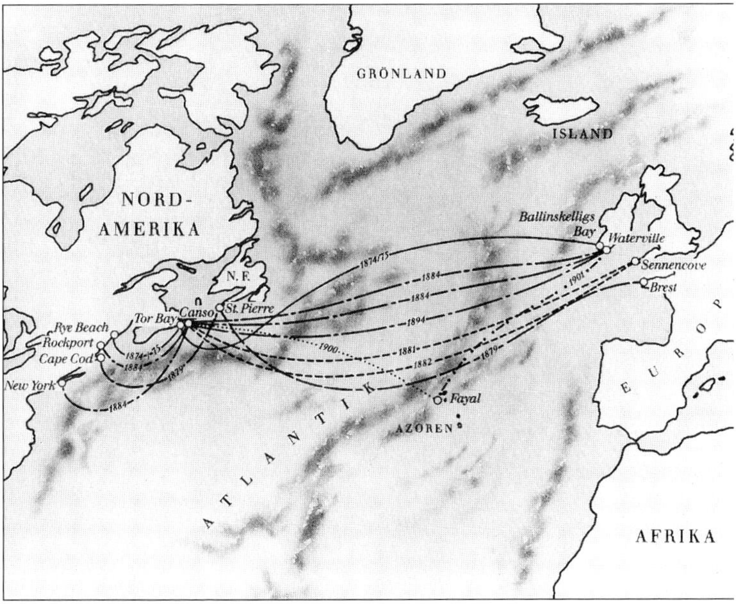

Bild 70
Reliefkarte des Nordatlantiks mit den von der »Faraday« verlegten Transatlantikkabeln

schreckte Werner von Siemens zuerst vor dieser Idee zurück. Auch Wilhelm zögerte anfangs, hatte er doch bei der Kabellegung von Cartagena nach Oran beträchtliche Summen verloren. Da Carl jedoch anbot, sich der Sache ganz zu widmen und auch die Kabellegungen selbst zu leiten, willigten die Brüder schließlich ein.

Als Betriebsgesellschaft gründete man eine Aktiengesellschaft englischen Rechts mit einem Aktienkapital von 1,3 Mio £. Da man wegen der Übermacht von Penders »Globe« kaum auf größere englische Kapitalbeteiligung rechnen konnte, zeichneten die Siemens-Brüder einen bedeutenden Anteil; um die Plazierung der restlichen Aktien bemühte sich die 1870 gegründete Deutsche Bank. Für Werner von Siemens crwies es sich als sehr vorteilhaft, daß Georg Siemens, der dort einen Direktorenposten angenommen hatte, sich nachhaltig für das Projekt einsetzte und sogar bereit war, für eine Überschreitung seiner Handlungsvollmacht mit eigenem Vermögen zu haften.

1874 konnten die Arbeiten an der Transatlantikkabellegung von der Ballinskelligs Bay in Irland bis Torbay in Nova Scotia und von da aus weiter nach Rye Beach in New Hampshire beginnen, wo der Anschluß an die amerikanischen Landlinien erfolgte. Die Seekabel wurden in der Fabrik in Woolwich gefertigt, die unter Carls Leitung zu einem vollständigen Kabelwerk ausgebaut worden war. Bis 1871 hatte man sich dort auf das Verseilen und Armieren von Kabeln, also die letzten Verarbeitungsschritte, beschränkt.

Für den schwierigsten Teil des Projektes, die eigentliche Verlegung des Kabels, entwickelte Wilhelm ein spezielles Schiff, den Kabeldampfer »Faraday«, der am 17. Februar 1874 von Wilhelms Frau Anne getauft wurde. Der Dampfer verfügte über 5000 BRT, war 360 Fuß lang und hatte 20 Fuß Tiefgang. In drei großen Kabelbehältern des Schiffs konnten 1700 englische Meilen Kabel untergebracht werden.

Die Verlegung gestaltete sich als ein Abenteuer, das so nachhaltig in Werners Erinnerung blieb, daß es viele Seiten seiner »Lebenserinnerungen« füllt. Wilhelm Siemens und sein Manager Löffler nahmen persönlich daran teil, ebenso Carl, der als Projektleiter die Hauptlast der Verantwortung trug. Aber auch Werner von Siemens ließ es sich nicht nehmen, von Berlin aus wenigstens bis Irland zur Ballinskelligs Bay zu reisen und von dort aus die ersten Schritte zur Kabelverlegung selbst zu überwachen.[133]

Die Verlegung war reich an Zwischenfällen. Sabotage und Falschmeldungen, die vermutlich von der Globe-Konkurrenz initiiert wurden, ließen das Unternehmen zudem zur nervlichen Zerreißprobe werden. So behauptete Carl, der ja auch vor seinen Brüdern die Verantwortung für das Transatlantikkabel trug:

Bild 71
Kabelschiff »Faraday« der Brüder Siemens

»Die fünf Jahre kann ich wenigstens als zehn verlorene Lebensjahre rechnen. Ich bin hier geistig und körperlich auf den Hund gekommen.«[134]

Wie bei der Indo-Europäischen Telegraphenlinie konnten die Brüder schließlich trotz der Zwischenfälle und Probleme einen Erfolg verbuchen: Das Siemenssche Transatlantikkabel arbeitete zuverlässig und mit hoher Sprechgeschwindigkeit. Auch für Siemens Brothers in London hatte sich das Geschäft gelohnt. Trotz zahlreicher Nachbesserungen war die Ertragslage der Zweigfirma gut, und eine Reihe von Anschlußaufträgen, die der Erfolg mit sich brachte, sicherte auch weiterhin gute Ergebnisse.[135]

Nach der gelungenen Kabellegung arbeitete die Betreibergesellschaft Direct United States Telegraph Company wirtschaftlich allerdings ohne Erfolg. Ein Sanierungsversuch mit einer Umgründung in die »Direct United States Cable Company« konnte die Situation nicht entscheidend verbessern. Die Konkurrenz des Pender-Trusts erwies sich als zu stark, um einen entsprechenden Gewinn zu erwirtschaften, so daß die Betriebsgesellschaft schließlich kapitulieren und sich von Pender aufkaufen lassen mußte. Einen großen finanziellen Verlust erlitt dabei Georg Siemens, der für einen beträchtlichen Teil des Aktienkapitals die persönliche Haftung übernommen hatte. Die Globe-Gruppe konnte damit für einige Zeit tatsächlich ein Monopol im Telegraphenverkehr zwischen Europa und Amerika begründen, nachdem das französische Kabel 1876 funktionsunfähig geworden war.

In der Telegraphenbranche hatte sich somit der Einstieg in das Unternehmergeschäft als äußerst riskant erwiesen. Bei der Indo-Europäischen Telegraphenlinie rentierte sich die Kapitalanlage langfristig, beim DUS-Kabel mußte man Verluste hinnehmen. Werner von Siemens war sich dieser Unsicherheiten durchaus bewußt. Im Gegensatz zu seinem früheren Kompagnon Halske war er aber bereit, solche Risiken einzugehen, nicht zuletzt, um das technische Niveau seines Unternehmens unter Beweis zu stellen.

Die Seekabelprojekte blieben auch in der Folgezeit äußerst risikoreich. Die Aufträge, die Siemens Brothers nach der Verlegung des DUS-Kabels von französischen und amerikanischen Gesellschaften erhielt, die sich in Konkurrenz zur Pender-Gruppe formiert hatten, konnten mit sehr wechselhaftem Erfolg häufig erst nach mehreren Anläufen erfüllt werden. Sowohl bei der Verlegung eines Kabels vor der brasilianischen Küste im Jahre 1874, als auch bei der unter Ludwig Löfflers Leitung erfolgten Verlegung eines französischen Atlantikkabels 1879 hatte man mit großen Schwierigkeiten zu kämpfen. Die harten Geschäftsbedingungen, die Carl Siemens zu der Einsicht bewegten, im Kabelgeschäft habe man es vor allem mit »Machern und anderen Lumpen«[136] zu tun, trugen ein übriges dazu bei, die Brüder »kabelmüde« werden zu lassen. Mit der Umwandlung von Siemens Brothers in eine Aktiengesellschaft 1880 und mit Carl Siemens' erneuter Übersiedlung nach Rußland endete das starke persönliche Engagement der Brüder im Kabelgeschäft. Unter der Leitung von Ludwig Löffler, der nach Wilhelms Tod 1883 die Leitung des Londoner Geschäfts übernahm, konnten allerdings noch weitere Kabellegungen erfolgreich ausgeführt werden. 1881 erhielt London einen Auftrag des amerikanischen »Eisenbahnkönigs« Gould und 1884 einen weiteren der Amerikaner MacKay und Bennett für die Verlegung von Transatlantikkabeln.

Marktstrategien beim Starkstrom

Werner von Siemens hatte schon während der Seekabelprojekte seinen Interessenschwerpunkt zunehmend auf die kommerzielle Nutzung der Starkstromtechnik verlagert. Durch die starke Inanspruchnahme bei der Neuorganisation des Hauses Ende der 1860er Jahre bzw. die großen Telegraphen- und Kabelprojekte war die Entwicklungsarbeit an seiner Dynamomaschine für einige Zeit notwendigerweise vernachlässigt worden. Die von Werner von Siemens schon 1866 selbst genannten Anwendungsgebiete der Starkstromtechnik waren nicht konsequent erschlossen worden. Auch die technische Weiterentwicklung seiner Dynamomaschine war durch Erfindungen von Zénobe Théophile Gramme und seines eigenen Chefkonstrukteurs Friedrich von Hefner-Alteneck vorangetrieben worden und hatte allmählich zu größerer Leistungsfähigkeit und Belastbarkeit geführt. Einziges Einsatzfeld in diesen ersten Jahren war die Beleuchtung zu militärischen Zwecken und beim Küstenschutz (Leuchttürme).[137] Etwa um 1878 war die Entwicklung soweit fortgeschritten, daß an eine zivile Nutzung in größerem Umfang gedacht werden konnte. Große Anwendungsgebiete für die Starkstromtechnik waren die Beleuchtungstechnik, die elektrische Eisenbahn und vielfältig zu nutzende Elektromotoren. Im Gegensatz zum Telegraphengeschäft bildeten sich in der Starkstromtechnik rasch eine Vielzahl kleinerer Unternehmen, die in ihren jeweiligen Spezialgebieten mit Siemens & Halske in Konkurrenz traten. Trotz des durch die Erfindung gegebenen Vorteils konnte Siemens & Halske im Starkstrombereich auch nicht zeitweise eine der Nachrichtentechnik vergleichbare Marktstellung erreichen.

Zum Teil lag dies daran, daß verschiedene technische Systeme miteinander konkurrierten, von denen über längere Zeit nicht klar war, welches sich durchsetzen würde. Am deutlichsten war dies bei der Beleuchtungstechnik. Zunächst befand sich das elektrische Licht in Substitutionskonkurrenz zum Gaslicht, dann konkurrierten Bogen- und Glühlicht miteinander.

Werner von Siemens hatte zunächst stark auf das Bogenlicht gesetzt, zu dem Siemens & Halske eigene Entwicklungsarbeit geleistet hatte. Mit der Differentiallampe hatte Friedrich von Hefner-Alteneck das von dem in Paris lebenden Russen Jablochkoff zur Marktreife gebrachte Bogenlicht nochmals verbessert. Siemens & Halske hatte vor dieser Weiterentwicklung 1878 bereits mit der von Jablochkoff gegründeten Société Générale d'Electricité verhandelt, um für Deutschland das Recht zu erwerben, Bogenlampenanlagen nach dem Jablochkoff-Prinzip zu installieren. Auch in Frankreich selbst wollte Siemens & Halske gerne wieder tätig werden und erneut eine Filiale eröffnen, um in den

Bild 72
Fahrbare elektrische Beleuchtungsanlage, 1873

vollen Genuß des französischen Patentschutzes zu kommen. Nach der Erfindung von Hefner-Alteneck kamen Werner von Siemens zwar Zweifel, ob ein Vertrag mit der Société noch sinnvoll sei, schloß aber Mitte des Jahres 1878 doch noch einen Vertrag, der der französischen Gesellschaft die Hälfte des Installationsverdienstes sicherte und Siemens & Halske in der Preisgestaltung an ihre Vorgaben band. Der Erfolg der Hefnerschen Differentiallampen bewog Werner von Siemens allerdings, schon bald wieder auf Distanz zur Jablochkoff-Gesellschaft zu gehen, obwohl diese sich Anfang 1879 bereit erklärt hatte, statt mit Gramme-Maschinen fortan mit Maschinen von Siemens & Halske zu arbeiten.

Werner von Siemens wollte sowohl mit der Lampenproduktion als auch mit dem Bau von Generatoren für Beleuchtungsanlagen gerne in das Geschäft einsteigen. Eine erste Versuchsinstallation von Bogenlampen in Berlin 1879 verlief erfolgreich und sicherte dem Unternehmen auch Anschlußaufträge. Dabei wurden noch keine Elektrizitätszentralen eingerichtet, sondern für jedes Projekt gesondert Generatoren geliefert. Eine Finanzierung über Betriebsgesellschaften erübrigte sich damit vorerst.

Konkurrenz im Starkstromgeschäft

Die mit großem Werbeaufwand erfolgte Präsentation des von Edison entwickelten Glühlichtes 1881 in Paris kündigte jedoch das Ende der Bogenlichtära an. Dieser Entwicklung konnte sich schließlich auch Werner von Siemens nicht verschließen, obwohl er sich anfangs abwertend über das Glühlicht geäußert hatte.[138]

Thomas Alva Edison verwertete seine Erfindung hauptsächlich über Lizenzverträge. Als Patentverwertungsgesellschaft für Europa existierte in New York die Edison Electric Light of Europe Co., die wiederum als Muttergesellschaft vier europäische Tochterfirmen besaß:

***Bild** 73*
Internationale Elektrizitätsausstellung in Paris, 1881

Die Edison Electric Light Co. in London hatte das Patentverwertungsrecht für England, die Compagnie Continentale Edison in Paris die Rechte für das übrige Europa. Aufgabe der Société Electrique Edison war die Errichtung von Zentralstationen, während schließlich die Société Industrielle et Commerciale Edison mit der Herstellung von Lampen, Maschinen und anderem Zubehör befaßt war. Die letzteren Gesellschaften hatten ebenfalls ihren Sitz in Paris.

Auf der Internationalen Elektrizitätsausstellung in Paris 1881 hatte das Glühlicht Emil Rathenau (1838–1915) so nachhaltig überzeugt, daß er sich in Deutschland stark für die Gründung einer Gesellschaft zur Verwertung des Edisonlichts einsetzte. Mit Hilfe verschiedener Bankhäuser gelang es Rathenau 1882, eine Studiengesellschaft ins Leben zu rufen, die sich zunächst nur mit Erprobungen und Entwicklungen auf dem Gebiet der elektrischen

Bild 74
Elektrische Beleuchtung der Börse in London durch Bogenlampen von Siemens, 1881

Beleuchtung befassen sollte. Schon kurze Zeit später sollte jedoch die Studiengesellschaft in ein neu zu gründendes Unternehmen überführt werden, das die Edison-Lizenzen für Deutschland nutzen sollte. Zu den Gründungsverhandlungen wurde auch Werner von Siemens eingeladen, da man das neue Unternehmen nicht gleich in einen Gegensatz zu Siemens & Halske bringen wollte. Werner von Siemens sah die im März 1883 gegründete »Deutsche Edison-Gesellschaft für angewandte Elektricität« (DEG), die sich zunächst auf die Verwertung von Edisons Glühlampenpatenten stützte[139], in erster Linie als Abnehmerin von S&H-Produkten, die für Siemens als eine »Installationsagentur« arbeiten sollte.[140]

Mit der Gründung der »Deutschen Edison-Gesellschaft für angewandte Elektricität« – ab 1887 »Allgemeine Elektricitäts-Gesellschaft« (AEG) – durch Emil Rathenau war Siemens & Halske erstmals ein ernstzunehmender Konkurrent erwachsen, mit dem man jedoch zunächst auf vertraglicher Basis kooperierte, da Werner von Siemens diese Gründung im wesentlichen als ein Finanzierungsinstitut und weniger als einen potentiell gefährlich werdenden Konkurrenten betrachtete.[141]

Diese Vorstellung erwies sich allerdings als völlige Fehlkalkulation. Emil Rathenau war keineswegs bereit, die ihm zugedachte Rolle zu übernehmen und versuchte schon nach kurzer Zeit, das Image seiner Gesellschaft als einer Installationsagentur für Siemens & Halske abzuschütteln. Er begann eine aggressive Wachstumspolitik, die mit der Betriebsübernahme der Berliner Elektrizitätswerke begann

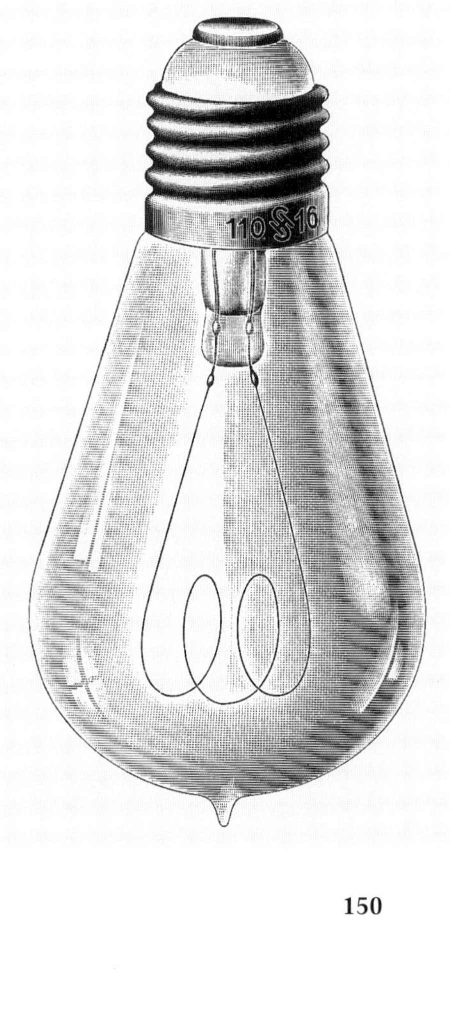

Bild 75
Kohlefadenlampe von Siemens & Halske

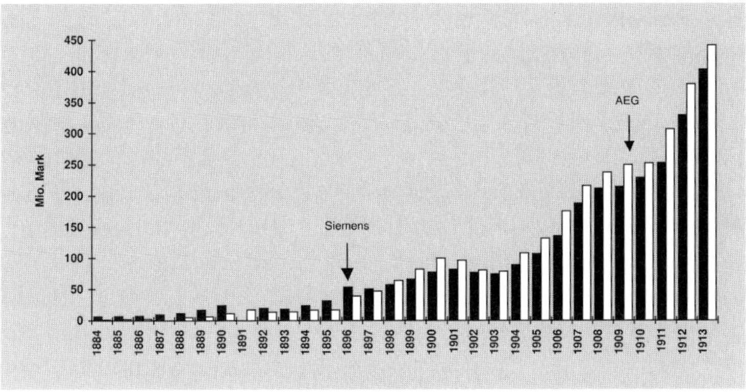

Graphik 13
Umsatzentwicklung von Siemens & Halske und der DEG/AEG[142]

und sich mit einer Expansion in nahezu alle Bereiche der Elektrotechnik fortsetzte.

Diese Entwicklung wurde dadurch begünstigt, daß die Unternehmenspolitik von Siemens & Halske stärker am technischen als am betriebswirtschaftlichen Optimum sowie mit einer vorsichtigen Expansion nicht zuletzt an den Interessen und Möglichkeiten der Eigentümerfamilie orientiert war.[143]

Neben der AEG entwickelte sich die 1873 von Sigmund Schuckert (1846–1895) gegründete Firma Schuckert & Co. von einem kleinen Spezialunternehmen für den Bau von elektrischen Maschinen und Scheinwerfern zu einem starkstromtechnischen Unternehmen mit Weltgeltung.[144] 1883 produzierte Schuckert bereits 233 Dynamomaschinen und über 1000 Bogenlampen. 1887 begann man mit dem Bau der ersten Zentralstationen. Sicher hatte Sigmund Schuckert nicht den weiten Horizont und die Fähigkeit abstrakten Denkens wie Werner von Siemens, nicht den geschäftlichen Mut Emil Rathenaus und auch nicht die Cleverness Thomas Alva Edisons, bei dem er am Anfang seiner beruflichen Laufbahn gearbeitet hatte, doch zeichneten ihn technisches Verständnis und der Blick für die Möglichkeiten des Marktes aus.

In den 1880er Jahren gehörte Schuckert & Co. neben Siemens & Halske zu den herausragenden Großfirmen. In den 1890er Jahren setzte die von Schuckert gegründete Firma, die 1888 in eine Kommanditgesellschaft und 1893 in die Elektrizitäts-AG vorm. Schuckert & Co. (EAG) umgegründet wurde[145], mit insgesamt 120 Einrichtungen mehr Zentralen in Betrieb als Siemens & Halske und die AEG zusammen.[146]

Auf die veränderte Marktsituation versuchte Werner von Siemens mit der Bildung von Kapitalgesellschaften, die

Bild 76
Sigmund Schuckert (1846–1895), 1872

Siemens & Halske weiterhin den Absatz ihrer Produkte garantieren sollten, zu reagieren. Es gelang ihm jedoch nicht, deutsche Banken oder Finanziers für eine Gesellschaft mit dem Namen »Deutsche Elektrizitätswerke« zu gewinnen, die den Bau von Zentralstationen im Ausland betreiben sollte und an der Siemens & Halske sich mit einer Million Mark beteiligen wollte. Die Unternehmenspolitik Rathenaus, sich an Beleuchtungsgesellschaften zu beteiligen, erwies sich als erfolgversprechender, so daß Siemens & Halske im Beleuchtungsgeschäft in der zweiten Hälfte der 1880er Jahre immer mehr an Boden verlor.

Ähnlich wie auf dem Starkstromgebiet kam es auch auf dem Gebiet des Nachrichtenwesens nach der Einführung des Fernsprechverkehrs durch die Reichspost zur Gründung von Konkurrenzunternehmen für Siemens & Halske, eine Entwicklung, die von der Reichspost im Interesse eines verstärkten Wettbewerbs und in der Hoffnung auf bessere Bezugsbedingungen nachhaltig gefördert wurde. 1879 entstand die Firma Mix & Genest, wenige Jahre später wurde die Vorläuferfirma der späteren Deutsche Telephonwerke und Kabelindustrie AG gegründet.[147]

Finanzierung und Bau von elektrischen Bahnen und Elektrizitätswerken

Schwierigkeiten traten auch bei der Finanzierung elektrischer Eisenbahnen auf, die eine Lieblingsidee von Werner Siemens waren. Schon 1867, kurz nach seiner Entdeckung des dynamoelektrischen Prinzips, hatte er die Idee elektrischer Straßenbahnen verfochten, die ihm neben der Verwendung im Bergbau als ein vielversprechendes Einsatzfeld für elektrische Bahnen erschienen. Auf der Berliner Gewerbeausstellung 1879 präsentierte Siemens & Halske die erste elektrische Lokomotive mit einem Wagenzug. Obwohl sie sich eines großen Publikumsinteresses erfreuen konnte, blieb der Absatz elektrischer Bahnen sehr schwie-

***Bild** 77*
Elektrische Bahn von Siemens & Halske auf der Berliner Gewerbeausstellung, 1879

rig. Ein technisches Problem stellte die Stromzuführung dar, die durch eine Mittelschiene erfolgte, so daß viele Projekte sich wegen der Sicherheitsbedenken kommunaler Behörden zerschlugen. Der Stromabnehmer mit Stange und Kontaktrolle wurde erst Mitte der 1880er in den USA von Frank Sprague entwickelt, der damit durchschlagenden Erfolg hatte.

Ein weiteres Problem lag in der Finanzierung. Obwohl Siemens & Halske bereit war, sich wie im Telegraphengeschäft an Betriebsgesellschaften für elektrische Bahnen zu beteiligen, fand man nur selten Finanzierungspartner. Bemühungen von Werner von Siemens, die Deutsche Bank für die Gründung einer »Deutsch-Österreichischen Bahngesellschaft« zu gewinnen, die als Finanzierungsgesellschaft der Firma Siemens & Halske den Bau elektrischer Straßenbahnen ermöglichen sollte, blieben ohne Erfolg, obwohl Siemens & Halske sich an dieser Gesellschaft

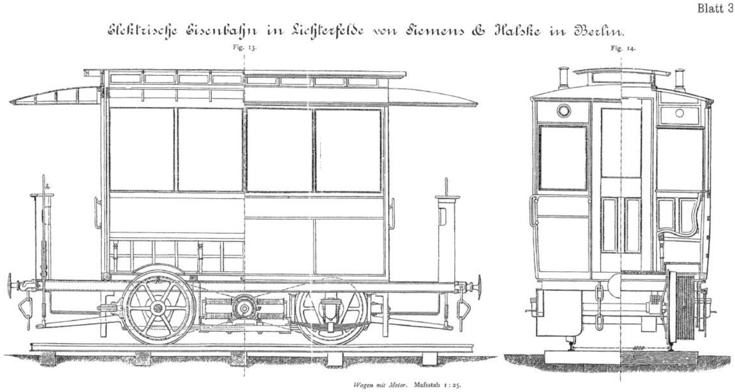

***Bild** 78*
Erste elektrische Straßenbahn der Welt von Siemens & Halske, Lichterfelde bei Berlin, 1881

selbst beteiligen und ihr den Ertrag der Siemensschen Eisenbahnpatente für Deutschland, Österreich, Italien und eventuell für Rußland überschreiben wollte.

Die bei diesem Projekt sich deutlich zeigenden Finanzierungsprobleme waren noch viel gravierender, wenn es um die Elektrifizierung einzelner Städte oder Stadtteile ging. Nachdem in den 1880er Jahren die Grundlagen der Starkstromtechnik ausgebildet worden waren und sich die Dynamomaschine im Dauerbetrieb bewährt hatte, sah die Elektroindustrie die Voraussetzungen als gegeben an, ganze Städte mit Hilfe von Block- und Zentralstationen zu elektrifizieren. Die Unternehmen mußten aber bald erkennen, daß zur Verwirklichung ihrer weitreichenden Pläne neue Geschäftsformen notwendig waren. Gerade in der Elektroindustrie fiel der Angebotsseite bei der Umsetzung des technischen Fortschritts die autonome Aufgabe zu, in Anlehnung an die erfinderischen Möglichkeiten technologisch fortschrittliche Güter bereitzustellen, die der Nachfrageseite ihren latenten Bedarf bewußt machten. Für fast alle grundlegenden Neuerungen mußte erst unter schwierigen Bedingungen ein Markt aufgebaut werden, da die Elektrizität an sich kein Verbrauchsobjekt ist. Die Stadtverwaltungen hielten sich wegen der Neuheit der Elektrizität, der fehlenden Erfahrungen über ihre wirtschaftlichen Auswirkungen und der Interessen in den städtischen Gaswerken noch mit der Auftragserteilung zurück und waren lediglich bereit, Genehmigungen für elektrische Anlagen zu erteilen.[148] Wenn die Elektroindustrie ihren Absatz steigern wollte, mußte sie daher wegen der noch weithin verbreiteten Skepsis gegenüber ihren Produkten und Möglichkeiten bei der Vermarktung andere Wege als die älteren Industriezweige beschreiten und zunächst auch in der Funktion von Elektrizitätsversorgungsunternehmen tätig werden. Wegen der beim Bau von Elektrizitätswerken beträchtlichen, langfristig gebundenen Mittel sah man die Einschaltung einer von der Fabrikation getrennten, aber doch von der Muttergesellschaft beeinflußten Finanzierungs- und Betriebsgesellschaft als geeignete Lösung des Finanzierungsproblems an.[149]

Die bei der Gründung der AEG erst in Ansätzen erkennbare Tendenz, den Absatz dadurch zu steigern, daß ein Elektrounternehmen gleichzeitig als Hersteller von elektrischen Einrichtungen, als Elektrizitätslieferungsunternehmen und als Finanzierungsgesellschaft fungierte, wurde zunehmend von anderen Firmen aufgegriffen, nachgeahmt und im gegenseitigen Wettbewerb übersteigert. Dieses sogenannte Unternehmergeschäft, das sehr hohe Anforderungen an die Kapitalausstattung der Elektrounternehmen stellte, versprach wegen des erwarteten wachsenden Stromverbrauchs sehr hohe Erträge.[150] Gefördert durch die im Unternehmergeschäft steckenden Möglichkeiten, stieg die Zahl der in Deutschland vorhandenen Elektrizitätswerke in den Jahren 1895 bis 1900 von 180 auf 774, die Zahl der elektrisch betriebenen Bahnen von 47 auf 156.[151]

Bei der Abwicklung der Geschäfte lief letztlich alles darauf hinaus, daß die Elektrounternehmen die Lieferungen dem Abnehmer zunächst kreditierten, sich in Wertpapie-

Bild 79
Erste Elektrizitäts-Zentrale in Berlin, Markgrafenstraße, 1885

ren bezahlen ließen und diese dann mit Gewinn abstießen. Wenn alles nach Wunsch lief, verdiente die Elektroindustrie zunächst an den Lieferungen, dann an den Wertpapieren und häufig noch an der Verwaltung der neugeschaffenen Elektrizitätsunternehmen. Nicht alle Unternehmen beherrschten ein so kompliziertes und risikoreiches Finanzierungsgeschäft mit der gleichen Sicherheit. Schwerwiegende Verluste zwangen daher viele Unternehmen unter den beherrschenden Einfluß der Banken oder zu einem Zusammengehen mit anderen, meist größeren Partnern.[152]

Bau und Finanzierung der elektrischen Straßenbahnen erfolgten in ähnlicher Weise wie bei den städtischen Zentralen. Für den Absatz ihrer elektrischen Bahnen warben die Brüder Siemens im In- und Ausland. Auf der Internationalen Elektrizitätsausstellung 1881 in Paris und auf der Allrussischen Industrieausstellung 1882 führten sie elek-

Bild 80
Elektrische Straßenbahn von Siemens anläßlich der Pariser Elektrizitätsausstellung von 1881

trische Bahnen vor, ohne zunächst einen größeren geschäftlichen Nutzen aus diesen Maßnahmen zu ziehen. Insgesamt wurden in den 1880er Jahren nur drei elektrische Straßenbahnen wirklich gebaut und dem Verkehr übergeben. 1882 baute Siemens & Halske für die Österreichische Südbahn-Gesellschaft eine Bahn auf der Strecke Mödling–Vorderbühl, im selben Jahr für das Bankhaus Weimann eine Bahn auf der Strecke Frankfurt–Offenbach. Als die Entwicklung des Bügelstromabnehmers durch den Siemensingenieur Walter Reichel (1867–1937) 1889 ein wichtiges konstruktives Problem gelöst hatte, stiegen die Investitionen in den öffentlichen Nahverkehr rasch an.[153] 1891 gab es in drei Städten elektrische Straßenbahnen; 1896 waren es schon 42 Bahnen mit einer Streckenlänge von 582 km und 1903 betrug das elektrische Nahverkehrsnetz 3692 km in 134 Städten.

Bild 81
Walter Reichel
(1867–1937)

Die Ausbreitung des sogenannten Unternehmergeschäftes mit seinen großen Möglichkeiten, aber auch Risiken, und die Zurückhaltung von Siemens & Halske gegenüber diesem Geschäft haben in den 1890er Jahren das rasche Wachstum neu gegründeter, risikobereiter Unternehmen begünstigt.[154] Siemens & Halske hat eine Generalunternehmerschaft beim Bau von Kraftwerken im allgemeinen im Hinblick auf die damit verbundenen Risiken und den verhältnismäßig geringen Anteil der eigenen Lieferungen nur ungern übernommen, zumal erhebliche finanzielle Mittel der Firma gebunden worden wären. Eine eigene Gesellschaft zum Bau dieser Zentralen zu gründen widerstrebte Werner von Siemens. Er wollte primär Erbauer der Anlagen und Fabrikant der dazu nötigen Maschinen und Geräte sein, nicht aber als Investor auftreten. Gegenüber seinem Bruder Wilhelm äußerte er einmal:

AUSGEGEBEN DEN 4. OCTOBER 1890.

KAISERLICHES PATENTAMT.

PATENTSCHRIFT

— № 53783 —

KLASSE 20: EISENBAHNBETRIEB.

SIEMENS & HALSKE IN BERLIN.

Stromabnahme für elektrische Bahnen mit oberirdischer Stromzuführung.

Patentirt im Deutschen Reiche vom 16. October 1889 ab.

Die vorliegende Erfindung bezieht sich auf diejenigen elektrischen Bahnen, bei welchen eine oberirdische Stromzuführung vorhanden ist, also ein Leitungsseil oder Leitungsdraht über das Geleise der Bahn ausgespannt und der Strom dadurch abgenommen wird, dafs Stromschlufsvorrichtungen von unten an diesem Seil oder diesem Draht schleifen. Bei dieser Art von Stromzuführung und Stromabnahme macht sich der Uebelstand bemerkbar, dafs bei der bald wachsenden, bald abnehmenden Entfernung zwischen dem Wagen und der elektrischen Leitung die den Strom abnehmenden Contactstücke eine bald mehr, bald weniger geneigte Lage erhalten und infolge dessen die Regelmäfsigkeit in der Stromabnahme beeinträchtigt wird.

Durch die im Nachstehenden beschriebene Anordnung wird dieser Uebelstand dadurch beseitigt, dafs die stromabnehmenden Theile, welche in senkrechter — oder je nach der Beschaffenheit und Stellung dieser stromabnehmenden Theile in geneigter — Lage an einem gemeinsamen waagrechten Träger befestigt werden, welcher bei der wachsenden Entfernung zwischen dem Gefährt und der elektrischen Leitung durch eine geeignete Parallelführung stets in der waagrechten Lage erhalten wird.

Bei dem in den Fig. 1 und 2 der beiliegenden Zeichnung dargestellten Ausführungsbeispiel ist diese Anordnung in ihrer Anwendung auf mit den Wagenachsenlagern unmittelbar, aber elektrisch isolirt in Verbindung stehenden Stromabnehmern dargestellt.

In den Fig. 1 und 2 ist *C* ein an den Wagenachsenlagern befestigtes Querstück, welches die senkrecht nach aufwärts gerichteten Stangen *B* trägt, die ihrerseits wiederum zur Aufnahme der bei *F* drehbar angebrachten und durch eine Querstange *E* verbundenen Stangen *A* dienen, welche durch geeignet angebrachte Federn immer wieder in die senkrechte Stellung zurückgedrückt werden. *a b* sind Stromschlufsstücke oder stromabnehmende Theile, welche an mit der Zugstange *E* fest verbundenen Stangen *c d e f* sitzen und sich behufs Zuführung des elektrischen Stromes an die über dem Fahrzeug liegende Leitung anlegen. Es entsteht dadurch ein bewegliches Parallelogramm *g h i k*, durch welches die Stromabnehmer in allen Fällen die senkrechte Stellung erhalten.

Bei der in den Fig. 3 und 4 dargestellten Anordnung sind die Stromabnehmer nicht an Wagenachsenlagern, sondern an dem Wagengestell selbst, jedoch elektrisch von demselben isolirt befestigt.

Bei beiden Anordnungen befinden sich die an der Zugstange *E* befestigten stromabnehmenden Theile oder Stromschlufsstücke *a b* stets mit ihrer oberen Fläche in Berührung mit der elektrischen Leitung, so dafs die Kraftmaschine des Fahrzeuges fortwährend mit einem ununterbrochenen Strom gespeist wird.

PATENT-ANSPRUCH:

Ein Stromabnehmer für elektrisch betriebene Bahnen mit oberirdischer Stromzuführung, bestehend aus einem eine Parallelogrammführung

Bild 82

Patentschrift zum Bügelstromabnehmer von Walter Reichel, 1889

bildenden Gestänge, welches entweder direct von den Wagenachsenlagern (Fig. 1 und 2) oder auch von dem Wagengestell (Fig. 3 und 4) — von denselben elektrisch isolirt — getragen und durch Federkraft stets nach aufwärts gedrückt wird, wobei die einzelnen stromabnehmenden Theile oder Stromschlufsstücke an der oberen waagrechten Querverbindung des Parallelogramms befestigt sind, so dafs dieselben auch bei wechselnder Entfernung zwischen der elektrischen Leitung und den Wagenachsen bezw. dem Wagengestell stets in derselben Lage und in steter Berührung mit der Leitung erhalten werden.

Fig. 1.

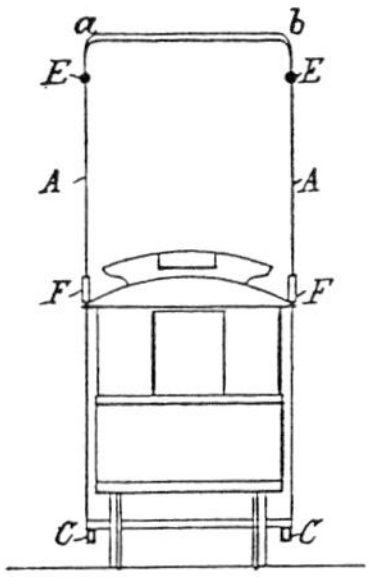

Fig. 2.

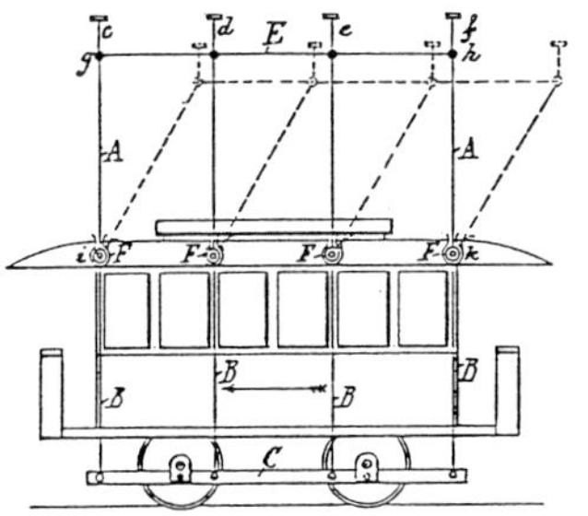

Fig. 3.

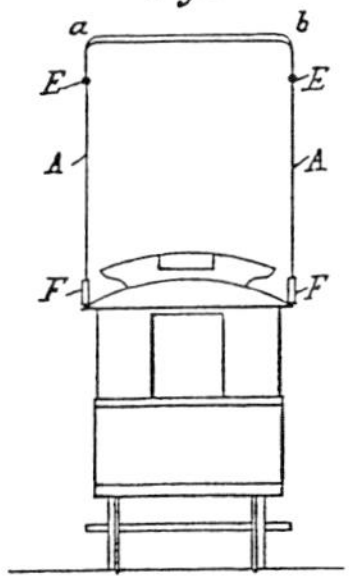

Fig. 4.

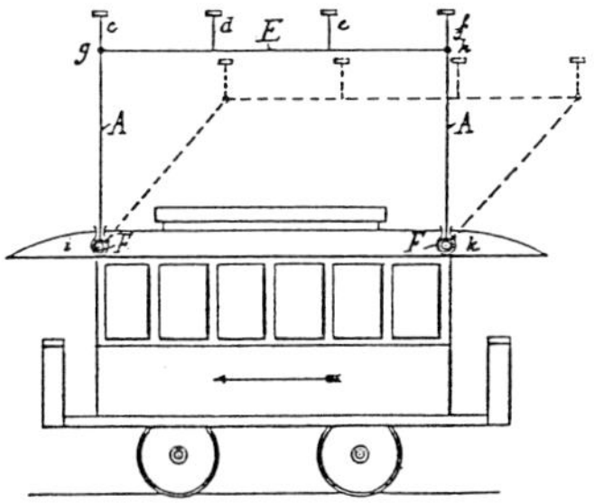

»Lieferungen bilden den soliden Boden des dauernden Geschäfts, während Unternehmungen nur bei besonders günstigen Chancen ersprießlich sind. Ein reines Unternehmergeschäft verlangt junge, waghalsige Chefs, die immer bereit sind, ihre Existenz an die Durchführung eines großen Geschäfts zu setzen. Es ist daher stets vorübergehend in Blüte. Ein Fabrikations- und Lieferungsgeschäft kann Generationen überdauern, und das ist mehr mein Geschmack.«[155]

In der stürmischen, oft spekulativen, durch die vielfache Überzeichnung von Aktien gekennzeichneten Entwicklung der 1890er Jahre entstanden mit der Union Elektricitäts-Gesellschaft, einem Ableger der Thomson-Houston Company[156], dem »Helios«, der Actiengesellschaft vorm. O. L. Kummer und der Elektricitäts-Actien-Gesellschaft W. Lahmeyer & Co. daher weitere Großunternehmen, deren Zahl sich vor der Jahrhundertwende in Deutschland auf sieben belief.[157]

Mit der relativ schmalen Kapitalbasis eines Familienunternehmens war Werner von Siemens in den 1880er Jahren nicht mehr in der Lage, auf dem Kapitalmarkt gegenüber einer Aktiengesellschaft wie der DEG (später AEG) Rathenaus erfolgreich zu konkurrieren.[158] Daher nützten ihm auch der technische Vorsprung seines Unternehmens gegenüber der Konkurrenz und sein persönlich hohes Renommee als Autorität in der Elektrotechnik nichts.

Vertretergeschäft

Während grundlegende Veränderungen der Gesamtorganisation des Hauses Siemens erst nach der Jahrhundertwende erfolgten, mußte das Vertriebssystem schon sehr viel früher in einer Weise angepaßt werden, die sich aus den Entwicklungsstadien des Unternehmens ergaben. In den ersten Jahrzehnten bestand keine Veranlassung, eine Außenvertriebsorganisation zu schaffen. Der Verkauf der Telegraphenapparate erfolgte an Behörden, die mit Siemens & Halske in unmittelbarer Verbindung standen. Die Zentralisierung des gesamten inländischen Vertriebs in Berlin war für Siemens so lange möglich, wie der Kundenkreis relativ klein war.

Seit der Geschäftsreform 1868 mußte Werner von Siemens eine neue Absatzpolitik verfolgen. Die Vergrößerung des Geschäfts und die Verbreiterung des Produktspektrums machten es unmöglich, allein durch persönlichen Einsatz und durch Kontakte der Brüder Aufträge zu erhalten, wie dies bei der Lieferung von Telegraphenlinien und Zubehör in den ersten Jahren noch möglich gewesen war. Mit dem Einstieg in das Starkstromzeitalter wurde der Aufbau einer Vertriebsorganisation notwendig.

Mit dem Verkauf von Dynamomaschinen und Bogenlampen, später auch mit der Installation kompletter Anlagen, beauftragte man Vertreter, während sich die Familienmitglieder weiterhin die Verhandlungen mit Behörden und das gesamte Schwachstromgeschäft vorbehielten. In der zweiten Hälfte der 1870er Jahre wurden die ersten Vertreter von Siemens & Halske zum Vertrieb ihrer Erzeugnisse in Deutschland und im europäischen Ausland eingeschaltet. Die Vertreter waren meist an dem betreffenden Ort ansässige Ingenieure, zum Teil frühere Telegrapheningenieure, die sich vor allem dem neuen Gebiet der Starkstromtechnik zugewandt und Ingenieurbüros errichtet hatten. In der Hauptsache bestand ihre Aufgabe im Verkauf und der Installation von Dynamomaschinen und elektrischen Bogenlampen, später auch in der Einrichtung vollständiger Glühlichtanlagen. Nur in Einzelfällen bezog sich ihre Tätigkeit nach Vereinbarung mit Siemens & Halske auch auf den Vertrieb der Erzeugnisse anderer Abteilungen. Das Vertreternetz erstreckte sich zunächst auf das Deutsche Reich, bald aber auch auf das europäische Ausland. Allerdings wurde das Vertreternetz im Ausland nie besonders dicht. In einer Liste vom 2. März 1880 werden außer den Häusern in St. Petersburg, London, Paris und Wien Auslandsvertreter für Siemens & Halske nur in Rom, Zürich, Brüssel und Den Haag aufgeführt.[159]

Das Verhältnis zu diesen Vertretern war nicht frei von Spannungen. Ein Hauptproblem für Werner von Siemens bestand darin, qualifizierte Leute zu gewinnen, die die erforderlichen technischen Kenntnisse mitbrachten, um beratend tätig werden zu können. Der Vertreter im Ausland sollte möglichst auch in der Lage sein, Installation und Wartung von Anlagen auszuführen, mußte also in seinem Zuständigkeitsgebiet ein Ingenieurbüro haben und möglichst ein Fachmann für Elektrotechnik sein. Je weiter nun das Absatzgebiet von Berlin entfernt lag, desto mehr mußte der Vertreter diesen Anforderungen entsprechen. Werner von Siemens scheute sich nicht, Bewerber um Vertretungen abzuweisen, wenn sie seinen Anforderungen nicht zu genügen schienen. So schrieb er bei den Vehandlungen über eine Vertretung in Japan 1884:

»Im allgemeinen ist unsere Fabrikation zu mannigfaltig und zu kompliziert, dass eine allgemeine Vertretung in einem fernen Lande sich erfolgreich erweisen könnte. Viele in dieser Hinsicht gemachten Versuche haben sich als verfehlt erwiesen. Unsere Waren sind keine eigentlichen Handelsartikel, mit deren Verkauf das Geschäft getan ist. Zur Einführung unserer Produkte gehört in erster Linie technisches Verständnis. Durch Instruktion läßt sich dieses nicht ersetzen. Um unsere Produkte richtig empfehlen zu können, muss man ihre Vorzüge verstehen, also überhaupt das entsprechende Fach vollständig beherrschen. ... Nur eine Ingenieurfirma – vielleicht und am besten in Verbindung mit einer kommerziellen – würde unsere Vertretung mit Erfolg aufnehmen können.«[160]

Priorität hatte für Werner von Siemens das Firmenrenommee, von dem er sich eine hohe Werbewirkung und Folgeaufträge versprach. Um dem Ruf der Firma gerecht werden zu können, war vor allem die Kompetenz wichtige Voraussetzung für eine Zusammenarbeit mit Siemens & Halske. Dem Firmengründer erschien es im Interesse der Produktqualität und des guten Rufs im Zweifel besser, auf einige Vertretungen und damit Geschäfte zu verzichten, als Kompromisse einzugehen. Diese Entscheidung war ähnlich grundsätzlicher Art wie die Devise der frühen Jahre, den Wettbewerb nicht über den Preis, sondern über die Qualität zu bestehen.

Als Gegenleistung für diese hohen Erwartungen bot Siemens & Halske nicht viel. Die Vertreter, die verpflichtet waren, ausschließlich Erzeugnisse von Siemens & Halske zu vertreiben, mußten auf eigenes Risiko arbeiten; die Firma übernahm weder Garantien, noch bot sie irgendwelche Unterstützungen. Geliefert wurde nur auf feste Bestellungen hin, wobei der Besteller alle Kosten für Fracht und Assekuranz ab Berlin zu tragen hatte. Dem Vertreter räumte man für seine Bemühungen eine Provision von 10% auf den Bruttoverkaufsbetrag ein, die jedoch erst bei Eingang der Fakturbeträge fällig wurde. Nicht zuletzt diese vergleichsweise geringe Provision führte dazu, daß die auf eigene Rechnung arbeitenden Vertreter häufig Installations- und andere Materialien nicht bei Siemens & Halske, sondern bei billigeren Bezugsquellen kauften.

Die Vertreter gerieten daher fast zwangsläufig in Interessenkonflikte mit der Firma. Im Unterschied zu den Familienmitgliedern und den langjährigen Angestellten, die bis zum Aufbau eines Vertreternetzes größere Aufträge ausgehandelt und ausgeführt hatten, waren die Vertreter nicht durch Familien- oder andere Loyalitäten an die absatzpolitischen Vorstellungen von Werner von Siemens gebunden.

Es ist erstaunlich, daß Werner von Siemens, der bei seinen leitenden Angestellten, aber auch bei den Arbeitern viel für den Aufbau und Erhalt einer festen Bindung an das Unternehmen tat, diesen Aspekt beim Aufbau des Vertriebssystems völlig vernachlässigte. Bis 1885 wurden die Vertragsbedingungen mit den Vertretern nicht einmal einheitlich festgelegt. Erst 1885 wurden einheitliche Richtlinien ausgearbeitet, von denen aber gerade im Auslandsgeschäft öfter abgewichen wurde. So galt mit dem belgischen Vertreter Edouard Rau in Brüssel ein gesonderter Vertrag, den Rau nach langen Querelen 1882 auf zehn Jahre abgeschlossen hatte.[161]

Gerade der Fall Rau zeigt die spezifischen Schwierigkeiten, die aus diesem Vertriebssystem erwuchsen. Rau war seit November 1871 ohne einen formellen Vertrag für Siemens & Halske tätig gewesen und hatte gelegentlich mit sehr unregelmäßigem Umsatz Geschäfte vermittelt. Da er nach seiner eigenen Einschätzung hauptsächlich aus Interesse für die elektrotechnischen Produkte und aus Wertschätzung für Werner von Siemens tätig geworden war, nahm Rau das Ansinnen, das Verhältnis vertraglich zu regeln, übel. So schrieb er am 24. Januar 1882 an die Geschäftsleitung:

»Gewisse Verhältnisse im Geschäftsleben entwickeln sich und modulieren sich nach den Personen und Umständen und deren gibt es einige, die weniger wie andere in alltägliche kaufmännische handelsgesetzliche Formen passen. Dazu gehört auch das Verhältnis, in welchem zu Ihnen zu stehen ich die Ehre habe und wenn Ihnen meine Person nicht conveniert hätte und ich nicht eine, Jahre lang interessenlose, Liebhaberei an Ihrem Geschäft bethätigt, was mir glücklicherweise meine Verhältnisse gestatteten, so wären wir wahrscheinlich heute gar nicht in der Lage, nach Formen zu suchen, in die wir uns selbst hineinzwängen wollen.«[162]

Der Vertrag, in den Rau schließlich einwilligte und der ihm die Alleinvertretung für Belgien, die Wahrung der dortigen Patentrechte und eine Provision von zehn Prozent zusicherte, ihm sonst aber keine besonderen Abweichungen zugestand, konnte dann auch die Spannungen zwischen der Zentrale und ihrem Vertreter nicht ausräumen. Nach Ablauf des Vertrags 1892 trennte man sich in allgemeiner Mißstimmung.

Werner von Siemens zeigte sich auch gegenüber langjährigen Geschäftspartnern nicht zu größerem Entgegenkommen bereit. So war er zum Beispiel nicht gewillt, Carlo Moleschott, der seit 1881 mit wechselnden Partnern Vertreter für Siemens & Halske in Italien war, 1890 zur Überbrückung seiner momentanen Schwierigkeiten ein Fixum oder irgendwelche Sonderkonditionen zu gewähren. In einem sehr freundlich gehaltenen Brief erklärte Werner von Siemens ohne Umschweife, Moleschott könne eben bessere Ergebnisse nur mit höheren Umsätzen erzielen. Siemens & Halske sei nicht damit gedient, ihrem Vertreter ein Fixum zu zahlen.[163]

Die geringe Bereitschaft, einerseits für die Absatzorganisation irgendwelche Kosten zu tragen, und die geringen tatsächlichen Kontrollmöglichkeiten der Zentrale besonders gegenüber den Vertretern im Ausland andererseits führten zu einem generell schlechten Klima. Anlaß für Streitigkeiten zwischen der Berliner Zentrale und den Vertretern waren regelmäßig Reklamationen der Kunden über mangelhaft ausgeführte Installationen. Wenn sich eine Anlage als nicht betriebstüchtig erwies, kam es häufig zu gegenseitigen Schuldzuweisungen zwischen Siemens & Halske und dem Vertreter. Während der Vertreter den Standpunkt vertrat, daß Mängel der gelieferten Teile an der Funktionsuntüchtigkeit schuld seien, argumentierte das Unternehmen, daß ein Montagefehler vorliege. Dies hatte zur Folge, daß Kunden mehrfach nur bereit waren, direkt mit der Berliner Zentrale abzuschließen. Die Vertreter fühlten sich in diesem Falle natürlich um ihre Provision betrogen. Auch die »Allgemeinen Vertretervorschriften« von 1885 brachten hier keine grundsätzliche Verbesserung oder Kursänderung.

Obwohl ein Vertrieb über Vertreter vom Standpunkt der kaufmännischen Verwaltung für Siemens & Halske sehr bequem war, weil sie nur mit ganz wenigen Abnehmern zu verhandeln hatte und nur eine sehr geringe Anzahl von Konten in ihrer Buchhaltung zu unterhalten brauchte, wurden die Nachteile einer derartigen Vertriebsorganisation mit steigenden Umsätzen im In- und Ausland immer deutlicher. Diese lagen vor allem darin, daß Siemens & Halske auf den direkten Kontakt zum Kunden verzichtete, und bei den nicht immer kapitalkräftigen Vertretungen die zum Teil erheblichen Außenstände Risiken beim Zahlungseingang mit sich brachten. Besonders ungünstig wirkte sich der Vertrieb über Vertreter vom technischen Standpunkt aus. Da Siemens & Halske die Montage aus der Hand gab, war nicht unmittelbar festzustellen, wie sich die Erzeugnisse im Betrieb bewährten und ob es möglicherweise Mängel gab.

Im Vergleich zu Siemens & Halske waren die Absatzorganisationen der Mitbewerber fortschrittlicher. Die Nürnberger Firma S. Schuckert begann frühzeitig, einen in das Unternehmen integrierten Vertriebsapparat aufzubauen. Die DEG hatte sich kurzzeitig des S&H-Vertriebsapparates bedient, ging aber schon Mitte der 1880er Jahre unter Leitung von Felix Deutsch daran, eigene Technische Büros einzurichten. Diese Entwicklung wurde nach der Gründung der AEG verstärkt fortgesetzt: Man baute auch im Ausland ein zwar kostenintensives, dafür aber funktionsfähiges Distributions- und Wartungsnetz auf. Auch die amerikanische Konkurrenz betrieb eine wesentlich effizientere Marktbearbeitung. Sowohl Thomson-Houston als auch Westinghouse leisteten sich teuere Vertriebsstrukturen mit starker regionaler Streuung.[164]

Bereits um 1885 erkannte man bei Siemens & Halske, daß die Vertriebsorganisation von Vertretern auf eigene technische Büros umgestellt werden mußte, um im zunehmenden Wettbewerb mithalten zu können. Eigene technische Büros waren erforderlich, um den Abnehmern nicht nur als Verkäufer, sondern auch beratend und planend zur Seite zu stehen. In der Nähe zum Kunden gelegene Stützpunkte sollten gleichzeitig eine frühzeitige Akquisition von Aufträgen ermöglichen.[165] Erst nach dem Ausscheiden von Werner von Siemens aus der Firmenleitung ging man auch bei Siemens & Halske konsequent an den Aufbau eines in das Unternehmen integrierten Vertriebsapparates. Diese zweite Epoche in der Entwicklung des Vertriebs begann damit, daß man sich von den selbständigen Vertreterfirmen schrittweise löste, die bewährten Kräfte an sich zog und eigene Vertriebsorgane entwickelte, die den Namen »Technisches Büro« erhielten. Die Aufgabe dieser Geschäftsstellen des Außenvertriebs, die mit Ingenieuren besetzt wurden, bestand darin, den Markt zu beobachten

Bild 83
Technisches Büro von Siemens & Halske in München, errichtet 1890

und Aufträge so weit vorzubereiten, daß die Projekte dann im Stammhaus bearbeitet werden konnten. Im Laufe der Zeit wurden die einfacheren Angebote von den Technischen Büros selbst ausgearbeitet.[166] An die Stelle geschäftsvermittelnder Vertreterfirmen traten also sachverständige Berater, was auch durch die Bezeichnung »Technisches Büro« zum Ausdruck kommen sollte.

Eine erste Geschäftsstelle im Sinne eines Technischen Büros[167] wurde vom Wiener Werk 1890 in Wien selbst eingerichtet. Es hatte ähnliche Aufgaben wie das Stadtbüro der Firma Schuckert in Nürnberg und sollte die Fabrik vom Kleingeschäft entlasten. Am 20. Januar 1890 wurde das erste Technische Büro von Siemens & Halske in Deutschland, und zwar in München, errichtet. Wenig später folgten die Zweigniederlassung in Mülhausen im Elsaß, Köln, Hagen, Frankfurt a. M. und Dresden. Von 1894 an wurde der Verkehrsabteilung der gesamte Vertrieb des Starkstromgeschäfts übertragen. Noch vor der Jahrhundertwende schuf auch das Wiener Werk an den entfernteren

Plätzen des österreichischen Raumes die ersten Technischen Büros. Bis 1914 entstanden 21 Vertretungen.[168] Die zeitliche Verzögerung im Aufbau der Vertriebsorganisation gegenüber der Konkurrenz trug mit dazu bei, daß Siemens & Halske seine Marktführerposition in den 1880er Jahren verlor.

Produktion im Ausland

Der Aufbau eigener Produktionsstätten im Ausland ist nach dem in der Forschung diskutierten Stufenmodell zur Entwicklung multinationaler Unternehmen die letzte Stufe der Auslandsorientierung und Internationalisierung. Bei Siemens & Halske erfolgte dieser Schritt in einigen Ländern bereits vor dem Aufbau einer eigenen Absatzorganisation. Vorreiter war das Geschäft in London, wo man mit dem Erwerb der Fabrik in Woolwich bereits 1863 mit einer eigenen Produktion begann.[169] Nach dem Ausbau des Kabelwerks in Woolwich 1873 und der Übernahme einer Guttaperchafabrik wuchs die Produktion in England stetig an, obwohl man auch nach der Aufgabe des Gesamtgeschäftes und der Gründung der Siemens Brothers & Co. Ltd. zum 1. Januar 1881 noch viele Apparate und anderes aus Berlin bezog. Über die dabei zu gewährenden Verrechnungspreise gerieten Berlin und London immer wieder in Streit. Auf ihrem Haupttätigkeitsfeld, der Herstellung und Verlegung von Seekabeln, wurde die Londoner Firma jedoch autark.

Ab 1883 nahm auch die 1879 aufgebaute Wiener Filiale, die bislang eine Reparatur- und Montagewerkstatt betrieben hatte, die eigene Produktion auf. Die Wiener Filiale hatte so große Aufträge im Bereich des Eisenbahnsicherungswesens erhalten, daß Berlin damit völlig überlastet war. Die Fabrikation wurde daher nach Wien ausgelagert. Wenig später nahm man in Wien auch Dynamomaschinen und Bogenlampen in das Fabrikationsprogramm auf. Der

Bild 84
Wiener Werk von Siemens an der Hainburger Straße nach 1900

Bau von drei Zentralstationen, die Siemens & Halske auf eigene Rechnung betrieb, ließ das Geschäft mit Beleuchtungsanlagen derart anwachsen, daß man schon 1887 eine erste Erweiterung der Fabrikanlagen vornehmen mußte. Nach dem Ausscheiden von Werner von Siemens wurde 1889/90 sogar eine neue Fertigungsstätte errichtet, in der auch eine Bleikabelfabrik untergebracht war. Zugleich erfolgte eine Reorganisation: Die Fertigungsstätten und Verwaltungen faßte man in zwei getrennte Einheiten, wobei Wien I vorwiegend die Fertigung übernahm, während die Aufgaben von Wien II in der Projektierung und in der Verwaltung der auf eigene Rechnung geführten Kraftzentralen bestanden.[170] Wichtig war Wien auch für den Verkauf elektrischer Straßenbahnen, wenngleich die Erfolge zu Lebzeiten von Werner von Siemens noch bescheiden blieben.

Das Geschäft mit Rußland erlebte seit der Rückkehr von

Bild 85

Elektrische Bahn von Siemens & Halske auf der Allrussischen Industrie- und Kunst-Ausstellung in Moskau, 1882

Carl Siemens 1880 nach St. Petersburg eine neue Blüte.[171] Trotz der schlecht verlaufenen 1870er Jahre war Siemens & Halske dort Marktführer, mußte allerdings im neuen Beleuchtungsgeschäft mit der Konkurrenz von Jablochkoff und der AEG rechnen.

Die Moskauer »Allrussische Ausstellung« im Jahre 1882 sollte Carl Siemens nach seiner Rückkehr die einmalige Gelegenheit bieten, dem Rußlandgeschäft wieder Auftrieb zu geben.[172] Siemens & Halske baute zu diesem Zweck eine elektrisch betriebene Bahn, um »dem russischen Publikum die Anwendung der Elektrizität zum Betrieb von Eisenbahnen« vorzuführen. Als nach außen hin sichtbaren Erfolg bei der Ausstellung erhielt Siemens & Halske für diese Leistung die höchste Auszeichnung, den kaiserlichen Doppeladler, den die Firma nun im Briefkopf führen durfte. Wesentlich wichtiger aber war der Prestigegewinn; es war

Bild 86
Das Apparatewerk von Siemens & Halske in St. Petersburg, errichtet 1882/83

gelungen, der Öffentlichkeit zu zeigen, daß Siemens & Halske wieder da war, dynamisch wie einst und mit dem Bestreben, die Entwicklung der Elektrotechnik in Rußland mit aller Macht voranzutreiben.

Im Jahr 1881 plante die russische Regierung, ein Doppelkabel von Odessa nach Sewastopol und von dort je eins nach Batum und Varna zu legen. Der Auftragswert aller Leitungen betrug 150000 bis 200000 £ oder 4 Millionen Mark. Obwohl die Regierung die Kabel »auf Pump gemacht haben«[173] wollte, war Siemens & Halske doch stärkstens daran interessiert, den Auftrag zu erhalten. Carl Siemens glaubte allerdings, daß die Kabel und die für die Zukunft noch zu erwartenden Aufträge aufgrund persönlicher Interessen des Beamten, der über die Vergabe entschied, an die konkurrierende Great Northern Company gingen. Als geeignetes Mittel, die Konkurrenz auszuschalten, sah Carl den Bau eines eigenen Kabelwerks in St. Petersburg, den

S&H St. Petersburg bereits seit 1878 plante. Carl konnte mit einem Entgegenkommen der russischen Regierung rechnen, weil das Marineministerium bedeutende Mengen an Draht benötigte, den bisher Siemens London in seinem Kabelwerk Woolwich hergestellt hatte. Für den Fall eines Krieges mußte das Marineministerium darauf bedacht sein, die Kabel unabhängig vom Ausland zu beziehen.

Carl stieß mit seinem Plan, in St. Petersburg nun schon die dritte Kabelfabrik zu bauen, zunächst auf den Widerstand seines Bruders Werner, dem das zeitweise leerstehende Berliner Kabelwerk Probleme bereitete.[174] Carl betonte die günstigen Aussichten für ein solches Kabelwerk in Rußland und bezeichnete die erforderlichen Aufwendungen als sehr gering, so daß er schließlich den Bruder überzeugen konnte. Die Höhe der erforderlichen Investitionen hatte Carl jedoch beträchtlich unterschätzt, wie die Petersburger Bilanzen der nächsten Jahre beweisen. Die spätere Entwicklung bestätigte jedoch Carls Prognose über die Ertragslage. In sieben Jahren hatten die erwirtschafteten Gewinne bereits die Investitionssumme übertroffen. Das Problem einer zeitweiligen Unterbeschäftigung der Kabelfabrik wurde dadurch gelöst, daß die Fertigung der Brenner für die von Friedrich Siemens erfundenen Regenerativlampen zur Gasbeleuchtung aufgenommen wurde.[175] Das Kabelwerk wurde der Grundstein der Vereinigten Kabelwerke St. Petersburg, die gemeinsam von Siemens, der AEG und Felten & Guilleaume betrieben wurden.[176]

Neben Kabeln und Zubehörteilen der elektrischen Beleuchtung wie Beleuchtungskörper, Schalter und Sicherungen fertigte S&H St. Petersburg Geräte vor allem für das Eisenbahnsicherungswesen (Wechselsicherung und Streckenblockung, bei der letzteren nahm es sogar eine Monopolstellung ein). Dazu kamen Aufträge für das Telegraphengeschäft und der Bau von Morse- und Hughes-Apparaten. Als die russische Regierung die Einfuhrzölle für elektrotechnische Geräte beträchtlich erhöhte, nahm man

Bild 87
Das Kabelwerk von Siemens & Halske in St. Petersburg, errichtet 1882

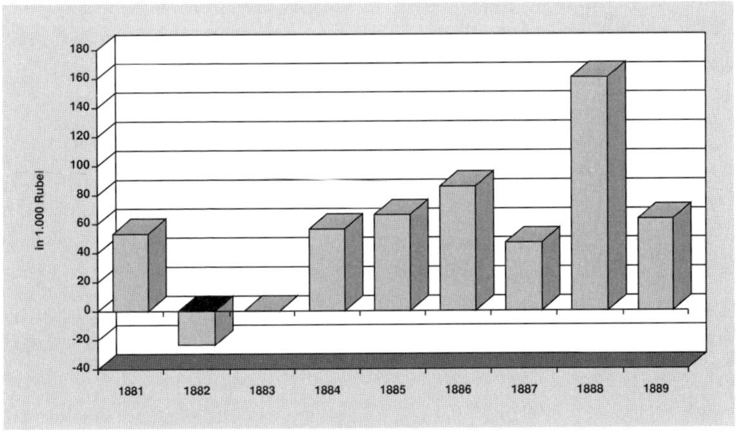

Graphik 14
Die Geschäftsergebnisse von Siemens & Halske St. Petersburg in den 1880er Jahren[177]

im Jahre 1883 auch die Fertigung von Dynamomaschinen und Elektromotoren auf. Davon wurden 1883 31 Einheiten mit 91 PS, 1896 bereits 544 Einheiten mit 6737 PS hergestellt.

Die Ausführung prestigereicher Beleuchtungsprojekte mit großer Öffentlichkeitswirkung wie die Beleuchtung des Newski-Prospekts 1884 und die Beleuchtung des Winterpalais ließen in Rußland den Bedarf an Zentralstationen sprunghaft ansteigen. Siemens & Halske wollte jedoch zunächst nicht die Trägerschaft von Stromerzeugern übernehmen, sondern lediglich Maschinen liefern. Im Februar 1887 beteiligte Carl sich jedoch mit dem seit 1880 ja wieder selbständig wirtschaftenden Petersburger Geschäft an einer neuen »Gesellschaft für elektrische Beleuchtung«, die über ein Kapital in Höhe von 1 Mio. Rubel verfügte und laut Statuten das Recht besaß, überall in Rußland Kabel zu legen und Zentralstationen einzurichten.[178]

Die endgültige Regelung der Fabrikation von Lampen in Rußland wurde im Rahmen der Verhandlungen um die Gründung der AEG getroffen. Diese Regelung sah vor, daß die AEG in Rußland sämtliche Lampen von S&H St. Petersburg zu Meistbegünstigungspreisen bezog, wofür Siemens & Halske 30 Pfennig je Lampe an die Compagnie Continentale (eine Edison-Gesellschaft) in Paris zu zahlen hatte.[179]

Vorläufig wurden die Geschäfte aber wieder schlechter, so daß Carl 1890 sogar – vergeblich – versuchte, das Petersburger Geschäft zu veräußern.[180] Nach dem Tod seines Bruders Werner im Jahre 1892 beteiligte sich Carl an der Führung des Gesamtgeschäfts und verlegte 1894 seinen Wohnsitz nach Berlin. Am 1. Juni 1898 realisierte er den lang verfolgten Plan, das Petersburger Geschäft in eine Aktiengesellschaft umzuwandeln. Es wurde in die neugegründeten »Russische Elektrotechnische Werke Siemens & Halske AG, Sankt Petersburg« eingebracht.

Das letzte große Vorhaben von Werner von Siemens vor seinem Tode war die Gründung einer Niederlassung in den

USA.[181] Die Aktivitäten von Siemens in Amerika hatten sich vor 1880 auf das Anmelden von Patenten und den Abschluß von Lizenzverträgen durch das Londoner Geschäft beschränkt. Bis auf einen Eisenbahntelegraphenauftrag, den Siemens & Halske im Jahr 1854 für Philadelphia ausführte[182], und vereinzelten kleineren Lieferungen[183] kamen keine größeren Geschäfte in Amerika zustande. Der amerikanische Binnenmarkt bot zwar Möglichkeiten für ausländische Unternehmen, doch der Import ausländischer Produkte wurde erschwert durch die hohen Schutzzölle sowie durch Patentgesetze, die die Einfuhr von bereits in Amerika patentierten Apparaten und Maschinen verboten.[184] Für die Einrichtung eigener Fertigungsstätten in den USA mußte Kapital aufgebracht werden, das das Familienunternehmen Siemens & Halske zunächst nicht aufbringen konnte und wollte.[185]

Ein Grund für die Vernachlässigung des amerikanischen Marktes lag in dem mangelnden Interesse der englischen Firma Siemens Brothers & Co. am amerikanischen Geschäft, denn ihr oblag die Bearbeitung des Geschäftsgebiets der englischen Kolonien und der USA. Siemens Brothers hatte sich zu Beginn der achtziger Jahre auf die äußerst ertragreichen Kabelverlegungsprojekte konzentriert und dabei völlig die Entwicklung innerhalb der deutschen elektrotechnischen Industrie übersehen, die mit ihrer großen Produktion wesentlich für den Absatz im Ausland arbeitete.[186] Die Londoner Firma bemühte sich daher auch zu wenig um das Überseegeschäft – trotz der wiederholten Aufforderungen von Werner von Siemens, den technischen Vorsprung zu nutzen:

»Ihr scheint dort jetzt leider durch das Kabel ganz absorbirt zu sein was ja ganz erklärlich ist. – Wissen müssen wir aber was Ihr namentlich in Amerika gethan habt. Wir werden jetzt mit Anerbietungen und Anfragen von dort und anderen Orten überschwemmt. Habt Ihr nicht Zeit und Kräfte, die Sache ernsthaft anzugreifen, so wäre es besser, wir nehmen Amerika wieder in die Hand.«[187]

Das unternehmerische Engagement in Nordamerika wurde zur Streitfrage zwischen der 1881 selbständig gewordenen Firma Siemens Brothers & Co. Ltd. und dem Berliner Stammhaus. Versuche von Werner von Siemens, zu einer Regelung bei der Abgrenzung der Interessenssphären zwischen Berlin und London zu kommen, scheiterten. Die nach dem Tod des Bruders Wilhelm 1883 ausbrechenden Auseinandersetzungen mit dem Londoner Prokuristen Ludwig Löffler[188], die auf unklare, bei der Gründung der Firma Siemens Brothers & Co. Ltd. getroffene Abmachungen, daß man sich auf überseeischen Absatzgebieten keine Konkurrenz machen wolle[189], zurückzuführen waren, verzögerten ein Vorgehen in Amerika weiter.[190]

Durch diese Streitigkeiten und die sich lange hinziehenden Auseinandersetzungen hatte Siemens wertvolle Zeit verloren. Erst als nach der Regelung der siemensinternen Kompetenzstreitigkeiten dem Engagement von Siemens & Halske in Nordamerika nichts mehr im Wege stand, beauftragte Werner Siemens – der immer große Hoffnungen auf das Geschäft mit Nordamerika gesetzt hatte[191] – im Oktober 1886 den deutsch-amerikanischen Eisenbahnunternehmer Henry Villard[192] mit der Vertretung der Siemensinteressen und der Verwertung der S&H-Patentrechte in Amerika.[193] Der Kontakt zu Villard war über Georg Siemens zustande gekommen, der als Direktor der Deutschen Bank an der Finanzierung der von Villard initiierten Northern Pacific Railway beteiligt war.[194] Werner von Siemens versprach sich vor allem gute Chancen auf dem Gebiet der elektrischen Eisenbahnen und im Bleikabelgeschäft:

»Ich denke, mit unserem so hoch entwickelten Eisenbahnsicherungssystem müßten sich in Nordamerika noch gute Geschäfte machen lassen. Ebenso mit elektrischen Eisenbahnen.«[195]

Auch der Vertrieb der neuen, von Siemens & Halske entwickelten und hergestellten Kabel schien aussichtsreich:

»Unsere Bleikabel haben sich jetzt auch für hohe Spannungen von 3 bis 5000 Volts für Anlagen mit Transformatoren in Rom und

Turin ausgezeichnet bewährt... Ich glaube, Sie werden damit sehr gute Geschäfte in Amerika machen können...«[196]

Doch die großen Erwartungen erfüllten sich nicht.[197] Es wurden lediglich einige kleinere Geschäfte durch die Vermittlung von Villard getätigt; zudem konnte sich Villard ab 1887 – wegen der Übernahme der Präsidentschaft der Northern Pacific Railway – nicht mehr voll den Interessen von Siemens widmen.[198]

Als Präsident der Edison Electric Light Co. stellte Henry Villard gemeinsam mit Georg von Siemens, dem Direktor der Deutschen Bank, die Weichen in Richtung einer großen Kapitalbeteiligung der deutschen elektrotechnischen Industrie an der Edison General Electric Company, die 1889 durch Fusion der verschiedenen Edisongesellschaften entstanden war. Siemens & Halske beteiligte sich neben der AEG und der Deutschen Bank mit 1 Mio. Mark, hauptsächlich, um in den USA eine Bleikabelfabrikation nach ihren Vorstellungen in Gang zu bringen, wie einem Schreiben vom 21. Januar 1890 an Henry Villard zu entnehmen ist:

»Wir haben die Zeichnung von einer Million Mark nicht aus Hoffnung auf Gewinn aus Aktien, sondern nur aus dem Grunde übernommen, um das Zustandekommen des geplanten Contractes und den Bau der Kabelfabrik nach unserem System sicherzustellen und zu beschleunigen.«[199]

Dieses Hauptanliegen wurde jedoch nur zögerlich umgesetzt, da sich die Ratifizierung des Vertrags über die Einrichtung einer Bleikabelfabrik nach dem Siemenssystem hinzog. Neben der Bleikabelfabrikation hatte Werner von Siemens auch Interesse, mit seinen elektrischen Eisenbahnen und Straßenbahnen auf den amerikanischen Markt zu kommen. Ein Patentprozeß mit mehreren amerikanischen Eisenbahnkonstrukteuren verhinderte aber einen raschen Markteinstieg. Alle Pläne wurden hinfällig, als die Edison General Electric Co. 1892 mit der Thomson-Houston-Gruppe zur »General Electric Co.« fusionierte. Der Thomson-Houston-Präsident setzte sich bei dieser Fusion eindeutig durch, und die Banken zwangen Henry Villard, auf die Verfolgung eigener Interessen bei General Electric zu verzichten.

Siemens mußte daher selbst tätig werden. Bereits im Januar 1892 fuhr Werners ältester Sohn Arnold in die USA, um dort die Patente seines Vaters zu verkaufen. Nach einer ersten Sondierung erschien es ihm jedoch günstiger, eine eigene Gesellschaft mit angegliederter Fabrikation zu errichten. So gründete Siemens & Halske mit zwei amerikanischen Partnern, O. W. Meysenburg und A. W. Wright, am 4. März 1892 die »Siemens & Halske Electric Company of America« mit Sitz in Chicago. Das Gründungskapital der Gesellschaft betrug $ 500000 und setzte sich aus $ 200000 Bargeldeinzahlungen – jeweils zur Hälfte von Siemens & Halske und den amerikanischen Partnern erbracht – und aus Gründungsaktien für Siemenspatente zusammen. Arnold von Siemens sah die Zukunft der Gesellschaft optimistisch und versuchte die Zweifel seines Bruders Wilhelm zu zerstreuen:

»Es ist uns durch den Vertrag mit Meysenburg und Wright ein mächtiges neues Exploitationsgebiet erschlossen worden und wenn unsere Sachen sich dem hiesigen Bedürfnis richtig anpassen lassen und wenn das Meysenburg'sche Management das hält was es allein Anschein nach verspricht kann das neue Unternehmen einer glänzenden Zukunft entgegensehen. ... Wir S. H. kontrollieren die Gesellschaft.«[200]

Werner von Siemens hielt es allerdings für

»unmöglich, dass die mit Meysenburg eingeleitete Fabrikation von großen Dynamos und Blocks mittelst eines Baarkapitals von 200000 Dollar, von denen jede Partei die Hälfte zahlt, lebensfähig werden kann! ... Hätten wir einen unbegrenzten Geldbeutel so würde ich mit dem Arrangement ganz zufrieden sein, so aber kann ich meine Sorge nicht unterdrücken!«[201]

Diese Bedenken wurden auch von seinem Bruder Carl geteilt, der davor warnte, zu große Risiken einzugehen:

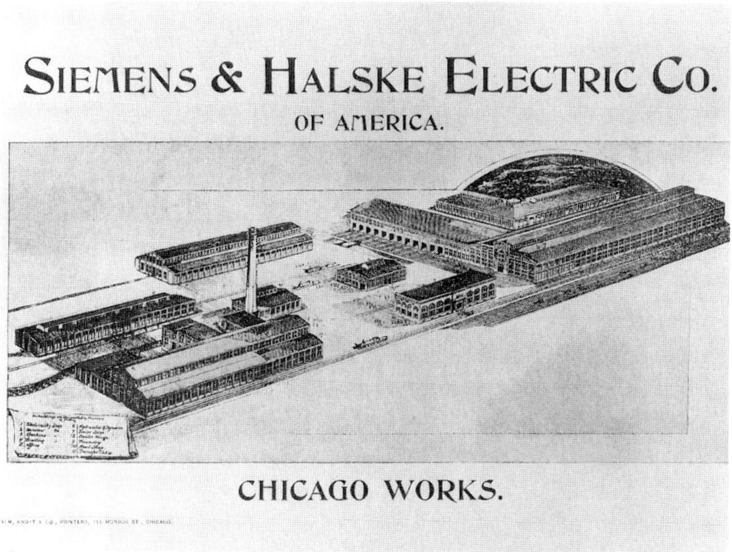

Bild 88
Fabrikgelände der Siemens & Halske Electric Co. of America in Chicago, Prospekt von 1894

»Auf jeden Fall muß die Sache so eingerichtet werden, dass der Yankee Compagnon uns nicht verpflichten kann, also keine uns bindende Wechsel etc. ausstellen darf. Bindende Dokumente müssen durchaus beide Unterschriften tragen. Am sympathischsten wäre es mir, wenn ein limited-Compagnie-Geschäft daraus gemacht würde. Dann kann nur das gerade in dem Geschäft steckende Geld verloren gehen und wir behalten unsere Röcke auf dem Leibe, wenn es schief geht.«[202]

Die Siemens & Halske Electric Company of America sollte Eisenbahnmotoren und deren Zubehör, Dynamomaschinen für den Betrieb elektrischer Bahnen und Lichtanlagen produzieren und im Gebiet der Vereinigten Staaten und Kanada vermarkten.[203] Zunächst erschienen die Bedingungen auch günstig, umfangreiche Bestellungen gingen ein.[204] Doch die Befürchtungen von Werner von Siemens sollten sich schon bald als berechtigt erweisen; bereits im Frühjahr 1893 befand sich die Siemens & Halske Electric Co. in finanziellen

Schwierigkeiten, denn das nach der Einrichtung der Fabrikationsstätten verbleibende Betriebskapital von $ 50000 wurde – trotz eines persönlichen Vorschusses über $ 30000 von Meysenburg – knapp.[205] Auf den Vorschlag Meysenburgs, weitere $ 50000 zur Vergrößerung der Fabrik, $ 200000 als Arbeitskapital und $ 150000 für den Importationshandel zu investieren, reagierte man in Berlin zunächst skeptisch; doch da man die Absatzchancen auf dem amerikanischen Markt weiterhin positiv einschätzte, wurde einer Kapitalerhöhung von $ 500000 schließlich zugestimmt. Siemens übernahm davon $ 200000 und Meysenburg und Wright brachten gemeinsam $ 50000 auf; der Rest sollte durch Aktienverkäufe finanziert werden.[206] Im April 1894 wurde eine zweite Kapitalerhöhung beschlossen; ein Teil des Gesellschaftskapitals in Aktien sollte mit einem Pari-Wert von 250000 Dollar emittiert und an Käufer abgegeben werden.[207]

Ein Brand, der Anfang August 1894 die Fabrik völlig zerstörte, setzte jedoch den transatlantischen Hoffnungen ein jähes Ende.[208] Konstruktionspläne und Produktionsschablonen, die in Stahlkammern untergebracht waren, konnten zwar gerettet werden, doch da die Gebäude und Maschinen der Firma unterversichert waren, entstand ein Schaden von 600000 $. Die Berliner Firma Siemens & Halske zeigte kein weiteres Interesse mehr an einer Konsolidierung der Gesellschaft und versuchte, den Patentbesitz gewinnbringend zu veräußern.[209] Mit der Reorganisation der Gesellschaft im Juni 1895 unter Beteiligung der Grant Locomotive Works und des Straßenbahnunternehmers Yerkes an der Siemens & Halske Electric Co. ging die unternehmerische Geschäftsführung von Siemens & Halske in den USA zu Ende; noch bis 1898 blieb eine Minoritätsbeteiligung ohne unternehmerischen Einfluß auf die Geschäftsführung bestehen.[210]

Die Gründe für das Scheitern können zum einen sowohl in unterschiedlichen Vorstellungen über die Art der Geschäftsführung – das flexible amerikanische Managment stieß oft auf den Widerstand der schwerfälligen Berliner Verwaltung – als auch in der großen räumlichen Distanz, die die Kommunikation erheblich erschwerte, gesehen werden. Aber nicht zuletzt haben auch die persönlichen Differenzen zwischen dem amerikanischen Präsidenten der Siemens & Halske Electric Co. of America, Meysenburg, und dem technischen Leiter Dr. Alfred Berliner einen reibungslosen Geschäftsablauf behindert und letztlich zum vorläufigen Scheitern der Amerikapläne geführt.

Das »Privatgeschäft« im Kaukasus

Neben seinen elektrotechnischen Unternehmungen betrieb Werner von Siemens ein »Privatgeschäft«, das schon mehrfach erwähnte Kupferbergwerk Kedabeg im Kaukasus. Er hatte das Bergwerk gemeinsam mit seinen Brüdern Carl und Walter im Jahre 1864 sehr zum Ärger seines Kompagnons Halske erworben, der von einer solch unsicheren Investition, die außerdem eine zusätzliche Belastung der Arbeitskraft bedeutete, nichts wissen wollte. Auch nach Halskes Ausscheiden blieb Kedabeg in den Gesellschaftsverträgen der Brüder stets aus dem »Gesamtgeschäft« ausgespart und für die nicht daran Beteiligten auch weiterhin ein Ärgernis.

Ursprünglich war das Bergwerk, das zwar reiche Vorkommen barg, sich aber in schlechtem Zustand befand, wohl als eine Art Versorgung und Beschäftigung für Walter Siemens gedacht, der für seinen Bruder Carl den von St. Petersburg aus geleiteten Bau und die Remonte von Telegraphenleitungen im Kaukasus überwacht und das Bergwerk mit seinen reichen Kupfervorkommen entdeckt hatte. Aber auch Carl und Werner entwickelten an dem Projekt wachsendes Interesse. Nach dem Tod seiner ersten Frau Mathilde 1865 unternahm Werner von Siemens im Herbst eine erste Reise in den Kaukasus, der später noch zwei weitere folgen sollten. Auf dieser Reise inspizierte er das Bergwerk und stellte zwei Hauptmängel fest: die Verkehrsferne und die geringe fachliche Qualifikation der dort Beschäftigten. Vor allem die mangelnde Infrastruktur Transkaukasiens erwies sich als ein wesentliches Problem. Zwischen Kedabeg, in der Nähe von Elisabethpol gelegen, und dem Schwarzen Meer – also auf einer Strecke von etwa 600 km – gab es keine Eisenbahn und keine ausgebauten Straßen. Alle Materialien zum Aufbau eines modernen Bergwerkbetriebs mußten jedoch aus Europa bezogen und in den Kaukasus transportiert werden. Ein zweites Problem waren die Arbeitskräfte. Die nomadisierende Bevölkerung war nur solange bereit, im Bergwerk zu arbeiten, bis sie wieder ihren Lebensbedarf für einige Zeit decken konnte. Ein fester Arbeiterstamm konnte also nicht aufgebaut werden. Werner von Siemens schlug daher vor, die Arbeiter durch den Bau von Steinhäusern mit guter Ausstattung seßhaft zu machen und zu regelmäßiger Arbeit zu motivieren.[211] Die leitenden Positionen des Bergwerks Kedabeg wurden mit deutschen Beamten und Russen aus den Ostseeprovinzen besetzt.

Da Walter Siemens im Sommer 1868 tödlich verunglückte, reiste Werner von Siemens 1868 zum zweiten Mal in den Kaukasus. Es erwies sich als besonders schwierig, die durch Walters Tod entstandene Lücke sowohl in der Leitung des Bergwerks als auch im deutschen Konsulat in Tiflis zu schließen. Das Bergwerk arbeitete jedoch inzwischen so erfreulich, daß die russische Regierung den Brüdern weitere Bergwerksvorhaben anbot. Die eingeführten hüttentechnischen Verbesserungen waren Carl zu verdanken, der auch gerne die weitere Leitung des Bergwerks übernommen hätte.

Eine Integration der kaukasischen Aktivitäten in das Gesamtgeschäft, die Werner zunächst anstrebte, gelang nicht. Kedabeg erwirtschaftete vorläufig auch nicht mehr als etwa 20% des Ertrags von Berlin oder London, allerdings mit steigender Tendenz. Dennoch mahnte Wilhelm

Bild 89
Kupferhütte Kedabeg im Kaukasus, um 1880

Siemens als Nachlaßverwalter seines Bruders Walter, sich auf die wichtigeren Aktivitäten zu konzentrieren.[212] Weniger diese Ermahnung als vielmehr eine Verschlechterung des Gesundheitszustandes seiner Frau und schließlich ihr Tod im Februar 1869 bewogen dann Carl Siemens, sich wieder vornehmlich dem Gesamtgeschäft zu widmen und nach London zu gehen.

Da nach Werners Meinung ein Familienangehöriger die Firma Siemens in Tiflis repräsentieren mußte, damit dort nicht die »geschäftliche Anarchie«[213] ausbräche, sollte der jüngste Bruder Otto sich zum deutschen Konsul bestellen lassen. Otto war lungenkrank und hielt sich wegen des für seine Gesundheit günstigen Klimas schon einige Zeit bei seinen Brüdern in Tiflis auf, so daß er mit den Geschäften bereits vertraut war. Für die Leitung des Bergwerks reichten seine Erfahrung und seine Kräfte aber doch nicht aus. In seiner Londoner Zeit kümmerte sich Carl daher weiterhin um Kedabeg, hatte mit den dort angestellten Leitern aber wenig

Glück. 1871 besserte sich die Lage kurzfristig, als Otto durch die Heirat mit Annette von Krehmer, der Witwe des Fürsten Swiatobolk-Mirski, in Tiflis erheblich an Einfluß gewann. Dieser Aufschwung war jedoch von kurzer Dauer, denn Otto erlag bereits im Herbst 1871 seiner Krankheit.

Der Leiter des Bergwerks in den 1870er Jahren, Carl Schnabel, wirtschaftete das Unternehmen herunter. In seinem Abschlußbericht über Kedabeg 1876 schrieb Carl Siemens, Schnabel sei ein halbes Jahr krank gewesen, habe in dieser Zeit der Firma aber noch am wenigsten geschadet.[214] Schnabels Nachfolger Gustav Kölle erwies sich als geeigneter und blieb darüber hinaus bis 1905 in Kedabeg. Das Bergwerk konnte seine Kupferproduktion bald vervielfachen und schrieb seit 1877 schwarze Zahlen. Werner von Siemens behielt sein Interesse an diesem Unternehmen, das aus dem Rahmen seiner sonstigen Geschäfte so stark herausfiel. Noch während er 1890 die Kaukasusberichte für seine »Lebenserinnerungen« abfaßte, trug er sich mit Plänen für die weitere Modernisierung und Reorganisation des Bergwerks, das er zu einem europäischen Musterbetrieb ausgebaut sehen wollte.

Das Selbstverständnis des Unternehmers Werner von Siemens

Für das Selbstverständnis des Unternehmers Werner von Siemens, wie es sich in seinen »Lebenserinnerungen« und in seiner umfangreichen Korrespondenz dokumentiert, kristallisieren sich bei näherer Betrachtung mehrere eng miteinander verknüpfte Grundelemente als wesentlich heraus: Seine starke Orientierung an der Familie verband sich mit einem allgemeinen Verantwortungsgefühl, das die gesamte unternehmerische Perspektivik und auch die Haltung zu Wissenschaft und Technik prägte; sein lebhaftes Interesse an wissenschaftlichen und technischen Neuerungen seiner Zeit wurde stets von der Frage nach der Praxisrelevanz und Nützlichkeit dieser Neuerungen für die Menschheit bestimmt, aus der sich seine internationale Orientierung sowie das Verlangen ableitete, zur Nutzbarmachung eines ausgewählten Teils dieser Neuerungen nach Kräften beizutragen. Im folgenden soll auf diese Zusammenhänge näher eingegangen werden.

Siemens & Halske als Familienunternehmen

Bei aller aktiven Teilnahme an den wissenschaftlichen, technischen und politischen Entwicklungen seiner Zeit bildete für Werner von Siemens stets die Familie das Zentrum seiner Orientierung. Zahlreiche Selbstzeugnisse belegen, daß er nicht nur seine Geschäfte am liebsten mit

Familienmitgliedern plante und durchführte, sondern daß die Fürsorge für seine Familie ein entscheidendes Motiv für sein Unternehmertum überhaupt war.[215] Den Begriff »Familie« bezog Werner von Siemens zunächst auf seine Geschwister, später vor allem auf seine Kinder. Die entferntere Verwandtschaft, wie zum Beispiel seine Vettern Louis und Johann Georg oder seine zum Teil weitläufig verwandten Neffen Georg und Alexander, behielt er eher als »Notreserve« im Auge.

Der ausgeprägte Familiensinn wurde durch die bereitwillig übernommene Verpflichtung, als ältester Sohn für die früh verwaisten Geschwister zu sorgen, erheblich gefördert und kann als das auslösende Moment für seine Entscheidung angesehen werden, Unternehmer zu werden. Werner von Siemens führte die Familie selbst als Leitmotiv seiner Unternehmertätigkeit an, wie aus einem Schreiben an seinen Bruder Carl Weihnachten 1887 ersichtlich ist:

»Factisch ist, daß Du stets ein größeres Gewicht auf die realen Lebensgüter gelegt hast wie ich, der ich viel zu viel Phantomen und Ideen nachgejagt habe. ... Ich sehe im Geschäft erst in zweiter Linie ein Geldwertobjekt, es ist für mich mehr ein Reich, welches ich gegründet habe und welches ich meinen Nachkommen ungeschmälert überlassen möchte, um in ihm weiter zu schaffen.«[216]

Der Einsatz von Familienmitgliedern war zudem eine Möglichkeit, weit entfernte, wichtige Auslandsposten mit fähigen und loyalen Mitarbeitern zu besetzen. Doch mit der Zeit und der wachsenden Emanzipation der Brüder ergaben sich immer mehr Probleme, die sich nur unter Schwierigkeiten durch brüderliche Zuneigung überbrücken ließen.

Seit dem Ausscheiden Halskes 1868 war das Geschäft bis auf einige Kapitalanteile ganz in der Hand der Brüder. Werner glaubte nun den Zeitpunkt gekommen, seine Idee von einem ausgedehnten »Gesamtgeschäft« verwirklichen zu können und setzte dies auch vertraglich durch. Unausgesprochen beanspruchte er allerdings für das Stammhaus in Berlin und für sich selbst als Seniorchef und Familienoberhaupt die Führungsposition. Mit der Planung der Indo-Europäischen Telegraphenlinie und mit den ersten Tiefseekabelverlegungen war aber etwa zum gleichen Zeitpunkt das Londoner Geschäft so angewachsen, daß es Berlin an Bedeutung, Geschäftsumfang und Gewinnen nicht mehr nachstand. Sein in England inzwischen naturalisierter Bruder Wilhelm hatte sich ebenfalls zu einer etablierten Technikerpersönlichkeit entwickelt und war keineswegs mehr bereit, hinter dem älteren Bruder zurückzustehen. Nach Aussage des Bruders Carl hatte Wilhelm sich mehr und mehr zu einem »sehr unbequemen Associé« entwickelt[217], zumal London nicht mehr bereit war, Vorgaben des Berliner Stammhauses widerspruchslos zu akzeptieren. Wegen der nach Meinung des Prokuristen Löffler zu teuren Produktion Berlins sah man sich nach anderen Lieferanten um bzw. verlangte Sonderkonditionen, die Berlin nicht zu geben bereit war.[218] Nach Aussagen von Carl Siemens taten Eitelkeiten der beiden »Dr. W. Siemens« ein übriges, das Klima zu verschlechtern. Beide wurden in der Presse gelegentlich verwechselt und die Erfindungen des einen dem anderen gutgeschrieben.[219]

Werner hielt sich – wohl zu Recht – zugute, seine Brüder immer sehr entgegenkommend behandelt zu haben. In den Verträgen über das Gesamtgeschäft erhielten Carl und Wilhelm hohe Gewinnquoten, obwohl Werner den bei weitem größten Kapitalanteil hielt und im Telegraphengeschäft maßgeblich mit seinen Patenten gearbeitet wurde. An der Fabrik für Alkoholmeßgeräte, die der Vetter Louis Siemens in Charlottenburg leiten sollte und die wegen des großen russischen Bedarfs sehr gewinnträchtig zu werden schien, konnten sich Wilhelm und Carl beteiligen und an der Verzinsung der Einlagen wie auch an der Gewinnausschüttung teilhaben. Diese finanzielle Absicherung ermöglichte es den beiden Brüdern, ihren wenig rentablen Sondergeschäften nachzugehen. Wilhelm konstruierte, zeitweilig gemeinsam mit dem Bruder Friedrich, Stahlöfen und betrieb in Landore ein technisch interessantes, aber verlustträchtiges Stahlwerk. Carl hatte in Rußland verschiedene glücklose Unternehmungen begonnen, unter anderem ein Sägewerk und eine Glashütte.

Im Gegenzug für seine finanzielle Großzügigkeit erwartete Werner, daß die Brüder seine Vorstellungen vom Gesamtgeschäft unter seiner Berliner Leitung akzeptierten. Durch Carls Vermittlung, der weniger Schwierigkeiten hatte, den älteren Bruder anzuerkennen, ließ sich diese Geschäftsidee bis 1880 formal aufrechterhalten. Die dann eintretende Reorganisation hatte mehrere Gründe: Carls Rückkehr nach Rußland, Wilhelms fortschreitende Distanzierung vom gemeinsamen Geschäft und schließlich Werners Wunsch, vor allem seine Söhne in das Unternehmen mit einzubinden.

Werner von Siemens hatte insgesamt sechs Kinder. Aus seiner ersten Ehe mit Mathilde Drumann gingen vier Kinder, die beiden Söhne Arnold (geb. 1853) und Wilhelm (geb. 1855) und die beiden Töchter Anna (geb. 1858) und

Bild 90
Werner von Siemens und seine zweite Frau Antonie, 1869

Käthe (geb. 1861), hervor; in seiner zweiten Ehe mit Antonie Siemens, der Tochter eines entfernten Verwandten, die er vier Jahre nach dem Tod seiner ersten Frau schloß, wurden eine Tochter, Hertha (1870), und ein Sohn, Carl Friedrich (1872), geboren. Seine Söhne wollte Werner von Siemens gerne als seine Nachfolger sehen. Die beiden älteren, Arnold und Wilhelm, die sich zu seiner großen Freude beide im Unternehmen engagierten, sollten daher nach seinem Wunsch bald als Mitinhaber an der Verantwortung und an den Gewinnen teilhaben. Wilhelm war dagegen kinderlos, Carls Sohn Werner zeigte wenig kaufmännische und technische Neigung und war kränklich. Der neue Gesellschaftsvertrag vom 28. Dezember 1880 bestimmte daher nur, daß die Partner einer Aufnahme von Werners Söhnen, von Carls Sohn und von einer Vertrauensperson Wilhelms in das Geschäft zu einem späteren Zeitpunkt

Bild 91
Arnold von Siemens (1853–1918), 1877

prinzipiell zustimmten. Tatsächlich wurden zum 1. Januar 1882 Arnold und zum 25. April 1884 Wilhelm als Mitinhaber aufgenommen.

Der neue Gesellschaftsvertrag regelte die Aufnahme der zweiten Generation, an der Werner am meisten gelegen sein mußte. Gleichzeitig wurde die Trennung des Londoner Hauses vom Hauptgeschäft besiegelt. Die Aktiengesellschaft Siemens Brothers & Co. Ltd. war nur noch durch eine gemeinsame Kapitalverwaltung mit Berlin verbunden. Zwar hatte Werner als Chairman der Aktionärsvertretung eine allgemeine Aufsichtsfunktion, schon allein wegen der räumlichen Trennung mußten der Geschäftsführung aber weitgehende Vollmachten zugebilligt werden. Die Londoner Leitung oblag Ludwig Löffler, der nach Wilhelms Tod 1883 kaum noch einer Aufsicht aus der Familie unterstand. Der von Wilhelm bestimmte Nachfolger, sein weitläufig

Bild 92
Wilhelm von Siemens (1855–1919), 1880

verwandter Neffe Alexander Siemens (1847–1928), war loyal gegenüber Berlin und seinem Onkel Werner von Siemens, konnte und wollte sich gegen den Managing Director Löffler aber nicht durchsetzen.

Ein erster Streitpunkt war die Berechnung der Selbstkosten, zu denen Berlin das Londoner Geschäft belieferte. Löffler argwöhnte stets eine zu hohe Veranschlagung der Selbstkosten, ein Streit, den er bereits zu Zeiten des Gesamtgeschäftes mit den Berliner Prokuristen geführt hatte. Weit gravierender als diese lästigen Querelen war aber der zweite Streitpunkt: Das Konkurrenzverhältnis, in dem London und Berlin nach der Auflösung des Gesamtgeschäftes auf dem Weltmarkt standen, war die Ursache für eine längere Auseinandersetzung zwischen Werner von Siemens und Ludwig Löffler, der sogenannten Löffler-Krise. Nach 1883 brach offen ein Interessenkonflikt aus, der zwar

Bild 93
Carl Friedrich von Siemens (1872–1941), 1895

schon seit den 1860er Jahren existierte, aber unter den Siemens-Brüdern bis dahin einigermaßen gütlich geregelt worden war. Der Gesellschaftsvertrag von 1880 sah vor, daß beide Häuser sich auf dem Weltmarkt keine Konkurrenz machen sollten. Für Löffler bedeutete dies, daß der gesamte überseeische Markt exklusiv dem Londoner Geschäftsbereich zufallen sollte. Er berief sich dabei auf einen heute nicht mehr vorhandenen Sonderparagraphen im Gründungsvertrag der Familienaktiengesellschaft. Berlin wollte dagegen Siemens Brothers auf England und die britischen Kolonien beschränkt wissen. Für S&H Berlin wäre es verhängnisvoll gewesen, Kunden aus Übersee stets an das Londoner Haus weiterzuverweisen, denn die Londoner Preise lagen weit über den Berliner Ansätzen, so daß potentielle Kunden wohl zur Konkurrenz gewechselt wären.[220] Über diesen Versuch, die Aktivitäten des Berliner Stammhauses zu beschneiden, äußerte Werner von Siemens sich überaus erbittert in einem Brief an seinen Bruder Carl:

»Ich würde lieber im Konfliktfalle als Mitleiter des Berliner Geschäftes schon jetzt austreten, als meine Unterschrift dazu geben, das Stammgeschäft der Firma, mein eigenstes Werk, zum künftigen Siechtum durch Unterbindung seiner Lebensadern zu verurteilen. Die Mutterliebe, mit der Berlin seinen Kindern immer gegeben hat, muß auch ihre Grenzen finden.«[221]

Die Lösung des Problems wurde dadurch erschwert, daß Löffler als Nicht-Familienmitglied auch Aktionär von Siemens Brothers war, zunächst mit einer sehr kleinen Aktienmenge, die er aber durch geschickte Zukäufe von anderen Beamten Ende 1886 zu einer Sperrminorität von über 25% ausbauen konnte. Damit konnte er seine Absetzung verhindern und versuchte seinerseits, Werner von Siemens zu einer Einigung nach seinen Vorstellungen zu bewegen. Siemens & Halske reagierte darauf mit einer Klage gegen Löffler, die Siemens Brothers mit einer Gegenklage wegen »fortgesetzter, unrechtmäßiger Konkurrenz auf dem Weltmarkt«[222] beantwortete. Werner und Carl Siemens hätten diese Klage aufgrund ihrer Kapitalmehrheit an Siemens Brothers zurücknehmen können, was ihnen wegen der englischen Rechtsverhältnisse aber nicht ratsam erschien. Sie einigten sich schließlich außergerichtlich mit Löffler, der dabei einem Verkauf seiner Anteile an Werner von Siemens zustimmte. Er mußte aufgrund dieses Vertrages sofort 600 Aktien zum Preis von 85 £ an Werner von Siemens veräußern und weitere 625 Anteile bis spätestens zum 1. Januar 1891 zum selben Preis übertragen. Bis zur tatsächlichen Rückgabe durfte er aber sein Dividendenrecht geltend machen. Die restlichen 28 Aktien mußte Löffler an Alexander Siemens verkaufen.

Dieser langwierige Streit mit London hatte schwerwiegende Folgen: Während die Elektroindustrie weltweit ihren Aufschwung erlebte und die Konkurrenz mit Hilfe des neu geschaffenen Bankensystems schnell expandierte, wurde die Weiterentwicklung von Siemens & Halske auf dem Weltmarkt stark verzögert. Da das Londoner Haus sich weiterhin auf das Kabelgeschäft konzentrierte, kam Siemens mit der Erschließung neuer Märkte für die Starkstromtechnik schnell in Rückstand zur Konkurrenz. Bis zum Ausscheiden von Werner von Siemens blieben die überseeischen Märkte von Siemens & Halske nahezu unbearbeitet.

Solche Auseinandersetzungen mit Nicht-Familienmitgliedern blieben – wie auch Friedrich von Hefner-Alteneck zeigt – kein Einzelfall, wenn auch die Löffler-Krise in ihren Auswirkungen für das Gesamtunternehmen die bei weitem gravierendste war. Auch mit dem Vetter Louis Siemens, der an der Fabrik in Charlottenburg beteiligt war, gab es Schwierigkeiten, so daß die Brüder am liebsten schon vor dem Vertragsende 1885 die Zusammenarbeit beendet hätten.

Obwohl die Rechtsform der Aktiengesellschaft oder die Aufnahme weiterer Gesellschafter die Möglichkeit geboten hätte, die Eigenkapitalbasis stark zu erweitern, hielt Werner von Siemens am »Familienprinzip« fest.[223]

Nach den schlechten Erfahrungen mit London zog es Werner sogar seinem Bruder Carl, mit dem er immer gut ausgekommen war, gegenüber vor, formal das Recht auf Kündigung der Zusammenarbeit zu haben. Im letzten Gesellschaftsvertrag, der den Aufbau des Unternehmens nach seinem eigenen Ausscheiden bestimmen sollte, ging es ihm vor allem darum, seinen Söhnen in Berlin die unumschränkte Verfügung zu sichern. Bei Carl warb er um Verständnis für diesen Schritt:

»Es bleibt also Berlin, welches ich mir immer als Erbsitz meiner Söhne vorgestellt habe. Ich bin ja so glücklich, zwei Söhne zu haben, die voll befähigt sind und sich auch dazu berufen fühlen, das Geschäft nach uns fortzuführen, und ein dritter Sohn scheint sich nach derselben Richtung gut zu entwickeln. Denen will ich unter allen Umständen das Geschäft unter Verhältnissen überlassen, welche die Fortführung sicherstellen. Das bedingt zweierlei. Einmal müssen alle Erbschaftsbehörden pp. von der Geschäftsleitung und den Kapitalbestimmungen ausgeschlossen werden, und dann dürfen keine Interessenten vorhanden sein, welche die Liquidation verlangen können. Aus diesem Grunde bin ich für den Passus gewesen, daß jeder von uns berechtigt wäre, nach Ablauf des Gesellschaftscontractes zu verlangen, daß er das von ihm geführte Geschäft auf alleinige Rechnung übernehmen und daß die übrigen Teilnehmer nach dem Buchwerte auszuzahlen wären.«[224]

Gleichzeitig beruhigte er aber seinen Bruder, daß weder er noch seine Söhne die Absicht hätten, ihn von der Berliner Geschäftsleitung in Zukunft auszuschließen. In der Tat holten Arnold und Wilhelm nach dem Tode von Werner von Siemens umgehend ihren Onkel als Senior nach Berlin.

Von seinem bestimmenden Einfluß im Unternehmen mochte sich Werner von Siemens nur ungern trennen, obwohl die Schwächen des auf den Firmengründer konzentrierten Direktorialsystems gegenüber einer geordneten kollegialen Leitung immer offenkundiger wurden, er ständige Überlastung beklagte[225] und verbal auch Änderungen ankündigte.[226] Der Kommandit-Vertrag vom 27. Dezember 1889, mit dem er als Mitinhaber ausschied und zum 1. Januar 1890 als Kommanditist eintrat, räumte ihm zahlreiche Rechte ein. Werner von Siemens behielt sich vor, bei zentralen Entscheidungen wie Grundstücks- und

Bild 94
Werner von Siemens, 1892

Geschäftskäufen und -verkäufen, der Gründung von Zweigniederlassungen, dem Abschluß von Geschäften über 100000 Mark, der Anstellung und Entlassung hoher Beamter, konsultiert zu werden. Außerdem konnte er weiterhin an Konferenzen teilnehmen und hatte unbeschränkt Einsicht in Akten und Korrespondenz.

Als äußeres Zeichen seiner Integration behielt er sein Arbeitszimmer und konnte für seine Privatbuchhaltung und Korrespondenz weiterhin auf Beamte der Firma zurückgreifen.[227] Diese Rechte wurden ausdrücklich ad personam festgeschrieben und galten nicht für seine Erben. Wirklich freie Hand erhielten seine Söhne Arnold und Wilhelm, die mit der Geschäftsleitung betraut waren, erst nach seinem Tode.

Die patriarchalische Haltung in Fragen des Gesellschaftsrechts der Firma und in der Personalpolitik erstaunen bei einem Mann, der sich selbst als liberal bezeichnete. Der starke Familiensinn hielt den sonst umsichtigen Unternehmer von wichtigen Reformen ab und begünstigte den »aufhaltsamen Aufstieg der AEG«.[228] Querelen wie die Löffler-Krise verhinderten, daß die Firma Siemens & Halske im durchaus möglichen Maße den Anschluß an die weltweite Expansion der deutschen Elektrotechnik behielt. Das Unternehmen geriet aufgrund seiner durch persönliche Erwägungen geprägte Unternehmenspolitik in einen Rückstand zur Konkurrenz, der jedoch bereits unter Werners Söhnen wieder ausgeglichen werden konnte.

Führungsgrundsätze und betriebliche Sozialpolitik

Dem Selbstverständnis als Familien- und Firmenoberhaupt entsprach ein patriarchalischer Führungsstil, der zwar dem Fürsorgeprinzip verpflichtet war, im Gegenzug aber unbedingte Loyalität verlangte. Dies führt zu den bereits erwähnten Spannungen mit seinem Bruder Wilhelm sowie dazu, daß Werners Söhne erst mit seinem Tod wirklich freie Hand erhielten.

Andererseits ließ Werner von Siemens das Fürsorgeprinzip auch seinen Mitarbeitern gegenüber gelten, wobei sich sein gesunder Egoismus mit einem ausgeprägten Gerechtigkeitsgefühl und einem Gefühl moralischer Verpflichtung verband. Auf seine Initiative entstand – im Vergleich mit anderen Unternehmen relativ früh – ein nach patriachalischen Grundsätzen gestaltetes Sozialleistungssystem.

Werner von Siemens machte sich schon früh Gedanken zu möglichen, über die normale Entlohnung hinausgehenden Formen der betrieblichen Sozialpolitik als Antwort auf die damals noch bestehende allgemeine soziale Ungesichertheit sowie als Mittel, dem in Zeiten guter Auftragslage immer wieder entstehenden Mangel an qualifizierten Arbeitskräften[229] entgegenzuwirken und zugleich die Motivation seiner Mitarbeiter zu erhöhen. Seine durchaus rationale Personalpolitik, die auf persönlich vermittelter Loyalität, finanziellen Anreizen und einem engen Verständnis von Bürokratie basierte, war weit davon entfernt, Beschäftigte nur als bloße Arbeitskraft anzusehen.[230] Er betrachtete es als moralische Verpflichtung, ihnen über den Lohn hinaus einen Anteil am gemeinsam erwirtschafteten Gewinn zukommen zu lassen. Seinem Bruder Carl schrieb er:

»Mir würde das verdiente Geld wie glühendes Eisen in der Hand brennen, wenn ich treuen Gehilfen nicht den erwarteten Anteil gäbe. Es wäre auch nicht klug von uns, sie leer ausgehen zu lassen im Augenblicke großer neuer Unternehmungen.«[231]

Bei den leitenden Beamten[232], die viel Verantwortung trugen, erschien ihm dafür das System einer Gewinnbeteiligung am erfolgversprechendsten, da ihm der Zusammenhang zwischen fehlenden Kontrollmöglichkeiten in einem ständig wachsenden Unternehmen auf der einen Seite und Motivation leitender Kräfte durch finanzielle Anreize durchaus bewußt war. Der Kreis dieser »Tantiemisten«, die seit 1854 ihren Anspruch der Höhe nach vertraglich geregelt hatten, blieb stets sehr klein[233], nachrangige Mitarbeiter erhielten aber auch Prämien, deren Höhe allerdings nicht vertraglich festgeschrieben war und die als Zuwendung für individuelle Leistung gewährt wurden und besonderen Motivationscharakter haben sollten. Werner von Siemens fühlte sich zwar zu einer Gewinnbeteiligung moralisch verpflichtet, sah aber auch die Vorteile für das Unternehmen, wenn die Ziele der Angestellten und der Firmenleitung sich deckten. In einem Brief an seinen Bruder Carl heißt es:

»Ich habe noch immer gefunden, daß es die größte Verschwendung ist, diejenigen, die an der Leitung von Geschäften beteiligt sind, nicht am Resultat zu beteiligen. Eine einzige Dummheit weniger kann das schon wieder einbringen! Bei großen und namentlich verzweigten Geschäften, die man nicht selbst übersehen und speziell dirigieren kann, muß man einen wesentlichen Teil des Gewinns seinen Stellvertretern zuwenden. Das ist eine

Grundregel für den guten Betrieb großer Geschäfte! Seit in Berlin alle Meister sogar eine jährliche, vom Werkstattgewinn abhängige Prämie erhalten, ist ein ganz anderer Geist eingezogen; wir arbeiten mehr, billiger und besser und wissen dabei nicht die Arbeit zu bewältigen!«[234]

In der Berliner Werkstatt hatte Werner von Siemens schon früh Personalpflege betrieben, um sich auch eine möglichst hohe Kontinuität im Arbeiterstamm zu sichern und einen Mangel an Facharbeitern zu vermeiden. Bereits seit 1855 wurden zu Weihnachten nach individueller Leistung und Geschäftsergebnis Prämien gezahlt. Darüber hinaus bemühte sich Werner von Siemens um einen guten persönlichen Kontakt zu seinen Arbeitern und lud zum Beispiel die Meister und Beamten bis nach 1870 jedes Jahr zu Himmelfahrt in sein Haus ein, um im persönlichen Gespräch mehr über ihre Wünsche und Sorgen zu erfahren.

Das starke Anwachsen des Unternehmens und eine Umstellung von der eher handwerklichen auf eine »fabrikmäßige« Produktion erschwerten allerdings mit der Zeit diesen persönlichen Kontakt. Die Mitarbeitermotivation mußte auf andere Weise gefördert werden, so zum Beispiel durch die Einführung des Akkordlohns, die es den Arbeitern rasch ermöglichte, wesentlich höhere Löhne als zuvor zu erzielen. Gleichzeitig war Werner von Siemens weitblickend genug, die stärkere Belastung durch die Akkordarbeit zu erkennen und mit einer Reduzierung der Arbeitszeit zu reagieren. Bei Siemens & Halske wurden seit 1872 noch neun Stunden täglich (54 Wochenstunden) gearbeitet. Trotz der deutlich gestiegenen Reallöhne kam dabei auch der Unternehmer auf seine Kosten: Die Selbstkosten für die einzelnen Erzeugnisse gingen mit der Einführung des Akkordsystems zurück.

Dennoch wurde das Akkordsystem von der alten, eher handwerklich orientierten Belegschaft mit Vorbehalten aufgenommen. Eine bedeutende Sozialleistung war die 1872 zum 25jährigen Bestehen der Firma Siemens & Halske eingerichtete Pensionskasse, die als Altershilfe für

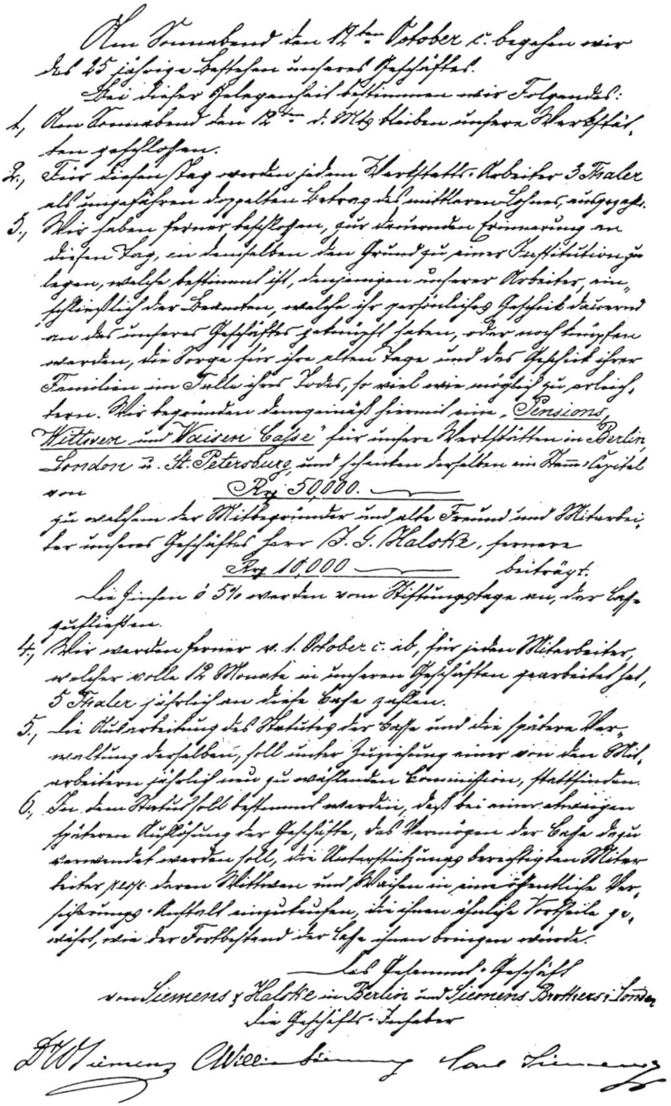

Am Sonnabend den 12ten October c. begehen wir das 25 jährige Bestehen unseres Geschäftes.
Bei dieser Gelegenheit bestimmen wir Folgendes:

1, Am Sonnabend den 12ten d. Mts bleiben unsere Werkstätten geschlossen.

2, Für diesen Tag werden jedem Werkstatt-Arbeiter 3 Thaler als ungefähren doppelten Betrag des mittleren Lohnes ausgezahlt.

3, Wir haben ferner beschlossen, zur dauernden Erinnerung an diesen Tag, an demselben den Grund zu einer Institution zu legen, welche bestimmt ist, denjenigen unserer Arbeiter, einschließlich der Beamten, welche ihr persönliches Geschick dauernd an das unseres Geschäftes geknüpft haben, oder noch knüpfen werden, die Sorge für ihre alten Tage und das Geschick ihrer Familien im Falle ihres Todes, so viel wie möglich zu erleichtern. Wir begründen demgemäß hiermit eine „Pensions, Wittwen und Waisen Casse" für unsere Werkstätten in Berlin, London u. St. Petersburg und schenken derselben ein Stamm-Capital von

Rt 50000.—

zu welchem der Mitbegründer und alte Freund und Mitarbeiter unseres Geschäftes Herr J. G. Halske, ferner

Rt 10000.— beiträgt.

Die Zinsen à 5% werden vom Stiftungstage an, der Casse zufließen.

4, Wir werden ferner v. 1. October c. ab, für jeden Mitarbeiter, welcher volle 12 Monate in unseren Geschäften gearbeitet hat, 5 Thaler jährlich an diese Casse zahlen.

5, Die Ausarbeitung des Statuts der Casse und die spätere Verwaltung derselben, soll unter Zuziehung einer von den Mitarbeitern jährlich neu zu wählenden Commission, stattfinden.

6, In dem Statut soll bestimmt werden, daß bei einer etwaigen späteren Auflösung der Geschäfte, das Vermögen der Casse dazu verwendet werden soll, die Unterstützungsberechtigten Mitarbeiter resp. deren Wittwen und Waisen in eine öffentliche Versicherungs-Anstalt einzukaufen, die ihnen ähnliche Vortheile gewährt, wie der Fortbestand der Casse ihnen bringen würde.

Das Gesammt-Geschäft
von Siemens & Halske in Berlin und Siemens Brothers in London
die Geschäfts-Inhaber

Dr W Siemens William Siemens Carl Siemens

Bild 95
Gründungsurkunde der Siemens-Pensionskasse, 1872

die Arbeiter und auch als Mittel der Bindung jüngerer Mitarbeiter an die Firma dienen sollte, zumal in den 1870er Jahren mit der Einführung der freien Berufswahl und des Koalitionsrechts die Zahl der Arbeitsplatzwechsel in der gesamten Wirtschaft erheblich anstieg. Die mit 50000 Talern aus Mitteln der drei Brüder Siemens und 10000 Talern Zuschuß von Halske gegründete Kasse diente der Steigerung der Loyalität der großen Mehrheit der Mitarbeiter, die keine Tantiemen bezogen und bei denen man eine direkte Gewinnbeteiligung letztlich für nicht praktikabel hielt. Überlegungen in bezug auf eine solche Kasse hatte es schon früher gegeben. Bereits 1868 hatte Werner von Siemens überlegt, eine Pensionskasse für alle Geschäfte einzurichten und schrieb an seinen Bruder Carl:

»Jedenfalls müssen wir auch für das Tifliser Geschäft (Berg- und Hüttenmännisch) eine Pensionskasse begründen. Ich denke, wir machen eine gemeinsame, große, zu der die verschiedenen Geschäfte und die Leute selbst beitragen. Überlege Dir das doch gründlich. Im Übrigen haben Halske und ich den Reservefonds immer als ein Mittel betrachtet, die Leute an uns fest zu halten, nicht bloß die Tantiemisten.«[235]

Den Grundstock für die Pensionskasse im Alters- und Invaliditätsfall bildete eine Schenkung von 60000 Talern. Darüber hinaus verpflichtete sich das Unternehmen, für jeden Arbeiter und Beamten jährlich einen Beitrag an die von den Beteiligten gewählte Kassenverwaltung zu zahlen. Nach 30jähriger kontinuierlicher Tätigkeit bei der Firma waren die Arbeiter dann berechtigt, Altersbezüge in Höhe von zwei Dritteln des aktiven Lohns zu erhalten. Gleichzeitig bot die Kasse eine Unterstützung für Witwen und Waisen. Die Ansprüche gingen nur bei Kündigung von seiten des Arbeitnehmers verloren. Bei Entlassungen wegen mangelnder Arbeit erhielten die Arbeiter einen Anrechtsschein auf Wiedereintritt.

Viele Arbeiter blieben tätig, wenn sie bereits Ruhegeld bezogen, und schätzten die Pension als zusätzliches Einkommen und beruhigende Absicherung. Die Bindung an

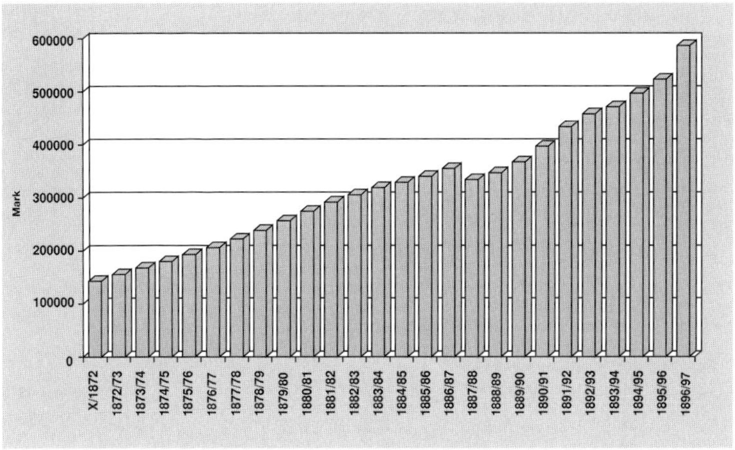

Graphik 15
Die Vermögensentwicklung der Pensionskasse von Siemens & Halske[236]

das Unternehmen wurde durch die Kasse sehr erhöht, zumal sie im Gegensatz zur staatlichen Alters- und Invaliditätsversicherung, die 1889 verpflichtend wurde, beitragsfrei war. Von der gesetzlichen Altersversicherung blieb die Pensionskasse als betriebliche Maßnahme unberührt.

In seiner betrieblichen Sozialpolitik unterdrückte Werner von Siemens aus rationalen Erwägungen seine patriarchalischen Neigungen, die bei seiner »Unternehmensphilosophie« stark zu Tage traten. Eine Einmischung in die privaten Angelegenheiten seiner Arbeiter im Sinne einer »Gutsherrenhaltung«, wie wir sie zum Beispiel bei Alfred Krupp beobachten können, ist bei Werner von Siemens auch nicht in Ansätzen erkennbar. Die Scheu vor einem solchen neopatriarchalischen Zugriff auf die Arbeiterschaft ließ ihn trotz der schwierigen Wohnungssituation in Berlin auf den Bau von Werkswohnungen verzichten. Pläne dazu gab es bei Siemens & Halske bereits 1883.[237]

Die unternehmerische Haltung von Werner von Siemens war von der Überzeugung geprägt, daß die sozialen Probleme auf der Basis des Zugeständnisses gelöst werden müßten, da alle in einem Unternehmen tätigen Personen voneinander lebten. Sein gesunder Egoismus ließ ihn in den Verhandlungen mit den Arbeitern immer wieder einen Weg finden, einerseits ihren legitimen Anspruch zu erfüllen, andererseits alles abzulehnen, was nach seiner Meinung die Firma und damit die Erwerbsmöglichkeiten der Arbeiter ruinieren könnte.

In seinen »Lebenserinnerungen« formuliert Werner von Siemens seine Motivation für innerbetriebliche Sozialleistungen so:

»Es war mir schon früh klargeworden, daß eine befriedigende Weiterentwicklung der stetig wachsenden Firma nur herbeizuführen sei, wenn ein freudiges, selbsttätiges Zusammenwirken aller Mitarbeiter zur Förderung ihrer Interessen erwirkt werden könnte. Um dieses zu erzielen, schien es mir erforderlich, alle Angehörigen der Firma nach Maßgabe ihrer Leistungen am Gewinne zu beteiligen.«[238]

Die Erkenntnis, daß die Arbeitszufriedenheit seiner Mitarbeiter sein ureigenstes Interesse war, verband sich aufs Glücklichste mit seiner philanthropischen und fürsorgenden Grundhaltung. Eine Kehrseite existierte allerdings auch: Werner von Siemens erwartete von seinen Mitarbeitern unbedingte Loyalität und eine strikte Einhaltung des Arbeitsfriedens.[239] Anstehende Konflikte sollten grundsätzlich intern und unter Ausschaltung von Außenstehenden gelöst werden. Verstöße gegen die hierarchische Firmenstruktur wurden mit Strafen bis zur Entlassung geahndet, ein Führungsstil, der von Kocka mit der auf den ersten Blick etwas widersprüchlichen Formulierung »liberaler Patriarchalismus«[240] bezeichnet wurde, jedoch eher als fürsorgerischer Patriarchalismus anzusehen ist.[241]

Die Verabschiedung der staatlichen Sozialgesetzgebung und das Wachstum des Unternehmens entzogen allerdings seit den 1880er Jahren der auf informell-patriarchalischen Führungsmethoden basierenden Sozialpolitik zunehmend ihre Grundlage.

Auf der Leitungsebene bevorzugte Werner von Siemens anstelle strikter vertraglicher Regelungen weiterhin einen engen informellen Kontakt, der mit wachsender Größe des Unternehmens sehr zu seinem Bedauern zur mittleren Beamtenschicht verloren ging. Das Top-Management blieb in der Hand der Familie und enger Freunde.

Werbung und Öffentlichkeitsarbeit

»Werbung durch Leistung« – dieses Motto des Firmengründers Werner von Siemens prägte die Öffentlichkeitsarbeit vor allem in der Anfangsphase des Unternehmens ganz wesentlich und sollte auch über seinen Tod hinaus für den Stil des Unternehmens von maßgeblicher Bedeutung bleiben.

Laute Reklame, zum Beispiel durch die Veröffentlichung von Zeitungsanzeigen, lehnte Werner von Siemens als unseriöse und dem Unternehmen nicht würdige Form der Selbstanpreisung ganz entschieden ab; vielmehr vertrat er die Einstellung, daß allein die Qualität und die Preiswürdigkeit der von ihm hergestellten Erzeugnisse potentielle Kunden zu überzeugen hatte und daß es keinerlei werblicher Begleitmaßnahmen zur Absatzsteigerung bedürfe: »Wer das Beste liefert, bleibt schließlich oben, und ich ziehe immer die Reklame durch Leistungen der durch Worte vor«[242] – dieser Standpunkt, den er in einem Brief an den Brüsseler Vertreter Rau 1876 deutlich machte, bestimmte sein Werbeverhalten maßgeblich. Seine Auffassung war bei vielen deutschen Unternehmern seiner Zeit verbreitet[243]; sie resultierte aus der Struktur der Nachfrage, die in vielen Industriebereichen auf einen kleinen und abgegrenzten Markt ausgerichtet war, so daß es einer besonderen Werbetätigkeit seitens der Anbieter auch gar nicht bedurfte. Diese, bis in die siebziger Jahre des 19. Jahrhunderts weit verbreitete Absatzstrategie, die in der Literatur auch als Produktionsorientierung bezeichnet wird[244], basierte einzig auf dem Vertrauen in die Qualität der angebotenen Produkte; Unternehmer versuchten möglichst hochwertige Produkte zu einem möglichst niedrigen Verkaufspreis auf den Markt zu bringen, jedoch ohne besondere Maßnahmen zur Förderung des Verkaufs oder zur Erschließung neuer Absatzmärkte zu unternehmen.

Besondere Methoden der Absatzsteigerung, wie sie von innovativen Unternehmern, zum Beispiel dem großen Konkurrenten der Telegraphen-Bauanstalt Siemens & Halske, Emil Rathenau, angewandt wurden, der zu Werbezwecken das Münchener Residenztheater mit Edisonlampen anstrahlen ließ, um die Vorteile der elektrischen Beleuchtung zu demonstrieren und latent vorhandene Bedürfnisse zu wecken, bezeichnete Werner von Siemens als »Skandal«.[245]

Das vor allem in der Anfangszeit zurückhaltende Werbeverhalten von Siemens & Halske wurde durch das enge, auf einen kleinen abgegrenzten Markt zielende Produktspektrum begünstigt; aber auch durch die Tatsache, daß die ersten elektrotechnischen Produkte – etwa die Telegraphenanlagen – der Abdeckung einer nicht unmittelbar marktbestimmten und nicht der allgemeinen Konjunkturentwicklung unterworfenen Nachfrage dienten. Der seriöse, weitgehend durch die Persönlichkeit Werner von Siemens geprägte Firmenstil war auf einen kleinen Interessenten- und Abnehmerkreis ausgerichtet; potentielle Kunden waren Behörden, z.B. die Post und die Eisenbahn und große Industrieunternehmen. Erst die 1873 einsetzende »Gründerkrise« und die anschließende Phase verlangsamter wirtschaftlicher Entwicklung machten die Bedeutung von Faktoren wie aktiver Verkaufsförderung und Öffentlichkeitsarbeit deutlich, ohne daß diese Erkenntnisse jedoch unmittelbar in praktisches Handeln umgesetzt wurden.[246] Im Bereich der elektrotechnischen Industrie gaben die Fortschritte der Starkstromtechnik die entscheidenden Impulse für einen Wandel der Absatzstrategien. Die steigende Bedeutung der Starkstromtechnik und der Einführung der Massenproduktion erforderten eine verstärkte Kunden- und Verkaufsorientierung; denn im Gegensatz zu den auf den kleinen Markt zielenden Schwachstromprodukten konnten mit Starkstromerzeugnissen heterogene Käuferschichten erschlossen werden. Potentielle Abnehmer waren neben Behörden und großen Industrieunternehmen zunehmend auch kleinere Handwerksunternehmen und private Haushalte.[247]

Siemens & Halske reagierte nur zögernd auf die veränderten Marktbedingungen, die vor allem vor dem Hintergrund der anwachsenden Konkurrenz durch die Gründung zahlreicher kleiner Elektrounternehmen seit Ende der siebziger Jahre die Notwendigkeit aktiver verkaufsfördernder Maßnahmen sowie eine planmäßige Erschließung der Absatzgebiete überdeutlich machte. Im Vertriebsbereich wurden die neuen Märkte seit Mitte der 1870er Jahre durch die Beauftragung von Regionalvertretern erschlossen, die auch eigenmächtige Versuche unternahmen, durch werbliche Maßnahmen ihren Absatz zu steigern. Diese Unternehmungen wurden allerdings in Berlin nicht gerne gesehen. Werner von Siemens wies zum Beispiel den Dresdener Vertreter Buffleb in einem persönlichen Brief darauf hin, daß er sich zunächst einmal auf die Ausführung von Anlagen konzentrieren solle, bevor er agitatorische Maßnahmen in Betracht ziehe.[248]

Werner von Siemens schätzte die langfristige Wirkung werblicher Äußerungen äußerst gering ein, denn »den schliesslichen Erfolg wird immer das Beste davontragen, mag weniger Gutes noch so grosse Kommercielle Vorsprünge gewonnen haben. Darum lässt mich die von Ihnen gefürchtete Reklame anderer auch sehr kalt«, so seine Meinung in einem Schreiben aus dem Jahr 1878.[249] Seine Mißbilligung werblicher Äußerungen zeigt sich vor allem in seiner großen Abneigung gegen die seit den 1850er Jahren in Tageszeitungen und Zeitschriften vermehrt auftretende Anzeigenwerbung[250]; Werner von Siemens hielt die Annoncierung von Waren oder Dienstleistungen in Zeitungen oder Fachzeitschriften für unseriöses Geschäftsverhalten. In der konstituierenden Sitzung des Elektrotechnischen

Vereins am 20. Dezember 1879 setzte er sich dafür ein, daß die geplante Vereinszeitschrift (»Elektrotechnische Zeitschrift«, ETZ) nicht zur Veröffentlichung von Annoncen benutzt werden dürfe und führte dazu aus, daß

»in neuerer Zeit in Verbindung mit der Herausgabe anderer technischer Zeitschriften ein Reklamewesen hervorgetreten (sei), welches illegitimen Geschäftsinteressen diene, den reellen Geschäftsbetrieb und das Publikum schädige und die Zeitschriften in ihrem wissenschaftlichen Werthe beeinträchtige. ... Durch das Annoncenwesen werde überdies ein Druck auf die Gewerbetreibenden ausgeübt, welches die Würde eines Organs, wie es der elektrotechnische Verein zu schaffen habe, nicht entspreche. (Er) wünsche sich aber, dass alle Unsauberkeiten von der zukünftigen Vereins-Zeitschrift ferngehalten würden und beantrage daher, die Veröffentlichung von Annoncen jeder Art durch diese Zeitschrift gundsätzlich auszuschliessen.«[251]

Daß seine »Firma nie annoncierte und nur durch gute Leistungen Reklame machte« – wie Werner von Siemens in seinen »Lebenserinnerungen« bemerkte[252] – entspricht jedoch nicht ganz der Wahrheit; seit Ende der achtziger Jahre finden sich neben den von den Vertretern geschalteten Inseraten durchaus auch vereinzelte Anzeigen für den Glühlampenbereich von Siemens & Halske in technischen Fachzeitschriften.

Die Firma entschloß sich jedoch erst im Jahr 1892 – auf Anregung einzelner Technischer Büros –, in den am häufigsten gelesenen Tageszeitungen der einzelnen Vertreterbezirke regelmäßig zu inserieren. Alle Zweigniederlassungen und Technischen Büros (ausgenommen S&H Tokyo) sowie alle Vertreter (ausgenommen der Exportverband Bremen & Co. in Hamburg sowie die Vertreter in Rom und Mailand) wurden per Rundschreiben angewiesen, einmal monatlich in Zeitungen und technischen Zeitschriften zu annoncieren.[253] Die einheitliche Gestaltung der Anzeigen wurde durch die Vorgabe eines Entwurfs geregelt, denn man war der Ansicht, daß »Annoncen, um wirksam zu sein, in gleicher Form und in bestimmt festgesetzten Zwischenräumen zu erscheinen hätten«.[254] Diese Bestimmun-

Bild 96
Inserat der Vertreterfirma Ad. Buffleb in Dresden für Glühlampen von Siemens & Halske, 1888/89 in der »Elektrotechnischen Zeitschrift«

gen sind ein frühes Beispiel für die Zentralisierung von Werbemaßnahmen bei Siemens. Seit Ende der 1890er Jahren wurden in jeder Nummer der »Elektrotechnischen Zeitschrift« ganzseitige Anzeigen aufgegeben, die unter dem Titel »Nachrichten von der Siemens & Halske AG« erschienen und eine Mischform zwischen redaktioneller Notiz und werblicher Anzeige darstellten.[255]

Trotz seiner Zurückhaltung im engeren werblichen Bereich betrieb Werner von Siemens eine gezielte Öffentlichkeitsarbeit und bediente sich zahlreicher Mittel, deren werblichen Wert er sehr wohl erkannte, die er aber nicht als Reklame betrachtete. Er nutzte dabei alle ihm damals zur Verfügung stehenden Möglichkeiten, um den Unternehmensleistungen Publizität zu verschaffen.

Durch seine rege Vortragstätigkeit, zum Beispiel in Hochschulen, vor technischen Vereinen und Verbänden, in politischen und wirtschaftlichen Kreisen sowie durch zahlreiche Veröffentlichungen machte Werner von Siemens seine Arbeiten im In- und Ausland bekannt. Die Bedeutung von Zeitungen und Zeitschriften als wichtige Multiplikatoren hat er sehr wohl erkannt und sie unter Meidung des

Anzeigenteils gerne genutzt. Viele seiner wissenschaftlichen und technischen Arbeiten ließ er in Zeitungen oder Fachzeitschriften, so zum Beispiel in »Dinglers Polytechnischem Journal«, in »Poggendorffs Annalen«, in der »Zeitschrift des Deutsch-Österreichischen Telegraphenvereins« oder der »Elektrotechnischen Zeitschrift«, an deren Entstehung er maßgeblich beteiligt war, veröffentlichen. Er sah aber auch die weitergehenden Möglichkeiten dieser Medien und betonte in einem Brief im Jahr 1886 die Notwendigkeit, die

»Verbindung mit der Journalistik aufrecht zu erhalten resp. diese unseren Interessen dienstbar zu machen. Wir haben diese bisher zu sehr vernachlässigt ... Das geht nicht mehr so.«[256]

Einen Schwerpunkt der Öffentlichkeitsarbeit bildete das Messe- und Ausstellungswesen, das zu den wichtigsten Werbemedien der Zeit gehörte. Werner von Siemens war sich der hohen Werbewirkung dieser Veranstaltungen durchaus bewußt: »Im Grunde sind diese Ausstellungen ... Reklameeinrichtungen zur Hebung des Aktienkurses der teilnehmenden Gesellschaften!«[257] Nationale und internationale Fachausstellungen nutzte er als Plattform, um die neuesten technischen Leistungen des Unternehmens der Fachwelt, potentiellen Kunden aus Politik und Wirtschaft und der Öffentlichkeit vorzustellen. Das Unternehmen beteiligte sich Zeit seines Lebens an zahlreichen nationalen und internationalen Fach- und Sonderausstellungen, denn Werner von Siemens erachtete die regelmäßige Beteiligung an diesen Veranstaltungen trotz des damit verbundenen Aufwandes und hoher Kosten als notwendig, um der Erwartungshaltung des Publikums zu entsprechen und dem Ansehen der Firma als Pionier der Elektrotechnik gerecht zu werden. Anläßlich der Berliner Ausstellung 1879 schrieb er seinem Bruder Carl:

»Die Berliner Gewerbeausstellung für nächsten Sommer nimmt immer größere Dimensionen an! Wir müssen uns schon anständig beteiligen, wenn wir die leitende Position in der Berliner Indu-

Bild 97
Blick in die große Maschinenhalle mit der Abteilung von Siemens & Halske auf der Internationalen Elektrotechnischen Ausstellung in Frankfurt a. M., 1891

strie behaupten wollen. Wir werden auch eine elektrische Eisenbahn mit Lokomotive ausstellen, die großes Aufsehen machen wird.«[258]

Über die Pariser Internationale Elektrizitätsausstellung 1881 schrieb er an den Bruder Wilhelm:

»Wir müssen hier sogar sehr vollständig ausstellen, denn alle Welt rechnet auf uns, daß Deutschland sich nicht blamirt, wie es ohne uns zweifelhaft der Fall wäre. Es hieße auch unseren hiesigen Nachahmern und Concurrenten das Terrain preisgeben ... und die ganze deutsche Presse auf ihre Seite bringen.«[259]

Die zahlreichen der Telegraphen-Bauanstalt von Siemens & Halske verliehenen Ausstellungsprämierungen steigerten zusätzlich das Ansehen der Firma in Fachwelt und Öffentlichkeit.[260]

Werner von Siemens wußte nicht nur die Werbewirkung

der Ausstellungen vor großem Publikum, sondern auch den Wert der praktischen Vorführungen technischer Neuheiten vor Fachleuten, bei Betriebsbesichtigungen oder im kleineren privaten Rahmen zu schätzen. Seinem Bruder Wilhelm berichtete er zum Beispiel nach einer Demonstration des Zeigertelegraphen in Hannover im Januar 1848:

»Ich wurde sehr kühl und mit bedeutendem Vorurteil aufgenommen, doch schon nach der ersten Besichtigung waren alle ganz von meinem Telegraphen eingenommen.«[261]

Positive Auswirkung auf das Beleuchtungsgeschäft versprach sich Werner von Siemens im Frühjahr 1879 durch die Veranstaltung eines Ballabends, über dessen Erfolg er Wilhelm berichtete:

»Hoffentlich ist Dein Sonnabend-Diner ebenso gut ausgefallen wie mein großer Ball. Das Urteil war, daß große Bälle usw. ohne elektrische Beleuchtung künftig undenkbar seien.«[262]

Werner von Siemens hegte aber auch keine Bedenken, mit spektakulären Aktionen in die Öffentlichkeit zu gehen, wie zum Beispiel anläßlich des Kaiserauftrittes im Dezember 1878, als er ein großes und durch 16 Kerzen beleuchtetes W in der Breite des Fahrdamms vor dem Berliner Fabrikgebäude an einem Drahtseil aufzuhängen gedachte und damit die Hoffnung verband, daß »die Sache ... Effekt und gleichzeitig Reklame machen«[263] werde.

Charakteristisch für die Gestaltung von Werbung und Öffentlichkeitsarbeit in der Anfangsphase des Unternehmens ist der dominierende Einfluß der starken Gründerpersönlichkeit Werner von Siemens. Zur Profilierung eines positiven Firmenbildes trug er nicht nur durch seine werblichen Aktivitäten, sondern auch durch innerbetriebliche, organisatorische Maßnahmen, durch soziale Einrichtungen (z.B. Pensionskasse, Erfolgsbeteiligung) und seinen fürsorgerischen liberalen Patriarchalismus bei. Nicht zuletzt haben auch sein politisches Engagement sowie sein Einsatz für gesellschaftliche Anliegen das Unternehmensimage mitbestimmt.

Eine Organisation der Werbung und eine einheitliche graphische Gestaltung der Werbemittel gab es zu seinen Lebzeiten nicht. Nach dem Motto »Werbung durch Leistung« prägte Werner von Siemens als sein eigener Werbechef und Public-Relations-Manager das Erscheinungsbild des Unternehmens.

Erst im Jahr 1900 wurden – um zu einer gewissen Vereinheitlichung in Teilbereichen zu kommen – für die Siemens & Halske AG und 1905 für die Siemens-Schuckertwerke GmbH sogenannte »Literarische Bureaus« sowie zahlreiche Werkswerbestellen eingerichtet. Die Funktion der neugebildeten Literarischen Bureaus bezog sich auf die »Herstellung sämmtlichen Informations- und Propaganda-Materials, ... das durch Druck oder auf sonstigem Wege vervielfältigt werden soll«; es handelte sich dabei um Preislisten, Druckschriften, Nachrichten und sonstige Drucksachen. Die Verantwortlichkeit für das Werbematerial lag allerdings bei den Vertriebsabeilungen, was zu einer Zersplitterung der werblichen Kompetenzen und einer sehr heterogenen und wenig konstanten Werbegestaltung führte.[264]

Auch das Firmenzeichen wurde erst wenige Jahre nach dem Tod von Werner von Siemens gestaltet. Während in der Frühzeit des Unternehmens die Produkte von Siemens & Halske uneinheitlich mit vollem Namen oder durch die miteinander verschlungenen Buchstaben S und H gekennzeichnet waren, wurde im Jahr 1899 erstmals das einheitliche Warenzeichen als Monogramm aus den Buchstaben S und H eingeführt. In Anlehnung an dieses Zeichen wurde mit der Gründung der Siemens-Schuckertwerke GmbH ebenfalls ein Signet aus den Anfangsbuchstaben des Namens gestaltet.

Die politische Haltung des Unternehmers Werner von Siemens

Werner von Siemens war als Unternehmer und auch als Wissenschaftler und Erfinder zu stark engagiert, um sich intensiv und über längere Zeit der Politik widmen zu können. Politisch betätigt hat er sich daher nur über kürzere Zeitspannen und in bestimmten Sachfragen, an denen er besonderes Interesse hatte. Als Politiker oder auch als Lobbyist hat er sich nie verstanden.

Für die politische Einstellung von Werner von Siemens ist sicherlich das liberal geprägte Elternhaus verantwortlich gewesen, für die späteren Modifikationen der Kontakt mit dem preußischen Staat. Für seine liberale Grundhaltung gibt es schon in der Militärzeit zahlreiche Indizien, so vor allem die vorbehaltlose Begrüßung der Revolution von 1848. Da Werner von Siemens jedoch auf den preußischen Staat und später auf das besonders reaktionäre Rußland als Auftraggeber angewiesen war, blieb er aus Geschäftsinteresse zu den Revolutionären auf Distanz. Diese Haltung wird auch verständlich, wenn man bedenkt, daß Werner von Siemens zum Beispiel vor der Einreise nach Rußland mehrfach politisch überprüft wurde.

Der Politik widmete sich Werner von Siemens erst in den 1860er Jahren, obwohl sich sein Unternehmen noch im Aufbau befand und immer noch finanzielle und organisatorische Probleme hatte. 1860 trat er in den Nationalverein ein, in dem sich 1859 – nach dem Vorbild der italienischen Società Nazionale – Liberale und Demokraten zusammengeschlossen hatten, um die deutsche Einheit zu fördern. Je mehr sich Preußen von den Anfängen der Neuen Ära unter Wilhelm I. einer nichtkonstitutionellen Politik zuwandte, desto schwieriger wurde die Position des Nationalvereins.

Eindeutig gegen die preußische Regierung stellte sich Werner von Siemens, als er 1861 Kontakt zu Landtagsabgeordneten knüpfte, die vor allem in Opposition gegen die von Roon initiierte preußische Heeresreform eine neue liberale Partei gründen wollten. In seinen »Lebenserinnerungen« schreibt Werner von Siemens sich das Verdienst zu, an der Namensgebung dieser neuen Partei maßgeblich beteiligt gewesen zu sein. Der Abgeordnete Schulze-Delitzsch habe als Namen »Deutsche Partei«, er, Werner von Siemens, »Fortschrittspartei« vorgeschlagen. Beschlossen wurde dann die Gründung der »Deutschen Fortschrittspartei«.

Die Deutsche Fortschrittspartei feierte bereits bei den Landtagswahlen im Dezember 1861 einen großen Erfolg und wurde mit 109 Abgeordneten die stärkste Gruppe im Parlament. Zusammen mit dem linken Zentrum konnte sie die Regierungspläne bezüglich der Heeresreform blokkieren. Der König reagierte darauf mit einer Entlassung der liberalen Minister und der Auflösung der Kammer im März 1862.

Für die Neuwahlen wurde Werner von Siemens als Kandidat für den Wahlkreis Lennep-Solingen nominiert. Der triumphale Erfolg der Fortschrittspartei, die 230 von 352 Mandaten errang, verschaffte auch Werner von Siemens einen Sitz im Landtag, so daß er mit seiner Partei weiterhin eine oppositionelle Linie in der Heeresfrage verfolgen konnte. Auf dem Höhepunkt des Streits um die Heeresvorlagen schrieb er am 10. Juni 1863 an seine Frau:

»Ich bin entschlossen, mir nicht das geringste gefallenzulassen, komme daraus, was wolle. Bleibt Preußen lange wie es ist, so habe ich gar nicht Lust, ihm noch lange die Ehre meiner Gegenwart zu schenken.«[265]

Werner von Siemens ist jedoch charakteristisch für die Wandlung vieler deutscher Liberaler. Die militärischen Erfolge Bismarcks ließen ihn unsicher werden, und namentlich der Sieg im deutsch-österreichischen Krieg 1866 bewirkte einen Stimmungsumschwung, der in einem Schreiben vom September 1866 an seinen Bruder Wilhelm deutlich wird:

Bild 98
Der Preußische Landtag, darunter Werner von Siemens, der 1862–66 Abgeordneter der Deutschen Fortschrittspartei war

»Daß Bismarck wirklich jetzt vom Heiligen Geiste einer großen nationalen Mission ergriffen ist, daß er den Willen hat, kein halbes, sondern ein ganzes Deutschland zu begründen, davon bin ich jetzt fest überzeugt. Darum habe ich mich auch von den meisten meiner alten politischen Freunde getrennt und habe für das Vertrauensvotum für seine äußere Politik gewirkt und gestimmt, als welches er die Bewilligung des Kredites auffassen zu wollen erklärte. Damit soll nun aber, wie ich denke, meine politische Laufbahn vorderhand wenigstens abgeschlossen sein. Ich werde meinen Wählern Rechenschaft ablegen und gleichzeitig mein Mandat niederlegen.«[266]

Werner von Siemens befürwortete daher die Versöhnung des Abgeordnetenhauses mit der Regierung. Mit einem Indemnitätsgesetz, das die Regierung von ihrer Verantwortung für nicht bewilligte Ausgaben der Jahre 1862–65 entlastete, gelang schließlich auch der Ausgleich.

Die Fortschrittspartei geriet nach der Schlacht von Königgrätz in eine Krise. Bei den Wahlen im Juli 1866 hatte sie schwere Verluste hinzunehmen, im Herbst spaltete sich eine Gruppe ab, die den Grundstock für die Nationalliberale Partei bildete, die im künftigen Norddeutschen Reichstag ihr Auskommen mit Bismarck suchte und fand. Für den Landtag oder Reichstag kandidierte Werner von Siemens künftig nicht mehr.

Als Liberaler, der mit Bismarck nach 1866 seinen Frieden machte, stand Werner von Siemens keineswegs allein.[267] Große Teile des deutschen Bürgertums dachten damals ähnlich und zogen sich im Vertrauen auf Bismarck aus der Politik zurück. Werner von Siemens hat seine Entscheidung rückblickend bedauert, nachdem er feststellen mußte, daß die landbesitzende führende Schicht ihre politische Führungsrolle behaupten konnte.

Wenn Werner von Siemens sich 1866 aus der Politik zurückzog, war daran nicht allein die Krise des preußischen Liberalismus schuld, sondern auch eine Auseinandersetzung mit seinem Wahlkreis Lennep-Solingen. Mit den dortigen Fabrikanten gab es Meinungsverschiedenheiten über die Kennzeichnungspflicht deutscher Ware und über die Schutzzölle. Werner von Siemens befürwortete nachdrücklich die Kennzeichnung deutscher Ware als deutsch, anstatt sie wie bislang üblich mit englischen Siegeln zu versehen. Darin sah er auch einen wichtigen Beitrag zur Ausbildung des deutschen Fabrikantenstolzes. Auch als Lobbyist für Schutzzölle wollte er sich nicht einspannen lassen, denn er schätzte deren Wirkung eher nachteilig ein:

»Ein wirksames Schutzzollsystem, welches der Industrie den Konsum des eigenen Landes sichert, läßt sich überhaupt nur dann konsequent durchführen, wenn dieses Land, wie z.B. die Vereinigten Staaten von Nordamerika, alle Klimate umfaßt und alle Rohprodukte, deren seine Industrie bedarf, selbst erzeugt. Ein solches Land kann sich gegen jeden Import absperren, vermindert dadurch aber gleichzeitig seine eigene Exportfähigkeit. Es muß als ein Glück für Europa betrachtet werden, daß Amerika durch sein prohibitives Schutzzollsystem die gefahrdrohende, schnelle Entwicklung seiner Industrie gehemmt und seine Exportfähigkeit verringert hat.«[268]

Solche profunden Meinungsverschiedenheiten mit den auf Schutzzölle drängenden Fabrikanten seines Wahlkreises machten Werner von Siemens den Abschied von seinem Abgeordnetenmandat zusätzlich leicht. In der Rückschau hatte der zum nationalliberalen Bismarck-Freund gewechselte frühere Oppositionelle sogar etwas Mühe, seine frühere Haltung zu rechtfertigen. In seinen »Lebenserinnerungen« hat er Schwierigkeiten, seine ablehnende Position gegen die Erhöhung des preußischen Militärbudgets ins rechte Licht zu rücken. In der Tat hatte ihn seine Opposition aus den 1860er Jahren bei Wilhelm I. nachhaltig Sympathien gekostet. Bei einer offiziellen Gelegenheit soll dieser recht unwirsch gesagt haben, er kenne keinen Leutnant Siemens. So war es denn auch erst dessen Nachfolger, der liberal gesinnte Kaiser Friedrich III., der Werner von Siemens 1888 in den Adelsstand erhob.

Der Verzicht auf eine erneute Kandidatur bedeutete jedoch nicht, daß Werner von Siemens sich gänzlich aus der Politik zurückzog. Nun waren es aber mehr Spezialfragen, zu denen er als Sachverständiger konsultiert wurde oder an denen er besonderes eigenes Interesse hatte. Besonders am Herzen lag ihm die Neuordnung des Patentwesens, der er sich nach dem deutsch-französischen Krieg 1870/71 mit großer Energie zuwandte. Patente wurden in Preußen nach Ermessen der Beamten höchstens auf drei Jahre erteilt und mußten bislang in jedem Staat des Zollvereins einzeln beantragt werden. Erfinder bemühten sich daher, ihre Erfindungen zunächst in England, Frankreich oder Nordamerika zu verwerten, wo sie einen wesentlich umfassenderen Patentschutz genossen.

Werner von Siemens hatte bereits 1863 für die Berliner Handelskammer, in deren Ältestenkollegium er seit 1855 tätig war, ein Gutachten zum Patentschutz verfaßt. Um die Sache nun voranzubringen, rief er einen Patentschutzverein unter seinem Vorsitz ins Leben, für den er auch einige Juristen gewinnen konnte. Dieser Verein arbeitete einen Gesetzentwurf aus, der folgende Regelung vorsah: Jede gemeldete Erfindung mußte zunächst auf ihre Neuheit hin voruntersucht werden, eine Beschreibung öffentlich ausgelegt werden. Erteilte Patente sollten dann vollständig publiziert, der Patentschutz bei jährlich steigenden Abgaben bis auf 15 Jahre ausgedehnt werden. Ein Patentgericht konnte nachträglich über die eventuelle Nichtigkeit von Patenten befinden.[269]

In seinen »Lebenserinnerungen« hob Werner von Siemens besonders hervor, daß dieses Gesetz seinen freihändlerischen Überzeugungen in keiner Weise zuwiderlief, da der Patentschutz an die sofortige und vollständige Veröffentlichung der Erfindung gekoppelt war. Die Reichsregierung reagierte nicht sofort auf den Vorschlag des Patentvereins. In einer Eingabe an den Reichskanzler wies Werner von Siemens auf den schlechten Ruf deutscher Produkte im Ausland hin, die als billig und schlecht galten, und betonte, daß der verbesserte Patentschutz hier Abhilfe schaffen konnte. Daraufhin wurde 1877 ein neues Patentgesetz verabschiedet, das eine leicht modifizierte Fassung des Vorschlags des Patentschutzvereines war.[270]

Mit der Patentschutzgesetzgebung hatte Werner von Siemens erstmals erfolgreich als außerparlamentarischer Interessenvertreter auf die Politik Einfluß genommen. Er stellte sich mit persönlichem Engagement dieser Sache auch weiterhin zur Verfügung und wurde nach der Einführung des Reichspatentgesetzes Mitglied des Patentamtes. In diesem Amt erhielt er zu seiner Erheiterung den Titel »Geheimer Regierungsrat«. Auf die wissenschaftlichen Auszeichnungen und Ehrungen, die ihm im Laufe seines Lebens zuteil wurden, hat er dagegen in seinen »Lebenserinnerungen« stolz zurückgeblickt. Dazu gehörte das Privileg, von der französischen Akademie der Wissenschaften gehört zu werden (1850), die Verleihung der Ehrendoktorwürde der Philosophischen Fakultät der Universität Ber-

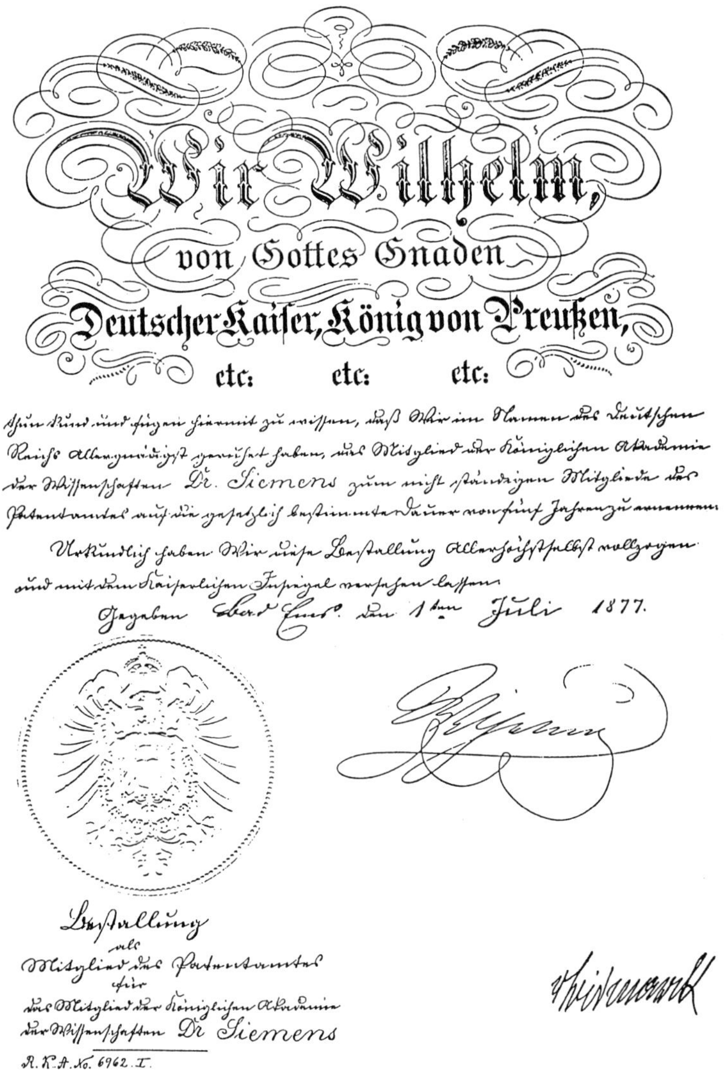

Wir Wilhelm,
von Gottes Gnaden
Deutscher Kaiser, König von Preußen,
etc: etc: etc:

thun kund und fügen hiermit zu wissen, daß Wir im Namen des Deutschen Reichs Allergnädigst geruhet haben, das Mitglied der Königlichen Akademie der Wissenschaften Dr. Siemens zum nicht ständigen Mitgliede des Patentamtes auf die gesetzlich bestimmte Dauer von fünf Jahren zu ernennen.

Urkundlich haben Wir diese Bestallung Allerhöchstselbst vollzogen und mit dem Kaiserlichen Insiegel versehen lassen.

Gegeben Bad Ems den 1ten Juli 1877.

Bestallung
als
Mitglied des Patentamtes
für
das Mitglied der Königlichen Akademie der Wissenschaften Dr Siemens

R. K. A. No. 6962. I.

Bild 99
Ernennungsurkunde für Werner von Siemens zum Mitglied des neu gegründeten Reichspatentamtes, 1877

EX DECRETO AMPLISSIMI PHILOSOPHORVM ORDINIS
PROMOTOR LEGITIME CONSTITVTVS
FRIDERICVS ADOLPHVS TRENDELENBVRG
THEOLOGIAE ET PHILOSOPHIAE DOCTOR PROFESSOR PVBLICVS ORDINARIVS ACADEMIAE SCIENTIARVM REGIAE BORVSSICAE SECRETARIVS ORDINIS REGII AQVILAE RVBRAE IN CLASSE SECVNDA CVM QVERNEA FRONDE EQVES ACADEMIAE LITTERARVM ET SCIENTIARVM REGIAE BOICAE SOCIVS EXTRANEVS ORDINARIVS
FACVLTATIS PHILOSOPHICAE H. T. DECANVS
VIRO EXPERIENTISSIMO PER OMNEM EVROPAM CLARISSIMO
WERNERO SIEMENS
HANNOVERANO
QVI QVVM SAECVLVM NOSTRVM FVLMINIS ET VI ET VELOCITATE NVNTIOS MITTERE DISCERET APPARATVS TELEGRAPHICOS EMENDAVIT AVXIT PERFECIT ATQVE SCIENTIAM ELECTRICES ET STATICAM ET DYNAMICAM AMPLIFICAVIT
VIRO OFFICINA TELEGRAPHICA DE VRBE NOSTRA IMPRIMIS MERITO
PHILOSOPHIAE DOCTORIS ET ARTIVM LIBERALIVM MAGISTRI
ORNAMENTA ET HONORES
IN SOLLEMNIBVS VNIVERSITATIS ANTE QVINQVAGINTA ANNOS CONDITAE
DIE XVI M. OCTOBRIS A. MDCCCLX.
HONORIS CAVSA CONTVLIT
COLLATAQVE
PVBLICO HOC DIPLOMATE
PHILOSOPHORVM ORDINIS OBSIGNATIONE COMPROBATO
DECLARAVIT.

L. S.

BEROLINI
FORMIS ACADEMICIS.

Bild 100
Ehrendoktor-Diplom der Berliner Universität für Werner von Siemens, 1860

lin (1860) und die Aufnahme in die Königliche Akademie der Wissenschaften zu Berlin (1873).

Seiner wissenschaftlichen Ausrichtung entsprechend war es Werner von Siemens ein besonderes Anliegen, durch politische Einflußnahme die wissenschaftliche Ausbildung des Ingenieurnachwuchses zu fördern. Er hatte sich 1879 an der Gründung des Elektrotechnischen Vereins unter Federführung von Heinrich von Stephan beteiligt. Ziel dieses Vereins war – neben der Festlegung eines elektrischen Maßsystems – die Förderung der Einrichtung von Professuren für Elektrotechnik an den Technischen Hochschulen. Darüber hinaus hielt Werner von Siemens aber auch die Einrichtung eines Instituts, das ausschließlich der naturwissenschaftlichen Forschung diente, für sinnvoll. Er war bereit, hier nicht nur als Wissenschaftspolitiker, sondern auch als Mäzen tätig zu werden. In seinem Testament

AUSPICIIS SERENISSIMI AC POTENTISSIMI
GUILELMI
BORUSSORUM REGIS
Academiae Scientiarum Borussicae Protectoris Clementissimi
Virum Illustrem suisque titulis condecorandum
WERNERUM SIEMENS
Regiae nostrae Academiae
SOCIUM
declaramus eumque honore, privilegiis, beneficiis Academicorum ordini concessis rite ornamus.
Cujus rei ut plena fides existat, ex decreto Academiae in acta relato hasce litteras sigillo nostro publico et subscriptione consueta munitas expediri jussimus.
Berolini die 22.m.Dec. anno 1873.

Bild 101
Ernennungsurkunde für Werner von Siemens zum Mitglied der Königlich Preußischen Akademie der Wissenschaften zu Berlin, 1873

hatte er eine Stiftungssumme zur Förderung der naturwissenschaftlichen Forschung vorgesehen, entschloß sich aber, der Reichsregierung schon vor seinem Tod ein Grundstück für ein solches Reichsinstitut anzubieten. Das Reich sollte dann die Baukosten und den Unterhalt des Instituts tragen. 1885 kam es zu einer entsprechenden Vereinbarung mit der Regierung und zur Gründung der Physikalisch-Technischen Reichsanstalt auf einem Siemens-Grundstück in Charlottenburg.

Werner von Siemens zeigte sich als politisch handelnder Mensch ganz und gar als ein Kind seiner Zeit. Er ließ sich von der 1848er Revolution zunächst begeistern, wahrte jedoch Abstand zu der »blutroten Partei« und distanzierte sich bald wieder. In der liberalen Aufbruchsstimmung der

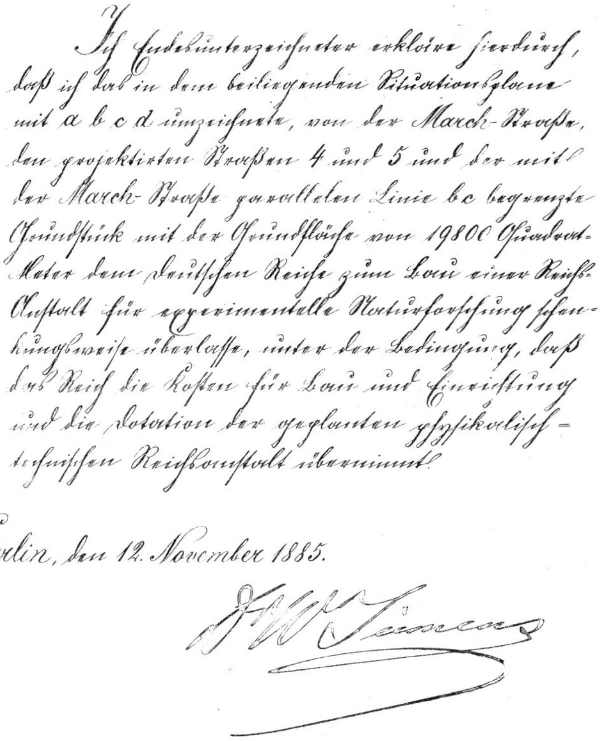

Ich Endesunterzeichneter erkläre hierdurch,
daß ich das in dem beiliegenden Situationsplane
mit a b c d umzeichnete, von der March-Straße,
den projektirten Straßen 4 und 5 und der mit
der March-Straße parallelen Linie bc begrenzte
Grundstück mit der Grundfläche von 19800 Quadrat-
Meter dem deutschen Reiche zum Bau einer Reichs-
Anstalt für experimentelle Naturforschung schen-
kungsweise überlasse, unter der Bedingung, daß
das Reich die Kosten für Bau und Einrichtung
und die Dotation der geplanten physikalisch-
technischen Reichsanstalt übernimmt.

Berlin, den 12. November 1885.

W. Siemens

Bild 102
Schenkungsurkunde von Werner von Siemens über das Grundstück in Berlin für die Physikalisch-Technische Reichsanstalt, 1885

Neuen Ära und während des preußischen Verfassungskonfliktes wurde er politisch aktiv. Nach Bismarcks militärischen und außenpolitischen Erfolgen und nach der Reichsgründung wandelte er sich zu einem Anhänger der Regierung und äußerte sich nur noch im privaten Bereich gelegentlich kritisch. Den politischen Einfluß, den er als erfolgreicher Industrieller nehmen konnte, stellte er ganz in den Dienst der Lösung einzelner Sachfragen, an denen er ein persönliches Interesse hatte. Die von ihm in seinen

Bild 103
Die Physikalisch-Technische Reichsanstalt in Berlin, gegründet 1887

Lebenserinnerungen gemachten Ausführungen über die zukünftige Rolle Europas haben auch ein Jahrhundert nach seinem Tod nichts an Aktualität eingebüßt:

»... wenn Europa seine dominierende Stellung in der Welt behaupten oder doch wenigstens Amerika ebenbürtig bleiben will, so wird es sich beizeiten auf diesen Kampf vorbereiten müssen. Es kann dies nur durch möglichste Wegräumung aller innereuropäischen Zollschranken geschehen, die das Absatzgebiet einschränken, die Fabrikation verteuern und die Konkurrenzfähigkeit auf dem Weltmarkt verringern.«[271]

Werner von Siemens: Erfinder und internationaler Unternehmer

Das Interesse an der nutzenbringenden Umsetzung neuer Erkenntnisse und Entwicklungen ließ Werner von Siemens zum praxisorientierten Erfinder und zugleich zum internationalen Unternehmer werden. Er gab nicht nur durch seine Erfindungen der jungen Wissenschaft Elektrotechnik wichtige Impulse, sondern hat darüber hinaus als Unternehmer die Entwicklung der Elektroindustrie entscheidend gefördert.

Durch diese Synthese von Wissenschaft und Unternehmertum schuf er die Grundlage für das bis heute bestehende Geschäftsverständnis des Hauses Siemens, das sich mit der technisch-wirtschaftlichen Nutzung der Elektrizität im universalen Sinne umschreiben läßt und die fast ausschließliche Beschränkung auf die Elektrotechnik und die Elektronik, die Betätigung als Universalist auf fast allen Gebieten des elektrotechnischen Spektrums und die Vertretung auf allen Regionalmärkten der Welt einschließt.[272]

Zwar hat sich Werner von Siemens selbst vorrangig als Wissenschaftler und Erfinder verstanden, aber ein Bericht, den er der Berliner Akademie der Wissenschaften am 17. Januar 1867 mit dem Titel »Über die Umwandlung von Arbeitskraft in elektrischen Strom ohne Anwendung permanenter Magnete« vorlegte, wies ihn nicht nur als qualifizierten Wissenschaftler und Forscher, sondern auch als vorausschauenden Unternehmer aus. So leitete er aus den

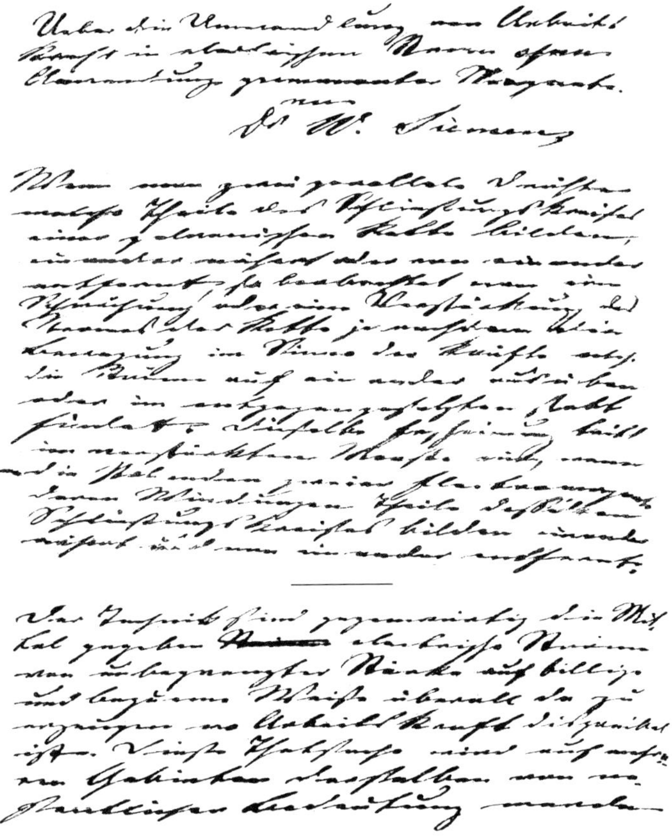
Ueber die Umwandlung von Arbeitskraft in elektrischen Strom ohne Anwendung permanenter Magnete.
von
Dr W. Siemens

Der Technik sind gegenwärtig die Mittel gegeben elektrische Ströme von unbegrenzter Stärke auf billige und bequeme Weise überall da zu erzeugen wo Arbeitskraft disponibel ist. Diese Thatsache wird auf mehreren Gebieten derselben von wesentlicher Bedeutung werden

Bild 104

Manuskript von Werner von Siemens »Über die Umwandlung von Arbeitskraft in elektrischen Strom ohne Anwendung permanenter Magnete« für den Bericht an die Königlich Preußische Akademie der Wissenschaften zu Berlin, vorgelegt am 17. Januar 1867

Erfahrungen, die er mit der von ihm konstruierten Versuchsmaschine gesammelt hatte, die Voraussage ab:

»Der Technik sind gegenwärtig die Mittel gegeben, elektrische Ströme von unbegrenzter Stärke auf billige und bequeme Weise überall da zu erzeugen, wo Arbeitskraft disponibel ist. Diese Thatsache wird auf mehreren Gebieten derselben von wesentlicher Bedeutung werden.«[273]

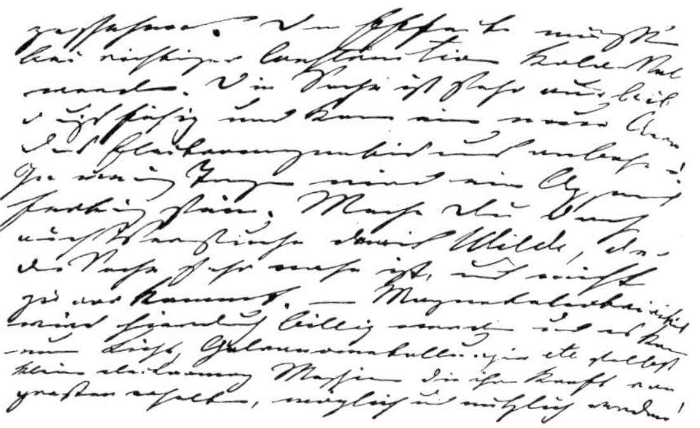

Bild 105

Auszug aus dem Brief von Werner von Siemens, mit dem er seinem Bruder Wilhelm in London am 4. Dezember 1866 von der Entdeckung des dynamoelektrischen Prinzips berichtete

Noch genauer hatte Werner von Siemens seine Erwartungen an die von ihm vorgestellte Erfindung im Brief an seinen Bruder Wilhelm in England am 4. Dezember 1866 umrissen:

»Die Effekte müssen bei richtiger Construktion kolossal werden. Die Sache ist sehr ausbildungsfähig und kann eine neue Aera des Elektromagnetismus anbahnen... Magnetelektricität wird hierdurch billig werden, und es kann nun Licht, Galvanometallurgie etc., selbst kleine electromagnetische Maschinen, die ihre Kraft von grossen erhalten, möglich und nützlich werden!«[274]

Schon damals erkannte Werner von Siemens die wesentlichen Anwendungsgebiete der Starkstromtechnik und benannte die für die nächsten Jahre stark expandierenden Bereiche. 1892, im Jahre seines Todes, baute allein die Firma Siemens & Halske 1000 Dynamomaschinen, setzte fast 20 Millionen Mark um und beschäftigte weltweit 6500 Personen, davon 4775 in Deutschland.

Werner von Siemens hatte aber nicht nur einen Blick für interessante Geschäftsfelder, die für ihn sämtliche Gebiete der Elektrotechnik umfaßten, er versuchte darüber hinaus von Anfang an, diese Felder international zu besetzen. Schon vor der Gründung der Telegraphen-Bauanstalt Siemens & Halske im Jahre 1847 war seine unternehmerische Strategie stark auslandsorientiert; auch beruhte das Bestreben des Berliner Geschäfts längere Zeit fast ausschließlich auf seinen Beziehungen zum Ausland, wobei die ausländischen Niederlassungen zeitweise das Berliner Stammhaus überflügelten. Werner von Siemens und seine Brüder bemühten sich schon mit ihren ersten Erfindungen und Unternehmungen um Erfolg außerhalb Deutschlands. Indem sie unmittelbar nach Gründung des Berliner Stammhauses Tochterunternehmen und eigene Produktionsstätten im Ausland aufbauten, definierten sie sich schon früh und entschieden als multinationale Unternehmer. Diese internationale Orientierung erhielt ab 1890 durch den Aufbau eigener Technischer Büros im In- und Ausland eine erneute Bestätigung.

Zwar ist die frühe internationale Ausrichtung zu einem Teil auf die damaligen Gegebenheiten zurückzuführen. So war ein frühzeitiges Auftreten im Ausland für die Elektroindustrie schon aus Gründen des Patentschutzes angeraten. Auch ließ der durch wenige, meist staatliche oder halbstaatliche Großkunden bestimmte Markt für elektrotechnische Produkte wie Telegraphenanlagen eine internationale Orientierung sinnvoll erscheinen. Aber wesentlich für die konsequente und frühzeitige Gründung vollwertiger Auslandssitze waren die Überzeugungen und die Persönlichkeiten der Brüder Siemens, wobei Werner von Siemens die Richtung wies. Von Anfang an erkannte er beispielsweise die Bedeutung englischer Patente und eines in England bekannten Namens für den Absatz auf dem Weltmarkt und ließ deshalb schon 1843 über seinen Bruder Wilhelm die von ihm entwickelten galvanischen Versilberungs- und Vergoldungstechniken in England zum Patent anmelden, wobei es Wilhelm gelang, dieses dann an die englische Firma Elkington zu verkaufen. Damit war ein erster wichtiger Schritt zur Internationalisierung und zur Gründung eines europäischen Unternehmens deutscher Prägung getan.

Daß diese Strategie erfolgreich war, lag nicht zuletzt daran, daß Werner von Siemens die wichtigen Strömungen und Entwicklungen seiner Zeit in ihrer Bedeutung für die Zukunft im Auge hatte und als Wissenschaftler und Erfinder ebenso wie als Unternehmer positiv zu dieser Zukunft beitragen wollte – nicht zuletzt auch, um seinen Nachkommen einen gesicherten und geachteten Platz in der Gemeinschaft zuzuweisen. Auf dieser Basis hat Werner von Siemens die notwendige Ausdauer entwickelt, sein langfristiges Ziel allen momentanen Widrigkeiten zum Trotz unbeirrt zu verfolgen.

Die weitere Entwicklung des Hauses Siemens bis zum Ersten Weltkrieg

Umwandlung in eine Aktiengesellschaft

Als sich die Unternehmenspolitik von Siemens & Halske im letzten Jahrzehnt vor der Jahrhundertwende langsam zu wandeln begann, war dies nicht zuletzt eine Reaktion auf die veränderten Rahmenbedingungen der Industrie. Werner von Siemens, der 1888 in den Adelsstand erhoben worden war, hatte bei seiner überragenden technischen Begabung die wirtschaftlichen Veränderungen der Zeit nicht voll erkannt und sich bis zu seinem Tod gegen jede Anpassung der Gesellschaftsform gewehrt. Ausdruck der Neuausrichtung des Unternehmens war die 1890 eingeleitete, 1897 unter maßgeblicher Mitwirkung der Deutschen Bank[275] mit der Umwandlung in eine Aktiengesellschaft abgeschlossene Veränderung der Rechtsform, ein Schritt, den sein Bruder Carl schon früher verschiedentlich vorgeschlagen und in Briefen an den Neffen Wilhelm in den 1890er Jahren immer wieder mit dem großen Geldbedarf des Hauses begründet hatte.[276] Bereits 1881 war die Londoner Firma auf Vorschlag von Wilhelm Siemens in eine Aktiengesellschaft umgewandelt und auch bei der 1886 erfolgten Gründung der »St. Petersburger Gesellschaft für elektrische Beleuchtung« die Form der Aktiengesellschaft gewählt worden.[277] Mit dem 1. Januar 1890 wurde die bisherige Offene Handelsgesellschaft Siemens & Halske in eine Kommanditgesellschaft umgewandelt, deren Gesellschaftsvermögen auf 14 Mio. Mark beziffert wurde. Persönlich haftende Gesellschafter, also Geschäftsinhaber, waren Carl Siemens und Werners Söhne Arnold und Wilhelm, während Werner als Kommanditist mit einer Einlage von 6,2 Mio. Mark beteiligt blieb. In seinem Testament hatte Werner von Siemens bestimmt, daß sein Kommanditanteil zu gleichen Teilen an seine sechs Kinder übergehen sollte. Insgesamt zählte die Kommanditgesellschaft außer den drei persönlich haftenden Gesellschaftern fünf Kommanditisten mit einer Gesamteinlage von 12 Mio. Mark. Das in der Firma arbeitende Kapital der drei persönlich haftenden Gesellschafter wird man mindestens ebenso hoch wie das Kommanditkapital ansetzen dürfen, so daß die Firma damit über ein Kapital von mindestens 24 Mio. verfügte. Der Kapitalbedarf in der elektrotechnischen Industrie ging aber gerade in diesen Jahren, in denen die Gründungs- und Unternehmergeschäfte nach dem Vorbild der AEG zunahmen, rasch in die Höhe. Siemens & Halske sah sich noch im Oktober desselben Jahres veranlaßt, eine hypothekarisch gesicherte Anleihe von 10 Mio. Mark zu 4,5% aufzunehmen, das erste fremde Geld seit Gründung der Firma.[278]

Den entscheidenden Anstoß zur Umwandlung der Firma in eine Aktiengesellschaft gaben die Pläne Emil Rathenaus, die AEG und die Union Elektricitäts-Gesellschaft zu verschmelzen, wodurch Siemens & Halske die Unterstützung aller Berliner Großbanken verloren hätte.[279] Formell erfolgte die Gründung der Siemens & Halske AG am 3. Juni 1897 mit Wirkung vom 1. August 1896 an in der Weise, daß Aktiva und Passiva der Kommanditgesellschaft Siemens & Halske auf die neue Aktiengesellschaft gegen 28 Mio. Mark Aktien übertragen wurden. Weitere Aktien im Nennwert von 7 Mio. Mark wurden von Mitgliedern der Familie Siemens übernommen, die damit das gesamte Aktienkapital hielt. Zur Sicherung des Familieneinflusses wurde das Gesellschaftsstatut gegen den Widerstand der Deutschen Bank und ihres Direktors Georg von Siemens so formuliert, daß ein größerer Fremdeinfluß verhindert wer-

Siemens & Halske Aktiengesellschaft

1000 Mark

AKTIE

ÜBER

EINTAUSEND MARK

DEUTSCHE REICHSWÄHRUNG

Der Inhaber dieser Aktie hat für den obigen darauf eingezahlten Betrag nach Massgabe der Statuten Anteil an dem Vermögen der Gesellschaft mit allen statutenmässigen Rechten und Pflichten. — BERLIN, den 3. Juli 1897.

SIEMENS & HALSKE
AKTIENGESELLSCHAFT

Eingetragen Fol.

Für die Ausfertigung

Für den Aufsichtsrat

Für d. Vorstand

Dieser Aktie sind auf 10 Jahre Dividendenscheine nebst Talon beigegeben, welche nach Ablauf des letzten Jahres durch neue ersetzt werden.

1000 MARK

Bild 106
Aktie der Siemens & Halske AG von 1897

den konnte.[280] Das Statut der Gesellschaft räumte in Paragraph 22 dem Aufsichtsrat ziemlich weitgehende Rechte ein und bevollmächtigte ihn in Paragraph 25:

»Der Vorsitzende des Aufsichtsrats hat zu jeder Zeit die Befugnis, die gesamte Geschäftsführung des Vorstandes zu überwachen und demgemäß alle Bücher und Schriften der Gesellschaft einzusehen. Der Aufsichtsrat ist auch berechtigt, die Ausführung vorbezeichneter Befugnisse sowie anderer besonderer Aufträge Mitgliedern des Aufsichtsrats und sonstigen außerhalb der Verwaltung stehenden Bevollmächtigten zu übertragen und die Entschädigungen dafür festzusetzen.«[281]

Diese Bestimmung fand ihren Niederschlag in einem Entwurf, der eine »Delegation des Aufsichtsrates« mit weitgehenden Vollmachten ausrüstete.[282] Die Satzung der neuen Gesellschaft wurde trotz der aus Bankkreisen geäußerten Bedenken so gestaltet, daß ein dem bisherigen Einfluß der persönlich haftenden Gesellschafter entsprechender Ein-

Bild 107
Schaltbrettaufsatz von Siemens & Halske mit der 1897 entstandenen Firmenmarke

fluß auf die Firma auch in deren neuer Rechtsform erhalten blieb. Gemäß Paragraph 20 der Statuten war der Vorstand der Gesellschaft an die Weisungen des Aufsichtsrates gebunden. Nach Paragraph 27 konnte der Aufsichtsrat die Ausübung seiner Befugnisse auf einzelne Mitglieder übertragen, faktisch auf den Aufsichtsratsvorsitzenden, der als »Chef des Hauses« fungierte und die einheitliche Führung des Hauses Siemens garantierte. Diese Bestimmungen sind bis zur Neufassung der Satzung aufgrund der Vorschriften des Aktiengesetzes von 1937 der Sache nach unverändert geblieben. Die Regelung entsprach eindeutig den Interessen der Familie, doch erschwerte die angestrebte Sicherung des Familieneinflusses eine raschere Aufstockung des in der Firma arbeitenden Aktienkapitals.[283]

Die Gründung der Siemens-Schuckertwerke GmbH

Siemens und die AEG gingen aus dem 1901/02 sich verstärkenden Konzentrationsprozeß als beherrschende Konzerne der deutschen Elektroindustrie hervor.[284] Unternehmen, die finanziell angeschlagen waren, wurden entweder von der AEG oder von Siemens angegliedert bzw. gemeinsam zum Zweck der Marktbereinigung liquidiert. In existenzbedrohende Schwierigkeiten geriet dabei auch die EAG vorm. Schuckert & Co., die in den 1890er Jahren nicht zuletzt durch ihr Unternehmergeschäft erheblich gewachsen war. Die Bilanzsumme der Elektrizitäts-AG war in den Geschäftsjahren von 1893/94 bis 1900/01 von 20,3 auf 136,4 Millionen Mark gestiegen, doch hatte die hohe Dividenden ausschüttende und weitgehend auf Selbstfinanzierung verzichtende Gesellschaft ihr Wachstum in keinem Fall ausreichend absichern können. 1901/02 verzeichnete sie eine Unterbilanz von 21 Millionen Mark.[285]

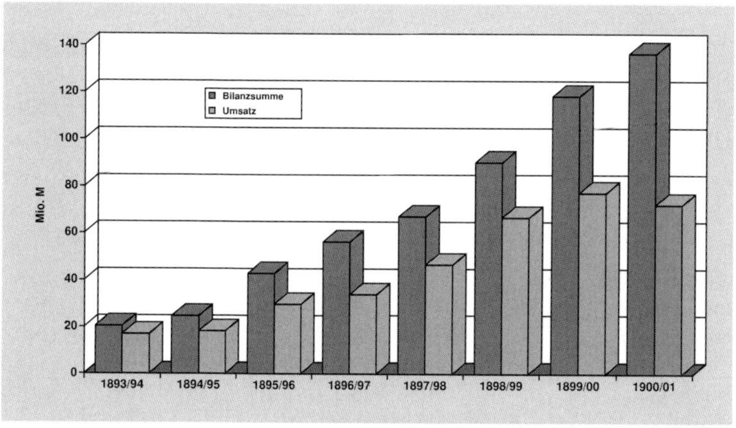

Graphik 16
Bilanzsumme und Umsatz der EAG vorm. Schuckert & Co.[286]

Die EAG hatte rund 50% des langfristig in Form von Aktienkapital, Rücklagen und Fremdkapital zur Verfügung stehenden Kapitals in Beteiligungen gebunden, die in der Krise nicht mehr flüssig gemacht werden konnten. Diese Liquiditätsschwierigkeiten hingen eng zusammen mit der durch das Unternehmergeschäft verursachten Finanz- und Kreditkrise, die durch den Zusammenbruch der Leipziger Bank als Konsortialführerin der EAG noch verschlimmert wurde.[287] Unmittelbar davor hatte die EAG sämtliche Anteile der Bosnischen Elektricitätswerke AG erworben.[288] Entgegen dem ursprünglichen Zahlungsziel von zwei Jahren sah eine Vereinbarung mit der bosnisch-herzegowinischen Regierung den sofortigen Aktienbezug bei gleichzeitiger Zahlung vor. Die Folge davon war, daß eine bereits in der Aufsichtsratssitzung vom 15. Juni 1901 vorgeschlagene Dividende von 10% wegen des Widerstands der Banken in der Hauptversammlung nicht beschlossen wurde, da sonst Bankkredite hätten aufgenommen werden müssen.[289] Die Geschäftsberichte der EAG wiesen für das Geschäftsjahr 1899/1900 einen Reingewinn von 9,2 Millionen Mark aus, 1900/01 waren dies nur noch 6,2 Millionen Mark und 1901/02 wurde kein Gewinn verzeichnet.[290] Als besonders große Belastung zeigte sich im Verlauf der Krise die Continentale Gesellschaft für elektrische Unternehmungen, die der EAG die gewünschte Unterstützung nicht leisten konnte. EAG-Generaldirektor Wacker[291] hatte sich zunächst finanzielle Entlastungen aus dem vertraglich festgelegten Alleinbelieferungsrecht der EAG für alle von der Continentalen finanzierten Aufträge erhofft.[292] Die EAG wurde von der Krise aber auch deshalb härter getroffen als andere Elektrounternehmen, weil das Schuckertsche Bankkonsortium über weniger gute In- und Auslandsverbindungen verfügte als die Berliner Banken von AEG und Siemens & Halske. Schon das Kapital der Schuckert-Banken war bedeutend geringer, absolut und auch im Verhältnis zu den Investitionen und Verpflichtungen der EAG.[293] Nachdem die Öffentlichkeit von einer möglichen Auflösung des Finanzkonsortiums der EAG erfahren hatte, traten die Banken zu Krisensitzungen zusammen und berieten über die Rückforderung von Krediten, entschlossen sich letztendlich aber zu Maßnahmen, die den Aktienkurs der EAG stützten, und stellten einen entsprechenden Finanzplan auf[294], der ein Kreditvolumen von 30 Millionen Mark vorsah.[295] Allgemein wurde erkannt, daß das Unternehmergeschäft der EAG wegen des zu großen Kapitalbedarfs gescheitert sei und daß sich die Hoffnung, die erstellten Anlagen durch Gründung von Aktiengesellschaften oder durch Verkauf wieder abzustoßen, nicht erfüllt hatte.[296]

Als die Union Elektricitäts-Gesellschaft und die Elektrizitäts-AG vorm. Schuckert & Co. im Jahre 1902 in Schwierigkeiten gerieten[297], brachte Siemens & Halske die eigenen starkstromtechnischen Aktivitäten in die neu gegründete Siemens-Schuckertwerke GmbH ein, nachdem die Elektri-

Bild 108
Alexander (von) Wacker (1846–1922)

zitäts-AG zunächst Verhandlungen mit der AEG geführt hatte.[298]

Siemens hat diesen langfristig entscheidenden Schritt in der Unternehmensentwicklung eher widerwillig gemacht, und letztlich nur, um ein weiteres Erstarken der AEG zu verhindern.[299] Die 1903 gegründete Siemens-Schuckertwerke (SSW) GmbH, eine Zusammenfassung der starkstromtechnischen Aktivitäten des Hauses Siemens und derjenigen der ehemals von Sigmund Schuckert gegründeten Nürnberger Elektrizitäts-AG vorm. Schuckert & Co.[300], die vor allem in Bayern eine starke Marktstellung[301] hatte, machte deutlich, daß Siemens zwar auf gewissen Gebieten zur Zusammenarbeit und zur Kooperation mit der AEG bereit war, aber nicht länger gewillt war, dem wichtigsten Konkurrenten das Feld kampflos zu überlassen.[302] Durch die Zusammenlegung der eigenen Starkstromabteilung mit der der Elektrizitäts-AG vorm. Schuckert & Co. in der Siemens-Schuckertwerke GmbH sicherte sich das Haus Siemens[303], das mit Siemens & Halske auf dem Schwachstromsektor seit Gründung der Firma die führende Stellung inne hatte, auch im Kerngebiet der AEG eine starke, dem Unternehmen Emil Rathenaus fast ebenbürtige Stellung, wenn auch in den ersten Jahren erhebliche Aufwendungen erforderlich wurden. Begünstigt wurde dieser Schritt auch dadurch, daß Siemens & Halske in seiner starkstromtechnischen Abteilung für Beleuchtung und Kraft zwar auch erheblich Umsatz eingebüßt hatte, der Gesamtumsatz des Unternehmens aufgrund der günstigen Entwicklung im Bereich der Nachrichtentechnik aber nur wenig zurückging.

Innerhalb des Siemenskonzerns fungierten die Siemens & Halske AG und die Siemens-Schuckertwerke GmbH als Stammgesellschaften. Am Kapital der Siemens-Schuckertwerke GmbH in Höhe von 90 Mio. Mark waren Siemens & Halske und Schuckert in fast gleicher Höhe beteiligt. Der Gesellschaftskapitalanteil von Siemens & Halske war jedoch um 100000 Mark höher, so daß die Frage der unter-

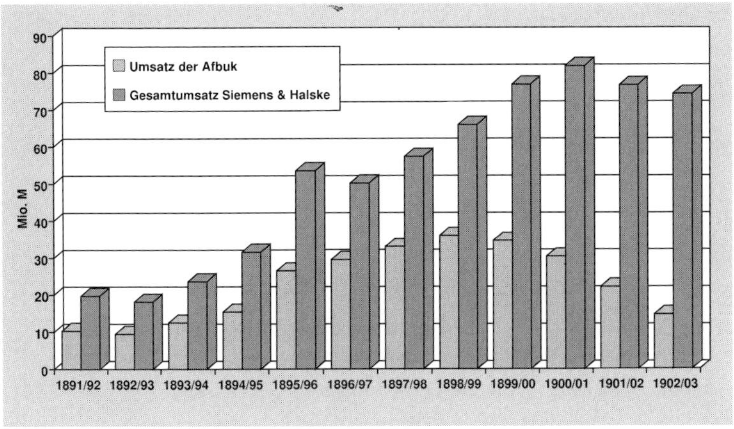

Graphik 17
Gesamtumsatz von Siemens & Halske sowie Umsatz der Abteilung für Beleuchtung und Kraft[304]

nehmerischen Führung eindeutig geklärt war, falls man nicht zu einer einheitlichen Unternehmensführung fand. Siemens & Halske und die Siemens-Schuckertwerke GmbH standen damit de facto unter einer gemeinsamen Leitung, wenn sie auch rechtlich selbständig blieben.[305] Durch die Gründung der Siemens-Schuckertwerke und die damit verbundene Ausgliederung der Starkstromaktivitäten wurde die Siemens & Halske AG zu einer Mischung aus Fabrikations- und Beteiligungsgesellschaft, die sich aber eher als »technische Holdinggesellschaft« verstand.[306]

Gemessen an den Kriterien Umsatz und Bilanzsumme waren Siemens und die AEG in den letzten Jahren vor dem Ersten Weltkrieg als etwa gleichrangig anzusehen. Beide Konzerne wiesen jedoch typische Merkmale auf, die auf eine unterschiedliche Unternehmenspolitik hindeuten. Während die AEG ihren eindeutigen Schwerpunkt im Bereich der Starkstromtechnik sowie im Unternehmergeschäft hatte, war Siemens mit seinen verschiedenen Unternehmensteilen sowohl im Starkstrom- als auch im Schwachstrombereich gut oder sogar dominierend vertreten, war aber andererseits auch bestrebt, sich auf den Elektrobereich zu konzentrieren und lehnte vor dem Ersten Weltkrieg eine Expansion in nichtelektrotechnische Bereiche ab, wenn man einmal von der Aufnahme der Automobilproduktion 1906 absieht.

Der von Werner von Siemens mit der Gründung aufgestellte Grundsatz, sämtliche Gebiete der Elektrotechnik zu bearbeiten, wurde auch von seinen Nachfolgern in der Leitung des Hauses gewahrt. Siemens & Halske befaßte sich mit dem gesamten Nachrichtenwesen mit und ohne Draht, mit der Meßtechnik und produzierte Kabel und Leitungen für die Nachrichtentechnik. Aus dem breiten Tätigkeitsfeld des Hauses entwickelten sich immer wieder neue Arbeitsgebiete, da man die Ergebnisse und Erfahrungen des einen Gebietes für die Fortschritte eines anderen verwerten konnte. Neuere Errungenschaften wie Schnelltelegraphie, Mehrfachtelegraphie, Fernschreiben, Selbstanschlußvermittlung im Fernsprechverkehr, Kabeltelefonie, elektrischer Zeitdienst, Radiotechnik und Tonfilm sind daher alle in der einen oder anderen Weise mit dem Namen Siemens & Halske verbunden. Die Siemens-Schuckertwerke stellten Generatoren, Elektromotoren und Transformatoren her, fertigten Schaltgeräte und Schaltanlagen und errichteten vollständige Kraftwerke. Zu ihrem Produktionsprogramm gehörten elektrisches Installationsgerät, Glühlam-

Bild 109
Sender des Siemens-Schnelltelegraphen, 1912

pen, Beleuchtungsanlagen für Städte, Haushalte und gewerbliche Betriebe, Antriebe für Landwirtschaft, Bergbau, Industrie, Haushaltsgeräte und elektrische Wärmegeräte, Kabel und Leitungen für Starkstrom.[307]

Siemens behielt auch nach der gesellschaftsrechtlichen Umwandlung in eine Aktiengesellschaft die für Familienunternehmen typische Form der Selbstfinanzierung bei, während die AEG häufig den Kapitalmarkt in Anspruch nahm. Das im Jahre 1900 erhöhte Aktienkapital der Siemens & Halske AG wurde erst 1909 wieder aufgestockt. Die bis 1900 aufgenommenen Anleihen reichten bis 1912. Beide Mittelzuführungen 1909 bzw. 1912 waren in erster Linie durch den Finanzbedarf der Siemens-Schuckertwerke GmbH bedingt, deren Stammkapital von 90 Mio. M unverändert blieb und die aufgrund ihrer Gesellschaftsform den Kapitalmarkt nicht so leicht in Anspruch nehmen konnte,

Bild 110
Erster Selbstwähl-Tischfernsprecher, 1908

Bild 111
Kraftwerk Nonnendamm bei Berlin um 1905; im Einsatz sind sowohl Dampfmaschinen als auch Turbogeneratoren

so daß auch bei den Siemens-Schuckertwerken der größte Teil der Investitionen durch Selbstfinanzierung aufgebracht wurde. Ab 1906/07 wurden die ohnehin beträchtlichen stillen Reserven noch dadurch erheblich vermehrt, daß man Maschinen und Geräte noch im Jahr der Anschaffung voll abschrieb. Die auf den Gründer zurückgehende und bis heute bestehende vorsichtige Art der Unternehmensfinanzierung, die die langfristige Sicherung der Liquidität einer betriebswirtschaftlich optimalen Rentabilität vorgezogen hat, ist typisch für die Unternehmensfinanzierung der Siemens-Führung. Wilhelm von Siemens kommentierte den S&H-Abschluß 1909/10 am 27. Dezember 1910 mit den Worten:

»Etwa 6–7 Mill. wieder in die Stille Reserve bei 12% Dividende... SSW etwa 5–6 Mill. in die stille Reserve.«[308]

Bild 112
Staubsauger (»Entstäubungspumpe«) aus dem Jahr 1906

Nicht zuletzt diese Finanzpolitik hat dann unter den gesamtwirtschaftlich schwierigen Bedingungen der Zwischenkriegszeit entscheidend dazu beigetragen, daß das Haus Siemens einen bis heute bestehenden Vorsprung gegenüber der in nichtelektrotechnische Bereiche diversifizierenden, risikoreichere Arten der Finanzierung bevorzugenden deutschen Konkurrenz erzielen konnte.[309]

Beim Ausbruch des Ersten Weltkriegs waren wesentliche Bausteine der Starkstrom- und der Nachrichtentechnik bekannt und fanden teilweise bereits in breiter Form Anwendung. Elektrischer Strom erwies sich zunehmend als die vergleichsweise billigste und rationellste Antriebskraft, die sich ständig neue Arbeitsgebiete erschloß. Von den verschiedenen Energieformen hatte sich die elektrische Energie wegen der leichten Transportierbarkeit großer Energiemengen über weite Entfernungen und der vollständigen Umsetzbarkeit in andere Energieformen bereits eine

Bild 113
Elektrischer Kochherd aus dem Jahr 1914

führende Stellung erobert. In der Starkstromtechnik waren alle Maschinenarten bekannt und entsprechend ihren spezifischen Eigenschaften im Einsatz. Der Bedarf an elektrischer Energie war seit der Einführung des Glühlichts und der allgemeinen Steigerung der Nachfrage nach Elektromotoren stark angestiegen. Nach der Jahrhundertwende erfolgte eine besonders intensive Entwicklung durch den Übergang zu elektrischen Einzelantrieben in der Industrie, vor allem im Bergbau und in der Schwerindustrie. Die installierten Leistungen wurden ständig ausgebaut, wobei man nach der Jahrhundertwende schon dazu überging, die einzelnen Stationen zu einem Verbundsystem zusammenzufassen. Die Leistungen der elektrischen Maschinen stiegen von weniger als 100 PS am Anfang der 1880er Jahre innerhalb eines Jahrzehnts auf 1000 PS und auf mehr als 5000 kW nach der Jahrhundertwende. Auf diese Weise war die Elektroindustrie bereits vor dem Ersten Weltkrieg längst über ihre Anfangsbetätigung in der kraftbenutzenden Mechanik, der Beleuchtung und der Nachrichtenübertragung hinausgewachsen und hatte sich unter Ausnutzung der regelnden und steuernden Fähigkeit des elektrischen Stromes für eine ständig größer werdende Zahl von Fertigungsvorgängen und maschinellen Abläufen zu einer unentbehrlichen Ausrüstungsindustrie für andere Industriezweige entwickelt. Das Haus Siemens trug zu dieser Aufwärtsentwicklung der Elektrotechnik und der deutschen Elektroindustrie in erheblichem Maße bei.

Anmerkungen

[1] Joseph Alois Schumpeter (1883–1950) leistete durch seine Beschäftigung mit der »reinen« Theorie der Ökonomie einen wesentlichen Beitrag zur Analyse der Konjunkturen, indem er die Bedeutung der von Unternehmen realisierten Innovationen als Impuls für konjunkturelle Wellenbewegungen herausarbeitete (Business Cycles. A Theoretical Historical and Statistical Analysis of the Capitalist Process, 1939).

[2] Der Begriff Elektroindustrie wird wie folgt verstanden:
a) Technologisch ist die Elektroindustrie bestimmt durch Waren und Leistungen zur Erzeugung, Umwandlung, Verteilung und Anwendung elektrischer Energie.
b) Unternehmenseinheiten werden der Elektroindustrie zugerechnet, sofern der Schwerpunkt ihres Fabrikationsprogramms auf den unter a) genannten Waren und Leistungen ruht. Vgl. Sawall, Unternehmenskonzentration, S. 11.

[3] Werner von Siemens hat in seinen »Lebenserinnerungen« die Gründung des Elektrotechnischen Vereins 1879 mit den Anfängen der Elektrotechnik als gesondertem Zweig der Technik gleichgesetzt. Der Begriff Elektrotechnik, durch den zum Ausdruck gebracht werden sollte, daß es sich um die technische Anwendung der Elektrizitätslehre handelte, trat im Namen des Vereins zum ersten Mal auf. Vgl. Werner von Siemens, Lebenserinnerungen, S. 302.

[4] Bereits 10 Jahre vorher hatte Faraday mit dem von ihm gebauten Rotationsapparat die Grundlage für die Entwicklung der Motoren geschaffen.

[5] Das galvanische Element wurde von Volta Elektromotor genannt. Diese Bezeichnung war jahrelang üblich und erklärt den Ausdruck elektromotorische Kraft. Vgl. Dettmar, Entwicklung, S. 12.

[6] Schon kurze Zeit, nachdem Michael Faraday das Gesetz der Induktion aufgestellt hatte, baute der Franzose Antoine Hippolyte Pixii eine kleine Erregermaschine, bei der ein einfacher Hufeisenstahlmagnet an den Polen eines ebenfalls hufeisenförmigen Elektromagneten vorbeigedreht wurde. Wenn diese erste Maschine auch noch keine praktische Bedeutung hatte, so leitete sie dennoch eine Reihe von Versuchen mit magnetelektrischen Apparaten, Geräten und Motoren ein.

[7] Die Manufaktur war ein vorindustrieller Gewerbebetrieb mit innerbetrieblicher Arbeitsteilung und vorherrschender Handarbeit, in dem – im Unterschied zum Verlagssystem – die Produktion bereits zentralisiert in größeren Betriebsstätten zusammengefaßt war. Im Unterschied zur späteren Fabrik war sie noch nicht mechanisiert. Die Telegraphen-Bauanstalt Siemens & Halske unterschied sich bis 1867, als die Starkstromtechnik die Struktur grundlegend veränderte, vom traditionellen Handwerksbetrieb wie von der Verlags- und Heimarbeit durch die von Anfang an verwandte Kapitalrechnung, durch den formal freien und vertraglich geregelten Charakter der in ihr geleisteten Handarbeit, durch die Trennung des Arbeitsplatzes von der Wohnung

der Arbeitenden, durch ihre Größe und die zunehmende Zentralisierung der Arbeitsvorgänge. Andererseits konnte sie nicht als voll entwickelte Fabrik bezeichnet werden, da in der Werkstatt noch die Kooperation mehrerer Mechaniker dominierte, die nebeneinander gleiche und ähnliche Apparate als ganze herstellten. Neben der Objektspezialisierung, die sich im Laufe der Zeit durch die Einführung neuer Produktionszweige zunehmend differenzierte, setzte sich die Spezialisierung nach Arbeitsstufen nur langsam durch. Die Maschinenausstattung von Siemens & Halske bestand im Unterschied zu den meisten preußischen Maschinenbauwerkstätten bis 1870 fast nur aus Universalwerkzeugmaschinen. Eine Dampfmaschine ist erstmals 1863 installiert worden. Vgl. Kocka, Die Angestellten, S. 24f.

8 Zur Geschichte der optischen Telegraphie vgl. Beyrer/Mathis, So weit das Auge reicht. Die Geschichte der optischen Telegrafie.

9 Aus Gründen der Einheitlichkeit wird er auch für die Zeit vor 1888 bereits als Werner von Siemens bezeichnet.

10 Vgl. Ehrenberg, Unternehmungen; Matschoß, Werner Siemens; von Weiher, Werner von Siemens. Ein Wegbereiter der deutschen Industrie.

11 Vgl. Werner von Siemens, Lebenserinnerungen, S. 29. Werner von Siemens legte von Anfang an fest, daß die Firma in erster Linie Fabrikation, aber keine Unternehmertätigkeit betreiben wolle. Er nannte die Gründe, die ihn zur Annahme dieses Geschäftsgrundsatzes bewogen, in einem Brief an seinen Bruder Wilhelm vom 11. November 1867: »Lieferungen bilden den soliden Boden des dauernden Geschäfts, während Unternehmungen nur bei besonders günstigen Chancen ersprießlich sind. Ein reines Unternehmergeschäft ist ... daher stets vorübergehend in Blüte. Ein Fabrikations- und Lieferungsgeschäft kann Generationen überdauern, und das ist mehr mein Geschmack.« SAA Briefe der Brüder Siemens.

12 Vgl. Kocka, Siemens, S. 131.

13 Obwohl Werner von Siemens gute Aussichten hatte, aufgrund seiner Kenntnisse und seiner angesehenen Stellung in der Telegraphenkommission Leiter der preußischen Staatstelegraphen werden zu können, zog er eine eigene unternehmerische Tätigkeit vor, wie einem Schreiben an seinen Bruder Wilhelm vom 3. Januar 1847 zu entnehmen ist: Es bot sich ihm die »...verlockende Aussicht, mich vermöge meiner dominierenden Stellung in der Telegraphenkommission zum Leiter der künftigen preußischen Staatstelegraphen aufzuschwingen. Ich wies sie von mir, da ein Dienstverhältnis mir nicht zusagte und ich die Überzeugung gewann, ich würde der Welt und mir selbst mehr nützen können, wenn ich mir volle persönliche Unabhängigkeit verschaffe.« Vgl. SAA Briefe der Brüder Siemens.

14 Vgl. Hertner, Enterprises, S. 91.

15 Die Überlegungen, die hinter dieser Unternehmenspolitik standen, werden deutlich in einem Schreiben von Werner Siemens an seinen Bruder Wilhelm vom 13. Mai 1863: »Da wir von hier (Berlin) aus nicht fremde, ferne Anlagen mit Vorteil ausführen können, so haben wir in Rußland, England und Wien Etablissements gründen müssen, die mit

Hilfe unseres telegraphischen Vorsprungs, unterstützt durch unsere Fabrikation und unser Kapital, wie auch unsere persönliche Mitwirkung, wo es nötig, Unternehmungen machen und unsere hiesige Tätigkeit verwerten konnten...« SAA Briefe der Brüder Siemens.

16 Seine Zielsetzung bei der Abfassung der Lebenserinnerungen machte Werner von Siemens in einem Schreiben an seine Tochter Anna vom 22. Juli 1892 deutlich: »Es kommt mir weniger auf stilistische Korrektheit in meinen Aufzeichnungen als darauf an, daß sie mich, meine Gefühls- und Denkweise ungeschminkt wiedergeben. Ich muß mich selbst überall wiedererkennen, sonst wird mir das ganze fremd. Übrigens halte ich es für einen deutschen Fehler, daß wir anders schreiben als sprechen. Man soll dem Geschriebenen ebenso die Individualität ansehen wie dem Gesprochenen...« SAA 2/Li 534.

17 SAA Briefe der Brüder Siemens.

18 Bei den im sogenannten Dornburg-Archiv befindlichen Siemens-Beständen handelt es sich vor allem um Akten, die während des Krieges aus Berlin in die Lungenheilstätte Belzig ausgelagert worden waren, bzw. um Materialien, die die russischen Truppen in Siemensstadt beschlagnahmt und nach Potsdam gebracht hatten. Ein Teil der in Belzig gefundenen bzw. in Siemensstadt beschlagnahmten Bestände mit vorwiegend technischem Inhalt wurden nach Moskau gebracht. Die in Potsdam verbliebenen Akten wurden 1954 nach Leipzig gebracht, wo sie in das geplante Wirtschaftsarchiv eingegliedert werden sollten. Da dieser Plan scheiterte, blieben die Akten in Coswig, ehe sie 1963 nach Dornburg transportiert wurden. Die Akten mit technischen Angaben blieben bis 1959/60 beim Ministerium für Volkswirtschaft der UdSSR und wurden zusammen mit Unterlagen anderer Firmen an die DDR zurückgegeben, die die Konstruktions- und Fabrikationsunterlagen »wegen ihrer aktuellen volkswirtschaftlichen Bedeutung« nicht im Deutschen Zentral-Archiv ließ und sie »möglichst schnell der Produktion zur Verfügung gestellt« hat. Mit der Verzeichnung der in Dornburg lagernden Akten wurde 1971 unter Berücksichtigung der von der Akademie der Wissenschaften benannten besonderen »thematischen Komplexe und Fragestellungen« begonnen. Ein Teil des Schuckertbestandes wurde als nicht archivwürdig bezeichnet, da die »Quellen nichts über Entstehung, Ausbreitung und Merkmale des Imperialismus... enthalten«.
Die Einsichtnahme in die »Kapitalismus-Bestände« war nur wenigen Personen erlaubt. Nach meinen Informationen haben lediglich Vertreter der Hamburger Stiftung für Sozialgeschichte des 20. Jahrhunderts von den bundesrepublikanischen Wissenschaftlern vor 1991 Zugang gehabt. Vgl. Bestandsakte im Bundesarchiv, Abteilungen Potsdam. Die »Dornburg-Akten« wurden vom Siemens-Archiv übernommen, verzeichnet und erschlossen.

19 Vgl. von Weiher, Siemens-Werke, S. 15.

20 Besonders gut aufgearbeitet sind die innerbetrieblichen Strukturen in den Arbeiten von Kocka und Conrad. Ansonsten muß man auf die wissenschaftlichen Ansprüchen nicht immer genügende ältere Literatur zurückgreifen.

[21] Zur Person von Johann Georg Halske vgl. auch von Weiher, Halske.

[22] Vgl. zu dieser Einschätzung v.a. Kocka, Unternehmensverwaltung, S. 53. Siehe auch das Schreiben Werners an seinen Bruder Wilhelm vom 7. Juli 1866: »Gelingt es den Deutschen, sich auf die Höhe der Situation zu erheben und für die Bildung eines einigen starken Deutschland mit Preußen an der Spitze einzutreten, anstatt in erster Linie nach ihren verjagten oder davor zitternden Fürsten zu jammern, so werden unsere Kinder ein wirkliches Vaterland bekommen und Bismarck und die preußische Armee segnen...« SAA Briefe der Brüder Siemens. Ähnlich in einem Schreiben vom 25. September 1866 an Wilhelm: »Daß Bismarck wirklich jetzt vom heiligen Geist einer großen nationalen Mission ergriffen ist, daß er den Willen hat, kein halbes, sondern ein ganzes Deutschland zu begründen, davon bin ich fest überzeugt. Darum habe ich mich auch von den meisten meiner alten politischen Freunde getrennt und habe für das Vertrauensvotum für seine äußere Politik gewirkt und gestimmt...« SAA Briefe der Brüder Siemens.

[23] Grafik nach Czada, Elektroindustrie, S. 48 f.

[24] Vgl. Loewe, Industrie, S. 119 (erstes Zitat); Kocka, Siemens, S. 125.

[25] Graphik nach Henning, Industrialisierung, S. 25.

[26] Graphik nach Gömmel, Realeinkommen, S. 27 ff.

[27] Vgl. Hoffmann, Wachstum, S. 454.

[28] Gerade in der ersten Entwicklungsphase des Telegraphenbaus handelte es sich häufig um Unternehmen, die sich neben ihrem angestammten Arbeitsgebiet auf die Bedürfnisse der staatlichen oder privaten Telegraphie einstellten. Diese in erster Linie handwerklich orientierten Telegraphenbaufirmen wurden zunächst bei der Erfassung der »gewerblichen Zustände« in die Halbgruppe »mechanische Künstler und Handwerker« der Untergruppe »Mechanici für mathematische, optische, physikalische und chirurgische Instrumente« eingeordnet. Vgl. Wessel, Entwicklung, S. 141 f.

[29] Für das Jahr 1890 besitzen wir eine detailliertere, allerdings nicht alle Erzeugnisse erfassende Aufstellung des Zentralverbandes der Elektrotechnischen Industrie über die Produktion (Angaben in Mio. M):

Elektromotoren und Generatoren	5,5
Transformatoren	0,5
Akkumulatoren und Batterien	4,5
Schaltgeräte und Einrichtungen	0,3
Installationsgeräte	0,3
Kabel und isolierte Leitungen	8,0
Elektrowerkzeuge	0,1
Haushaltsgeräte	0,2
Leuchten	0,2
Lampen	0,3
Drahtnachrichtengeräte und Einrichtungen	3,6
Zeitdienst-, Signal- und Sicherungsgeräte	0,2
Aktive und passive Bauelemente	0,2
Meß-, Prüf- und Regelungsgeräte	0,3
Elektromedizinische Geräte und Einrichtungen	0,3

Elektrokohle	1,5
Reparaturen	3,9

Vgl. Dynamik und Dimensionen der deutschen Elektroindustrie. Sonderdruck aus Elektrotechnik, Frankfurt a. M. o.J.

30 Vgl. von Peschke, Elektroindustrie, S. 100.

31 Vgl. Borchardt, Revolution, S. 187.

32 1850 wurden in Deutschland 85,9 Mio. Briefe, Karten etc. und 40000 Telegramme befördert. Bis 1873 war die Beförderungsleistung bereits auf 563 Mio. Briefe und 10,8 Mio. Telegramme angestiegen. Vgl. Kocka, Unternehmensverwaltung, S. 45.

33 Johann Philipp Reis (1834–1874) hatte das erste funktionsfähige elektrische Telefon konstruiert, das er am 26. Oktober 1861 vor dem Physikalischen Verein zu Frankfurt am Main als »hölzernes Ohr« vorführte. Die von Reis vorgeführte Einrichtung, damals nur als ein interessantes Lehrgerät gewertet, geriet jedoch bald wieder in Vergessenheit. Etwa 15 Jahre später meldeten Alexander Graham Bell und Elisha Gray in den USA Patente über einen elektromagnetischen Fernhörer an. Einen wesentlichen Beitrag zur Verbesserung des Fernsprechers lieferten Edison, Berliner und Hughes in Amerika sowie Blake in England mit der Erfindung des Kohlemikrofons. Am 28. Januar 1878 wurde das erste öffentliche Fernsprechamt in New Haven, Connecticut, eröffnet. In Deutschland wurde das erste öffentliche Fernsprechamt am 12. Januar 1881 in Berlin eröffnet. Zur Entwicklung des Telefonsektors vgl. auch Tabellen im Anhang.

34 Die Fernsprechgebühren fielen 1885–1900 von 1 Mark auf 20 Pfg. je Gesprächseinheit, die Pauschalgebühren für Hauptanschlüsse sanken bei Netzen, die bis 50 Hauptanschlüsse hatten, von 200 Mark im Jahr auf 80 Mark. Vgl. Tilly, Verkehrswesen, S. 579.

35 Graphik nach Zahlenspiegel der Deutschen Bundespost.

36 Das Auftreten der Kartoffelkrankheit 1845/46 und Mißernten beim Getreide 1846 und 1847 hatten zu einer Hungerkrise in fast ganz Deutschland geführt. Die übermäßige Kaufkraftbeanspruchung der Bevölkerung führte zu einem Nachfrageausfall in der Konsumgüterindustrie, von dem besonders das Handwerk betroffen wurde. Doch auch in der Investitionsgüterindustrie, die sich seit Beginn der 1840er Jahre in einem beeindruckenden Aufschwung befand, waren auf dem Höhepunkt der Krise merkliche Einbrüche zu verzeichnen. Die bis 1844 von Preußen mit Nachdruck betriebene Politik der Gewerbeförderung wurde von restriktiven Maßnahmen abgelöst. Vgl. Borchardt, Revolution, S. 153, 159f.

37 Graphik nach Pohl, Aufbruch, S. 186.

38 Als Ergebnis der sogenannten »Gründerkrise«, eine auf die überhitzte Konjunktur der Gründerjahre 1871/72 folgende Phase stagnierender und sogar rückläufiger gesamtwirtschaftlicher Entwicklung, von der Teile der Schwerindustrie, der süddeutschen Baumwollindustrie und die ostelbische Landwirtschaft wegen zunehmender ausländischer Importe besonders betroffen waren, verabschiedete der Reichstag 1879 einen Zolltarif, der das Ende der deutschen Freihandelspolitik bedeutete und den Anfang einer bis zum Ersten Weltkrieg zunehmend ver-

schärften Zollpolitik gegenüber dem Ausland bildete. Andere Länder führten zeitgleich oder wenig später ähnliche Schutzolltarife ein.

39 Graphik nach Mitchell, Statistics.

40 Vgl. Wagenführ, Bedeutung, S. 36f.

41 Vgl. Feldenkirchen, Export, S. 307.

42 Dies galt etwa für die deutsche Kaliindustrie vor 1914 und die Farbstoffindustrie.

43 Vgl. Borchardt, Wachstum, S. 235.

44 Vgl. von Weiher, Stammbaum.

45 Vgl. Werner von Siemens, Lebenserinnerungen, S. 13 und 16.

46 Da Deutschland bis in die 1870er Jahre Getreideausfuhrland war, konnten die Preise nicht wie in England und Frankreich durch Einfuhrzölle geschützt werden.

47 Vgl. Werner von Siemens, Lebenserinnerungen, S. 9.

48 Werner an Carl, Charlottenburg, 25. Dezember 1887, SAA Briefe der Brüder Siemens.

49 Vgl. Kocka, Unternehmer, S. 52, vgl. auch S. 30–34.

50 Vgl. etwa die Äußerungen von Johann Georg Siemens über seinen Sohn Georg, den späteren Chef der Deutschen Bank, im Jahre 1870: »Mein Sohn, der Kommis«; Helfferich, Georg von Siemens, Bd. 3, S. 153; vgl. dazu auch ebd. S. 159.

51 Wilhelm an Werner, London, 11. Februar 1844. Vgl. SAA Briefe der Brüder Siemens.

52 Werner von Siemens hatte nach einer Vorführung des Wheatstoneschen Zeigertelegraphen die Arbeiten intensiviert, wie ein solcher Zeigertelegraph sowohl als Sender als auch als Empfänger betrieben werden konnte. In einem Brief an seinen Bruder Wilhelm vom 15. Juli 1846 berichtete er über diese Arbeiten: »Mein Telegraph gebraucht nur einen Draht, kann dabei mit Tasten wie ein Klavier gespielt werden und verbindet mit der größten Sicherheit eine solche Schnelligkeit, daß man fast so schnell telegraphieren kann wie die Tasten nacheinander niedergedrückt werden können ...« Vgl. SAA Briefe der Brüder Siemens.

53 Vgl. Schreiben Werner an Wilhelm vom 14. Dezember 1846, SAA Briefe der Brüder Siemens. In dem Schreiben führte er weiter aus: »Die Telegraphie wird eine eigene, wichtige Branche der wissenschaftlichen Technik werden, und ich fühle mich einigermassen berufen, organisierend in ihr aufzutreten, da sie, meiner Überzeugung nach, noch in ihrer ersten Kindheit liegt...«

54 Das Verbleiben im Militärdienst auch nach Gründung der Telegraphen-Bauanstalt hing sicherlich auch damit zusammen, daß Werner Siemens damals dauernd in Geldnot war, die vor allem aus seiner selbstauferlegten Verpflichtung, für seine jüngeren Geschwister zu sorgen, resultierte. Vgl. Brief Werner an Wilhelm vom 14. Dezember 1846: »...Wenn nur das verdammte Geld einen nicht im Dreck festhielte...« SAA Briefe der Brüder Siemens.

55 1879 hat Werner von Siemens rückblickend seine Erkenntnisse über die Entwicklung der elektrischen Telegraphie in einem Vortrag zusammengefaßt:

»Schon bald nachdem Volta durch die Konstruktion der nach ihm benannten Volta'schen Säule das Mittel gefunden hatte, einen andauernden elektrischen Strom zu finden, schlug Dr. Soemmering 1808 vor, ihn zur Telegraphie zu nutzen. Um seinen Plan ins Leben einzuführen, bedurfte es freilich noch lange Zeit ernster Gelehrtenarbeit. Erst nachdem auch die Fernwirkungen des elektrischen Stromes durch Oersted entdeckt und ihre Gesetze durch Männer wie Ampère, Arago, Faraday, Gauß, Weber, Wheatstone und viele andere ergründet waren, konnte der kühne Plan Soemmerings in Erfüllung gehen. Aber obschon die Telegraphen, welche Gauß und Weber in Göttingen, Steinheil bei München Anfang der Dreißigerjahre herstellten, gut arbeiteten, verging doch ein Dezennium, bis der praktische Sinn der Amerikaner und Engländer die Telegraphie tatsächlich ins Leben rief. Von dieser Zeit an, Mitte der Vierzigerjahre, beginnt nun die Telegraphie ihre schnelle Entwicklung... Alle Völker nahmen an diesem Wettlauf teil, und unser deutsches Vaterland mit in erster Linie.« Vgl. SAA 2/Lr 68; vgl. auch: Wissenschaftliche und Technische Arbeiten von Werner Siemens, Bd. 2, S. 375f.

56 Vgl. Werner von Siemens, Lebenserinnerungen, S. 13.

57 Wilhelm an Werner, Manchester, 1. Juli 1847, SAA Briefe der Brüder Siemens.

58 Werner an Wilhelm, Berlin, 11. März 1848, SAA Briefe der Brüder Siemens.

59 Werner an Wilhelm, Berlin, 20. März 1848, SAA Briefe der Brüder Siemens.

60 Zur Einordnung vgl. Pohl, Aufbruch, S. 238f.

61 Im Herbst 1846 hatte Werner Siemens Untersuchungen über die Isoliereigenschaften eines damals gerade bekannt gewordenen Materials, der Guttapercha, begonnen. Bei der Bekleidung von Drähten mit Guttapercha ergaben sich jedoch zunächst Schwierigkeiten, die erst durch die von Werner Siemens und Johann Georg Halske entwickelte Guttaperchapresse, die aus einem mit erwärmter Guttapercha gefüllten Zylinder bestand, gelöst wurden. Vgl. Trendelenburg, Geschichte, S. 3.

62 Der von Werner von Siemens erfundene Zeigertelegraph, der nicht mehr im Sinne eines Uhrwerkes arbeitete, sondern durch den Wagner-Neefschen Hammer einen selbsttätig gesteuerten Synchronlauf zwischen Sender und Empfänger hatte, war eine grundsätzlich neue Lösung der Nachrichtenübertragung auf elektrischem Wege. Bei den identisch aufgebauten Sende- und Empfangsapparaten waren Buchstaben und Leerzeichen auf 30 radial angeordneten Tasten angebracht. Mit Hilfe der Selbstunterbrechung wurden die miteinander korrespondierenden Apparate nach Einschaltung der Batterie in gleichlaufende Bewegung gesetzt. Beim Siemensschen Zeigertelegraphen reichten jeweils eine Batterie und eine Leitung, während die Selbstunterbrechung für die Synchronisation sorgte. Das Kreisen der Zeiger auf den Zifferblättern des gebenden und empfangenden Apparates sowie das Ablesen und Niederschreiben der übermittelten Zeichen erforderten aber soviel Zeit, daß es dem Amerikaner Morse nicht schwer wurde,

seinen Telegraphen, der die Niederschrift vereinbarter Zeichen ermöglichte, in die Praxis einzuführen. Die größere Schnelligkeit der Morseschreiber mit etwa 100 Zeichen pro Minute gegenüber 40 – nicht schriftlich festgehaltenen – Zeichen beim Zeigertelegraphen führte auch zu einer Senkung der Kosten für die Nachrichtenübertragung, weil aufgrund der kürzeren Übertragungsdauer mehr Depeschen pro Zeiteinheit übertragen werden konnten. Zwar benötigte man für die Morsetelegraphie ausgebildetes Personal, aber die Bedienung der Geräte war leicht zu erlernen. Wegen der einfacheren Handhabung blieben jedoch die Zeigertelegraphen noch lange Jahre bei der Eisenbahn im Einsatz, bevor sie der Morsetelegraph endgültig verdrängte.

63 Vgl. Kocka, Unternehmensverwaltung, S. 48f.

64 Zum Aufbau der Staatstelegraphennetze vgl. ETZ 1880, S. 31: Der Aufbau von Staatstelegraphennetzen erfolgte in

Großbritannien	1845
Holland	1847
Deutschland	1849
Österreich	1849
Belgien	1849
den Niederlanden	1852
Schweden	1853
Norwegen	1855
Spanien	1855
Portugal	1855

65 Johann Georg Siemens hatte sich verpflichtet, als Kapitalgeber bis 1848 in drei Raten insgesamt 10000 Taler aufzubringen. Wegen der Revolution im März 1848 kam es jedoch nicht zu der letzten Ratenzahlung, die auch nicht nachgeholt wurde.

66 Vgl. SAA 8/Lh 633.

67 Vgl. Gesellschaftsvertrag vom 1. Oktober 1847, SAA 21/Li 53; vgl. auch Anhang.

68 Diese Tatsache begünstigte allerdings auch das Aufkommen der Konkurrenz. Vgl. Schreiben Werner an Wilhelm vom 3. Januar 1861: »... Der Fehler ist, dass jeder Mechaniker ohne Capital und Intelligenz uns gewichtige Concurrenz machen kann...« Vgl. SAA Briefe der Brüder Siemens.

69 Vgl. Kocka, Unternehmensverwaltung, S. 63.

70 Zusammengestellt nach internen Angaben im Siemens-Archiv.

71 Vgl. Werner Siemens, Darstellung, S. 22f.

72 Vgl. G. Siemens, Weg I, S. 23.

73 Werner Siemens, der die Gründe für das Versagen des unterirdischen Systems öffentlich genannt hatte, empfahl, aus den Fehlern zu lernen, aber nicht voreilig zum oberirdischen Leitungsbau überzugehen, zumal es ihm mit der Erfindung des Bleimantels gelungen war, den äußeren Schutz entscheidend zu verbessern. Da man ihm eine objektive Stellungnahme als Beteiligtem nicht zutraute, regte er »eine genaue von wissenschaftlichen und sachkundigen Männern angestellte, vergleichende Analyse der bisherigen Resultate« an. Besonders Nottebohm betrachtete diesen Vorschlag als einen gegen ihn gerichte-

ten Angriff und entzog Siemens & Halske alle Staatsaufträge. Vgl. Kocka, Unternehmensverwaltung, S. 59.

74 Vgl. Pole, William Siemens, S. 105.

75 In den 1860er Jahren entwickelte sich die Herstellung von Wassermessern sehr günstig und ergab gute Gewinne. Vgl. SAA 29/Lp 586.

76 Zusammengestellt nach internen Angaben im Siemens-Archiv, vgl. auch Tabelle im Anhang.

77 Vgl. Kocka, Unternehmensverwaltung, S. 67.

78 Werner an Wilhelm, Paris, 27. April 1850, SAA Briefe der Brüder Siemens

79 Die Eröffnung einer unter dem Namen Siemens Frères firmierenden Siemens-Niederlassung in Frankreich im Jahre 1878 war eine Folge der französischen Patentgesetzgebung, nach der in Frankreich patentierte Erfindungen innerhalb einer bestimmten Frist im Inland zu produzieren waren, wenn der Patentanspruch aufrechterhalten bleiben sollte. 1886 wurde die Niederlassung jedoch geschlossen, da sich die Nachfrage der französischen Industrie nicht im erhofften Maße ergeben hatte. Die Verluste der Niederlassung wurden auf 1,3 Mio. Francs beziffert. In der Folgezeit wurde versucht, den französischen Markt durch Kooperationen mit einheimischen Firmen zu erschließen. Vgl. SAA 68/Li 177.

80 Mit der Londoner Weltausstellung 1851 gewann diese Form des Marketings an Bedeutung, weil die Weltausstellungen weit stärker als frühere Messen Schaufenster der modernsten Technologie und gleichzeitig Angelegenheit nationalen Prestiges wurden. Vgl. zur Notwendigkeit, aus nationalem Interesse teilzunehmen, auch den Brief von Werner an Carl vom 7. Februar 1881, in dem er darauf verweist, daß ein Fernbleiben von internationalen Ausstellungen als »Vaterlandsverrat« angesehen werden könnte.

81 Carl an Werner, Paris, 9. Januar 1853. Zitiert nach von Weiher, Carl von Siemens, S. 14.

82 Werner an Carl, Berlin, 16. Dezember 1852, SAA Briefe der Brüder Siemens.

83 Vgl. Werner von Siemens, Lebenserinnerungen, S. 125.

84 Werner an Wilhelm, Friedrichsort, 25. Juli 1848, SAA Briefe der Brüder Siemens.

85 Werner an Carl, Berlin, 26. Juni 1854, SAA Briefe der Brüder Siemens.

86 Vgl. SAA 21/Li 53 Gesellschaftsverträge; vgl. auch Anhang.

87 Der verzögerte Zahlungsverkehr zwischen Berlin und St. Petersburg führte dazu, daß man zur Überbrückung von Liquiditätsengpässen, die aus der zeitlichen Differenz von Zahlungseingängen und den Verpflichtungen gegenüber Vorlieferanten entstanden waren, Banken zur Zwischenfinanzierung einschalten mußte. Im allgemeinen leistete die russische Regierung ihre Zahlungen an Kapherr, der dann Wechsel auf deutsche Plätze zog. Diese Wechsel wurden in Berlin vom Bankier Magnus honoriert. Für Kapherrs Finanzdienstleistungen mußte Siemens & Halske 10% Provision auf alle Geschäftsabschlüsse zahlen.

88 Vgl. Kirchner, Deutsche Industrie, S. 47f.; anders von Weiher, Carl von Siemens, S. 16.

89 Vgl. Werner von Siemens, Lebenserinnerungen, S. 150.
90 Vgl. Kocka, Unternehmensverwaltung, S. 78.
91 Vgl. Ehrenberg, Unternehmungen, S. 103 ff.; zu den Regenerativ-Öfen vgl. van den Berg, Regenerativ-Öfen.
92 Vgl. Brief Carl an Werner vom 17. Februar 1864, SAA Briefe der Brüder Siemens.
93 Vgl. Brief Werner an Carl vom 2. April 1881, SAA Briefe der Brüder Siemens.
94 Vgl. SAA 20/Ld 366, Bd. 2, S. 53.
95 So konnte die Electric Telegraph Company 1846 für die Patente von Cooke und Wheatstone eine Summe von 140 000 Pfund Sterling aufbringen. Vgl. von Weiher, Siemens-Werke, S. 38 f.; Kieve, Telegraph, S. 77 f.
96 Seine bei den Kabellegungen gewonnenen Erkenntnisse publizierte er allerdings erst sehr viel später bei der Berliner Akademie der Wissenschaften. Vgl. »Beiträge zur Theorie der Legung und Untersuchung submariner Telegraphenleitungen«, 1874, in: Wissenschaftliche und Technische Arbeiten, Bd. 1, S. 234–257; vgl. auch Werner von Siemens, Lebenserinnerungen, S. 151–156.
97 Werner an Wilhelm, Berlin, 12. Mai 1858, SAA Briefe der Brüder Siemens.
98 Der von dem britischen Wirtschaftspolitiker Richard Cobden (1804–1865) im Jahre 1860 geschlossene, auf freihändlerischen Grundsätzen beruhende britisch-französische Handelsvertrag bildet einen Höhepunkt in der Geschichte des wirtschaftspolitischen Liberalismus.
99 Aus Gründen der Einheitlichkeit wird Wilhelm – William – Siemens hier durchgängig als Wilhelm Siemens bezeichnet.
100 Die Kritik richtete sich vor allem gegen die Auftragserteilung an ein ausländisches Unternehmen. Die Tatsache, daß Wilhelm sich hatte naturalisieren lassen, trug nicht dazu bei, daß das Londoner Geschäft von Siemens, Halske & Co. als ein englisches Unternehmen angesehen wurde.
101 Wilhelm an Werner, London, 21. Februar 1862, SAA Briefe der Brüder Siemens.
102 Zur Einschätzung vgl. Werner von Siemens, Lebenserinnerungen, S. 179 ff.
103 Zur Geschichte von Siemens Brothers vgl. Scott, Siemens Brothers.
104 Vgl. dazu Werners Klagen in seinen Briefen an Carl, zum Beispiel vom 20. Mai 1863 und vom 31. August 1863, SAA Briefe der Brüder Siemens.
105 Werner an Wilhelm, Berlin, 7. Mai 1864, SAA Briefe der Brüder Siemens.
106 Graphik nach von Weiher, Siemens-Werke, S. 206 f.
107 Vgl. Pole, William Siemens, S. 140–149; vgl. auch Feldenkirchen, Bedeutung des Siemens-Martinverfahrens.
108 Vgl. Ehrenberg, Unternehmungen, S. 270 f.
109 Die elektrische Kraftübertragung wurde erst durch die Konstruktion der Dynamomaschine nach Entdeckung des dynamoelektrischen Prin-

zips durch Werner von Siemens ermöglicht. Durch diese Erkenntnis und deren wissenschaftliche und technische Auswertung wurde die Basis für die Entwicklung der Starkstromtechnik geschaffen. Die Verwendung der dynamoelektrischen Maschine als Generator und Motor führte zur Erzeugung immer größerer Elektrizitätsmengen bzw. deren Verbrauch. Im Rahmen von Weltausstellungen und internationalen Elektrizitätsausstellungen konnte die Elektrotechnik ihre Produkte einem interessierten Publikum präsentieren. Dazu gehörten bereits in den Jahren 1881 bis 1883 verschiedene Bauformen von Stromerzeugern. Die Übertragung des Stroms über weite Entfernungen wurde jedoch erst durch den transformierbaren Wechselstrom möglich.

110 Vgl. SAA 21/Li 53. Vgl. auch die Aufstellung des an die Inhaber verteilten Reingewinns im Anhang.

111 Werner an Carl, 4. März 1867, SAA Briefe der Brüder Siemens.

112 Vgl. Schreiben Werner an Wilhelm vom 18. Januar 1859: »Schon in diesem Jahr kommen wir jedenfalls durch die jetzt eingeführten Akkordarbeiten höher (wird sich bald herausstellen), und das muß sich um so mehr steigern, je mehr die Akkordsätze ausprobiert sind und je mehr wir zu tun bekommen.« Vgl. SAA Briefe der Brüder Siemens.

113 So zum Beispiel Carl nach der gescheiterten Filialgründung in Paris.

114 Faraday hatte 1831 gezeigt, daß man durch Bewegen einer Spule im Magnetfeld elektrische Spannungen erzeugen kann. Bald darauf wurden die ersten magnetelektrischen Maschinen gebaut, bei denen ein Anker im Feld eines Permanentmagneten rotierte. Bedingt durch deren geringe Feldstärke wurden jedoch nur kleine elektrische Leistungen erreicht. Werner Siemens erkannte, daß man auf die Permanentmagnete verzichten und mit Weicheisenkernen ausgerüstete Maschinen bauen konnte, da im Weicheisen soviel Restmagnetismus zurückbleibt, daß man beim Andrehen des Ankers eine zunächst kleine Spannung erzeugen kann. Nachdem man teilweise schon vorher zur Felderzeugung in den Generatoren fremderregte Elektromagnete statt der Permanentmagnete verwendet hatte, gelang damit die grundsätzliche Ausnutzung des remanenten Magnetismus und des Selbsterregungsvorgangs für den Bau leistungsfähiger Stromerzeuger. Läßt man den Ankerstrom den Elektromagneten durchlaufen, wird im Weicheisenkern ein Feld aufgebaut, das nun seinerseits wieder den Ankerstrom verstärkt. Die Selbsterregung der Maschine setzt damit ein. Bei seinen Arbeiten an der Dynamomaschine kamen Werner Siemens seine Erfahrungen mit dem Doppel-T-Anker zugute, den er 1856 entwickelt hatte, als er wegen der Verlängerung und Zunahme der Telegraphenstrecken nach Möglichkeiten gesucht hatte, die für den Betrieb notwendigen teuren Batterien durch andere Stromquellen zu ersetzen.

Wenn auch der Prototyp der ersten von Werner Siemens gebauten, mit dem Doppel-T-Anker ausgestatteten Dynamomaschine mit einer Leistung von maximal 50 W nur ein Experimentiergerät war, das bestenfalls Meßergebnisse lieferte, haben die schnell erreichten Verbesserungen dieser Basisinnovation innerhalb weniger Jahre die Grundlage für die bald darauf einsetzende Entwicklung der Starkstromtechnik geschaffen, mit deren Hilfe elektrische Energie in großen Mengen wirtschaftlich erzeugt und verteilt werden konnte. Ende 1875 war der Trommelanker mit mehrteiligem Kommutator so weit entwickelt, daß bei Siemens & Halske eine Dynamoreihe bis etwa 5 kW Leistung fabrikationsreif war und in einer Preisliste zusammengestellt werden konnte. 1877 verkaufte Siemens 91 Dynamos, im folgenden Jahr 271 und 1879 bereits 351. Bei einer etwa gleichbleibenden Zahl verkaufter Maschinen stieg in den Folgejahren deren Größe erheblich an. Um die Jahrhundertwende baute man bereits Generatoren bis etwa 1000 kW.

115 Vgl. auch die Tabelle zur Umsatzentwicklung nach Bereichen im Anhang.

116 Vgl. Kocka, Unternehmensverwaltung, S. 117.

117 Vgl. Schreiben von Werner an Carl vom 29. April 1872, SAA Briefe der Brüder Siemens.

118 Vgl. von Peschke, Elektroindustrie, S. 48–56.

119 Zu Friedrich von Hefner-Alteneck vgl. Schoen, von Hefner-Alteneck.

120 Vgl. Schreiben Werner an Wilhelm vom 13. Oktober 1869, SAA Briefe der Brüder Siemens. Carl Frischen entwickelte für Siemens & Halske ein neues Signalsystem für die Eisenbahn, das auch international eingeführt wurde.

121 Vgl. G. Siemens, Weg I, S. 71f.: »Es ist sonderbar, daß Werner Siemens sich von solchen Leuten kaum nützliche Mitarbeiter versprach. Wahrscheinlich konnte er sich später von der in den ersten zwei Jahrzehnten seiner Firma zweifellos richtig gewesenen Vorstellung nicht mehr frei machen, daß für die wissenschaftliche Durcharbeitung der auftauchenden Probleme ein Kopf, nämlich der seine, genüge. Vielleicht teilte er auch das Mißtrauen vieler Selfmademen gegen Leute, die auf Grund ihrer Vorbildung von vornherein Ansprüche stellen könnten, deren Berechtigung sie erst später durch Leistungen nachweisen müßten.«

122 Zur Belegschaftsentwicklung vgl. die Tabelle im Anhang.

123 Ausführlich zum Verhältnis Berlin–London: von Weiher, Siemens-Werke.

124 Vgl. Pole, William Siemens, S. 177ff, G. Siemens, Weg I, S. 58f.

125 Werner an Wilhelm, Berlin, 14. August 1867, SAA Briefe der Brüder Siemens.

126 Werner an Carl, 5. April 1867, und Werner an Wilhelm, 12. Mai 1867, in: Matschoß, Briefe I, S. 266f., 270f.

127 Vgl. G. Siemens, Weg I, S. 64.

128 Vgl. SAA 13/Lk 781.

129 Werner an Carl, Berlin, 24. Januar 1867, SAA Briefe der Brüder Siemens.

130 Zahlen nach Verlust der Originaldokumente nach Ehrenberg, Unternehmungen, S. 264.

131 Werner an Carl, 10. Februar 1870, in: Matschoß, Briefe II, S. 318.

132 Den beiden erfolgreichen Kabelverlegungen von 1866 war ein mißglückter Versuch vorangegangen. Das 1865 gesunkene Kabel konnte aber wieder geborgen werden.

133 Eine ausführliche Schilderung seiner Empfindungen gibt Werner Siemens in den Lebenserinnerungen, S. 279f.

134 Zitiert nach Heintzenberg, Carl Siemens, S. 105.

135 Zur finanziellen Entwicklung von Siemens Brothers vgl. auch die Tabelle im Anhang.

136 Zitiert nach Heintzenberg, Carl Siemens, S. 111.

137 Sehr ausführlich zu den technischen Einzelheiten G. Siemens, Weg I, S. 89–107.

138 Werner an Wilhelm, Berlin, 5. Dezember 1878, in: Matschoß, Briefe II, S. 582: »Wenn Edisons Sache weiter nichts ist, so ist es nicht viel.«

139 Die Deutsche Edison-Gesellschaft erwarb durch einen Vertrag vom 13. März 1883 von Edison und seinen Rechtsnachfolgern das ausschließliche Recht der Ausnutzung der Edison-Erfindungen im Gebiet des Deutschen Reiches. Emil Rathenau wollte die von Werner Siemens in ihrer Bedeutung nicht völlig erkannte elektrische Glühlichtbeleuchtung systematisch in Berlin und in Deutschland einführen. In den USA hatte H. Goebel bereits 1854 für eigene Zwecke Glühlampen hergestellt, doch hatte sich eine größere Nachfrage zunächst nicht entwickelt.

140 So schrieb Werner am 8. März 1883 an seinen Bruder Wilhelm: »In Wirklichkeit wird die Deutsche Edison-Gesellschaft daher eine Installationsagentur zur Aufstellung von uns fabrizierter Maschinen und unseres sonstigen (Leitungs- usw.) Materials sein.« Vgl. Matschoß, Briefe II, S. 771.

141 Siemens & Halske nahm Lizenzen auf die später auch von der AEG genutzten Edison-Patente, während sich die Deutsche Edison-Gesellschaft vertraglich verpflichtete, Siemens & Halske die Fabrikation von Dynamomaschinen, Motoren, Kabeln und Geräten zu überlassen. Siemens & Halske verzichtete zugunsten der Deutschen Edison-Gesellschaft auf das Recht, Zentralstationen zu bauen. Aufgrund dieser vertraglichen Festlegungen entwickelte sich Siemens & Halske immer mehr zu einer Spezialfirma für die Ausrüstung von Zentralanlagen. Nachdem es bereits 1887 zu einer Revision des von beiden Seiten schon bald nach seiner Unterzeichnung als hinderlich angesehenen Vertrags gekommen war, wurden 1894 alle gegenseitigen vertraglichen Verpflichtungen aufgehoben. Zum Schriftwechsel in dieser Angelegenheit mit ausführlicher Darlegung der Gründe vgl. SAA 29/Li 435; 46/Lh 287; AEG-Archiv Protokolle des Aufsichtsrats-Ausschusses; Archiv Deutsche Bank Bestand AEG S 76 und 79; AEG (Hg.), 50 Jahre AEG, S. 39ff.

142 Graphik nach Unterlagen des Siemens-Archivs und des Leo Baeck-Instituts New York für die AEG.

143 Vgl. Wilhelm von Siemens (1855–1919), Sohn von Werner von Siemens: »Treibhauswachsen steht im Widerspruch mit der Grundlage, auf welcher das Siemens'sche Gesamtunternehmen basiert. Es wird das verständlich, wenn man bedenkt, daß bei der Trägerin des Majoritätsbesitzes von S&H-Aktien, der Familie Siemens, welche auf die Leitung einen maßgebenden Einfluß ausübt, nicht der Wunsch bestehen kann, das Aktienkapital der Gesellschaft zu erhöhen. In der Tat

ist hier eine konservative und reine Fabrikantenpolitik gemacht worden.« Vgl. SAA 4/Ld 147. An anderer Stelle drückte Wilhelm von Siemens die unterschiedliche Geschäftspolitik der AEG gegenüber Siemens wie folgt aus: »Irgendeine hervorragende Leistung als Ingenieur im ganzen Leben und Wirken Rathenaus kann ich nicht finden, was man als eines Ingenieurs würdig kennzeichnen könnte, also eine Leistung, die ihn als Erfinder oder Konstrukteur auf neuen, vorher nicht gekannten Bahnen erscheinen ließe. Was er auf technischem Gebiet geleistet hat, ist lediglich das Verpflanzen amerikanischer Konstruktionen und amerikanischer Fabrikationsmethoden auf deutschen Boden und deren natürliche Weiterentwicklung.« Vgl. SAA 11/Lb 569.

144 Vgl. zu den Anfängen der Firma Schuckert vor allem: Keuth, Schuckert.

145 Bereits damals hätte die Möglichkeit einer dann erst zehn Jahre später realisierten Fusion von Siemens mit Schuckert bestanden, doch verzichtete man letztlich, »weil wir unsere Selbständigkeit erhalten wollten.« Vgl. SAA 4/Lf 775; Bestand Dornburg Nr. 6999; Smolka, Wacker, S. 115.

146 Nachdem der Techniker Sigmund Schuckert in der Anfangsphase des Unternehmens das Schwergewicht auf die Produktionsseite gelegt hatte, wurde mit dem vollständigen Eintritt des ursprünglich als Generalvertreter für Mittel- und Norddeutschland tätigen Alexander Wacker in die Geschäftsleitung die finanzwirtschaftliche Betätigung und das Unternehmergeschäft stärker betont. Vgl. SAA 28/Li 987; Cohen, Schuckert, S. 39f.

147 Aufgrund des zunächst geringen Kapitalbedarfs war die Offene Handelsgesellschaft die ursprüngliche Gesellschaftsform der elektrotechnischen Unternehmen. Am Ende der 1880er Jahre erfolgte häufig eine Umwandlung in eine Kommanditgesellschaft. Mit dem raschen Wachstum der Elektroindustrie in den 1890er Jahren wurden zahlreiche Unternehmen in Aktiengesellschaften umgewandelt. Die AEG, die Union Elektricitäts-Gesellschaft und der Helios waren von Anfang an als Aktiengesellschaften gegründet worden. Vgl. Fasolt, Elektrizitätsgesellschaften. S. 3 f.

148 Vgl. Henniger, Elektrifizierung, S. 81.

149 Im Jahre 1894 gründeten mehrere Banken die »Gesellschaft für elektrische Unternehmungen«, um die Unternehmergeschäfte der Union zu finanzieren. Innerhalb weniger Jahre hatten sich dann alle großen Elektrounternehmen zumindest eine dieser Finanzierungsgesellschaften geschaffen. Vgl. Feldenkirchen, Finanzierung, S. 103.

150 Vgl. auch die Ausführungen in den Lebenserinnerungen von Felix Deutsch, des späteren Generaldirektors der AEG: »Besonders die jüngeren unter diesen Firmen waren der Meinung, daß das Unternehmergeschäft der AEG sehr einfach und sichtlich sehr lukrativ sei, und fingen an, sich lebhaft damit zu beschäftigen. Während wir jedoch mit großer Vorsicht und Zurückhaltung arbeiteten, stürzte sich die Konkurrenz, obgleich – oder weil – ihnen Kräfte und Erfahrungen auf technischem, kommerziellem und organisatorischem Gebiet nicht entfernt in gleichem Maße zur Verfügung standen wie uns, unüberlegt

und wild auf jede Konzession, bewilligte unsinnige Abgaben an die Städte und unmögliche Bedingungen für den Übergang der Anlagen an diese. Dazu kam, daß wir in den Verträgen mit den Tochtergesellschaften den Nutzen für unsere Lieferungen stets sehr niedrig zu bemessen pflegten, weil wir immer die Rentabilität der Unternehmungen berücksichtigten; denn von Anfang an war es uns klar, daß wir unsere Liquidität nicht dauernd durch eigene Finanzierung großer Zentralstationen halterieren dürften. Vielmehr wollten wir das System verfolgen, solche Stationen mit Hilfe unserer Geldmittel einzurichten, sie aber möglichst bald selbständigen Gesellschaften zu überlassen, um so unser Kapital immer wieder für neue Unternehmungen flüssig zu machen. Wir mußten also darauf achten, nur gesunde und lebensfähige Unternehmen in die Welt zu setzen, während die Konkurrenz im Gegenteil ihr Hauptgeschäft darin sah, hohe Preise an die Tochterunternehmungen zu berechnen, dadurch der Muttergesellschaft große Gewinne zuzuführen, ohne jede Rücksicht auf die Rentabilität der Anlagen ...« Zitiert nach Unterlagen des Leo Baeck Institute, New York.

151 Die ersten Gründungen wie die Berliner Elektrizitätswerke konzentrierten sich auf die Bereitstellung elektrischer Beleuchtung und dienten erst nachrangig der Versorgung von Betrieben mit elektrischer Antriebsenergie. Erst zehn Jahre nach der Inbetriebnahme war ein nennenswerter Kraftstromverbrauch zu verzeichnen. Gegen Ende des 19. Jahrhunderts wurde die Nutzung der Elektrizität zu Antriebszwecken für den Bau von Kraftzentralen entscheidend. Da die meisten Kraftzentralen von den Unternehmen selbst errichtet wurden, ging der Anteil der öffentlichen Kraftwerke an der Gesamterzeugung von 44,4% im Jahre 1891 auf 19,5% im Jahre 1900 zurück.

152 Vgl. Sawall, Unternehmenskonzentration, S. 68.

153 Um dem steigenden Bedarf entsprechen zu können, gründete Siemens & Halske im Jahre 1890 nach dem Tod von Carl Frischen, der bisher die Bahnanlagen bearbeitet hatte, ein eigenes »Centralbüro für elektrische Eisenbahnen«. Frischen, der früher Telegraphendirektor der Hannoverschen Staatsbahn gewesen war, hatte 1870 den elektrischen Blockapparat erfunden, auf deren Grundlage im Blockwerk umfangreiche Blocksignalanlagen entwickelt worden sind.

154 Vgl. auch Tagebucheintragung von Wilhelm von Siemens, dem Sohn von Werner von Siemens, vom 26. Dezember 1902: »Man hat uns, S & H, getadelt, daß wir die AEG, Schuckert, Union, Lahmeyer, Brown Boveri haben so groß werden lassen. Aber die AEG ist durch die Konzession Berlin, wodurch sie einige 50 Millionen verdient, und die Deutsche Bank so groß geworden. Beides ist ihr durch Werner Siemens absichtlich zugeführt worden unter der Parole: S & H sollen die Fabrikanten und Erfinder, AEG die Konstrukteure sein... S & H hätten Hunderte von Millionen haben müssen, um die Situation zu beherrschen. Wir haben auch an unserer Familienpolitik festgehalten und wollten in unserem Hause die Herren bleiben... In dieser Zeit hat sich das Haus technisch auf der Höhe erhalten und ist in Wirklichkeit gegenüber der letzten Ära Frischen-Hefner erheblich in die Höhe

gegangen. An technischem Ruf steht S & H auch heute an der Spitze. Im übrigen beruht ihre Lage auf sicherer und gefestigter Grundlage. Die Finanzen sind in Ordnung, das Bankguthaben beträgt über 10 Millionen... Das Jahr 1903 wird wahrscheinlich die Frage entscheiden, ob Rathenau noch weitere Teile der Industrie von sich finanziell abhängig machen wird, oder ob S & H mit Schuckert zu einer gewissen Einigung kommen werden, um ein stärkeres Gegengewicht darzustellen. Das ist jetzt in Vorbereitung.«

155 Werner an Wilhelm, 11. November 1867, SAA Briefe der Brüder Siemens.

156 Die Union wurde gegründet von Loewe, Thyssen und Thomson-Houston International Electric Company. Die Firma Ludwig Loewe übernahm die Fabrikation. Im Jahre 1897 waren 50% aller Gleise und Motorwagen der elektrischen Bahnen in Europa nach dem Thomson-Houston-System konstruiert. 1898 erwarb die Union die elektrischen Fabriken von Ludwig Loewe. Die Union baute Straßenbahnen in Erfurt, Leipzig, Barmen, Elberfeld, Elbing, Solingen, Düsseldorf, Duisburg, Berlin, Meißen und Magdeburg. Vgl. SAA 29/Ls 336.

157 Vgl. Czada, Elektroindustrie, S. 43. Auf Spezialgebieten waren seit den 1880er Jahren Firmen wie z.B. Aron, Mix & Genest, Voigt & Haeffner entstanden.

158 Vgl. Pohl, Geschichte, S. 158.

159 Vgl. SAA 68/Lb 947.

160 Werner Siemens an Eugen von der Weyde, 25. Oktober 1884, SAA 68/Lb 947, dort auch weitere Beispiele für Absagen.

161 Vertreter-Vertrag vom 21. Juni 1882, SAA 68/Li 312.

162 Vgl. SAA 68/Li 312.

163 Werner von Siemens an Carlo Moleschott, 31. Dezember 1890, SAA 32/Lh 678.

164 Vgl. Eibert, Unternehmenspolitik, S. 206f., 216–221; Pohl, Rathenau, S. 53, 140–164; Chandler, Scale, S. 216.

165 Vgl. SAA 16/La 92.

166 In der 105. Sitzung der dritten Arbeitsgruppe des Unterausschusses III für Gewerbe am 14. Mai 1929 wurde Generaldirektor Dr. Franke von S & H von den Sachverständigen u.a. über den Auslandsabsatz und über die Organisation des Vertriebes befragt. Franke teilte mit, daß der Verkauf im Inland durch die Technischen Büros, im Ausland durch die eigenen Gesellschaften erfolge. »Wir haben das System der eigenen Gesellschaften aufgebaut und es hat an den meisten Plätzen doch zu gesunden Verhältnissen geführt. Man hat sie mehr in der Hand und kann sie in bestimmte Richtungen lenken und ihnen die Preise vorschreiben. Man kann mit ihnen machen, was man mit einem fremden Vertreter nicht machen kann. Deswegen haben wir dieses System bis auf wenige Länder ausgebaut, im wesentlichen mit Siemens-Schuckert gemeinschaftlich... Sie bringen uns auch Anregungen, und man erfährt mehr, was die Konkurrenz macht. Man bekommt bessere Berichte als von den Vertretern und man bekommt dadurch Anregungen... Wir haben die Erfahrung, daß wir mit den eigenen Gesellschaften besser weitergekommen sind als mit den Vertretern. Es sind auch viele Anlagen

dabei, die durch eigene Montagebüros gemacht werden und es sind auch viele Reparaturgeschäfte dabei, die sofort an Ort und Stelle gemacht werden, und auch darin sind uns die eigenen Gesellschaften wertvoller als die Vertreter.« Vgl. SAA 11/Lg 724 Nachlaß Franke.

167 Bereits im Herbst 1879 war von Berlin aus in Wien ein »Wiener Technisches Büro von S&H Berlin« eröffnet worden. Diese Geschäftsstelle hatte aber mit den späteren Technischen Büros nur den Namen gemein. In Wirklichkeit war sie die Keimzelle zum späteren Wiener Werk. Wenige Jahre darauf, Anfang der 80er Jahre, verlor sich auch die Bezeichnung »Technisches Büro« wieder.

168 Vgl. SAA 47/Lg 742.

169 Die schon vorher bestehenden Werkstätten in London und in St. Petersburg dienten der Wartung und Installation der in Berlin gefertigten Produkte.

170 Vgl. SAA 20/Ld 366, Bd. 3, S. 100–103.

171 Vgl. dazu auch Feldenkirchen, Siemens im Russischen Reich.

172 Der Ausstellungspavillon von Siemens & Halske wurde auch vom russischen Zaren besucht: »Es schien ihm besonders angenehm zu sein, daß all dies in Petersburg fabriziert wurde. ... Wir bekommen den kaiserlichen Doppeladler, die höchste Auszeichnung, und Kedabeg erhält die goldene Medaille.« Carl an Werner, St. Petersburg, 24. September 1882, zitiert nach von Weiher, Carl von Siemens, S. 11.

173 Vgl. Brief Carl an Werner vom 16. und 28. Februar 1881, SAA Briefe der Brüder Siemens.

174 Vgl. Brief Werner an Carl vom 6. Februar 1882, SAA Briefe der Brüder Siemens.

175 Vgl. Brief Carl an Werner vom 30. März 1882, SAA Briefe der Brüder Siemens.

176 Vgl. dazu Vertragsabschriften in SAA 68/Li 141; Geschäftsberichte der VKW vom November 1906, in SAA Bestand Dornburg Nr. 4271 und März 1907, in SAA Bestand Dornburg Nr. 4897; Rechenschaftsbericht der Verwaltung für das Jahr 1909, in SAA Bestand Dornburg Nr. 4032.

177 Graphik nach SAA 20/Ld 366, Bd. 3, S. 8.

178 Diese Beteiligung sollte sich in der Zukunft sehr auszahlen: Von 1904 bis 1911 machte Siemens ein großes Geschäft mit der Lieferung von Drehstrom-Turbogeneratoren nach Rußland.

179 Vgl. Brief Werner an Carl vom 21. März 1887, SAA Briefe der Brüder Siemens.

180 Die positive Entwicklung des russischen Geschäftes basierte vor allem auf der Initiative und dem Engagement von Carl Siemens, sowie seiner Loyalität zum Berliner Stammhaus. Die organisatorische Struktur des Geschäftes war dagegen eher dürftig, was sich vor allem in den Jahren der Abwesenheit Carls von Rußland negativ gezeigt hatte; denn es war kein Management vorhanden, das in der Lage war, die Geschäfte befriedigend weiterzuführen. Die personelle Besetzung der St. Petersburger Siemens-Niederlassung änderte sich jedoch Mitte der neunziger Jahre. Carl Siemens, der 1895 vom russischen Zaren in den erblichen Adelsstand erhoben wurde, übernahm nach dem Tod seines Bruders Werner gemeinsam mit seinen Neffen Wilhelm und Arnold

die Leitung des Gesamtgeschäftes und verlegte 1894 seinen Wohnsitz nach Berlin.

181 Zu den Aktivitäten von Siemens & Halske in den USA: Feldenkirchen, Anfänge.

182 Vgl. Brief von Werner an Carl Siemens vom 22.11.1854: »Für Amerika haben wir ziemlich sicher eine Eisenbahntelegraphenlinie mit allen Schikanen, von Philadelphia ausgehend, zu bauen.« In: Matschoß, Briefe I, S. 108.

183 In einem »Verzeichnis der Lieferungen nach dem Ausland von 1855–1895« aus dem Siemens-Archiv gingen nach Amerika: im Jahr 1872 Lieferungen für 81,15 Thaler an General Henry L. Abbot, New York, Lieferungen für 183,15 Thaler an das War & Department Office of the Chief Signal Officer, Washington; im Jahr 1873 Lieferungen für 151.32 Thaler an General Henry L. Abbot, New York, und ebenfalls an Abbot im Jahr 1874 Lieferungen für 1615,20 Thaler. An die Firma Behrendt & Schmidt, Berlin, für Amerika gingen im Jahr 1865 Lieferungen für 95150,00 Thaler sowie im Jahr 1866 962,16 Thaler. Vgl. SAA 29/Lp 563.

184 Vgl. von Weiher, Siemens-Werke, S. 143.

185 Die vorsichtige, an konservativen Vorstellungen orientierte Finanz- und Beteiligungspolitik sowie ein ertrags- und kostenbewußtes Handeln sind charakteristische Elemente der Unternehmenskultur, die auf den Firmengründer Werner Siemens zurückgehen. Die Finanzierungspolitik von Siemens ist seit der Gründung des Unternehmens durch ein weniger rentabilitäts- als vielmehr sicherheitsorientiertes, Liquiditätsvorsorge und Bewahrung der unternehmerischen Unabhängigkeit betonendes Denken gekennzeichnet. Vgl. auch Feldenkirchen, Unternehmensgeschichte, S. 156f.

186 Vgl. von Winterfeld, S. 93.

187 Vgl. Brief von Werner an Carl Siemens vom 12. Juni 1879, zitiert nach Waller, Bd. 3, S. 107. Werner von Siemens mahnte bereits im Jahr 1880 zur Eile, um Siemens & Halske noch rechtzeitig einen Platz auf dem amerikanischen Markt zu sichern: »Von Amerika werde ich jetzt mit Briefen überströmt! Wir werden dort bald ernsthafte Anstalten machen müssen, wenn wir nicht ganz ins Hintertreffen kommen wollen!« Werner Siemens an Wilhelm am 12. Mai 1880, in: Matschoß, Briefe II, S. 662. Vgl. auch Brief von Werner an Wilhelm Siemens vom 13. Mai 1881, in: Matschoß, Briefe II, S. 693: »Namentlich in Amerika könnten wir jetzt noch das ganze elektrische Beförderungswesen patentiert erhalten, da wir notorisch die ersten gewesen sind (Berlin 1879), und in Amerika noch kein oder wenigstens noch kein zweijähriger Betrieb gewesen ist. Doch wir wissen und erfahren gar nichts mehr über Amerika trotz direkter Anfragen beim Londoner Geschäft. Es scheint mir, als wenn Löffler Amerika ganz vernachlässigt, was wirklich eine Sünde wäre, da kein Land größere Vorteile verspricht.«

188 Ludwig Löffler (1831–1906) war ab 1858 der engste Mitarbeiter von Wilhelm Siemens und seit 1864 Prokurist im englischen Geschäft. Von 1881–1888 war er Managing Director von Siemens Brothers & Co. Ltd. Er schied 1890 aus dem Geschäft aus.

189 Vgl. dazu auch Korrespondenz zwischen Berlin und London in Wolfram Eitel, Entwicklung, S. 30–44, und von Weiher, Siemens-Werke, S. 148–169.

190 Vgl. Eitel, Entwicklung, S. 57. Erst 1889 kam es zu einer vertraglichen Vereinbarung und dem Rückzug Löfflers aus dem Geschäft; danach sollten beide Firmen nach eigenem Ermessen entscheiden, was zur Vermeidung gegenseitiger Konkurrenz zu tun sei. London und Berlin stand damit gleichermaßen der Zutritt zum Weltmarkt offen; endgültig beseitigt wurde die Streitfrage jedoch erst mit Gründung der Centralverwaltung Übersee (CVU) im Jahr 1908.

191 »Namentlich ist es ein Skandal, daß der nordamerikanische Markt uns ganz verloren ist, – und da wäre viel zu machen!« Vgl. Brief von Werner an Carl Siemens vom 29. Dezember 1884, in: Matschoß, Briefe II, S. 840.

192 »Es ist jetzt noch ein interessanter Amerikaner hier, der bekannte Mr. Villard, der Erbauer der Northern Pacific Railway. ... Er ist ein sehr liebenswürdiger und achtungswerter Mann, der amerikanische Verhältnisse ganz genau kennt. Er war es bekanntlich, der Edison gegründet hat, nachdem er ihn entdeckt hatte! – auch der könnte unter Umständen in N.Amerika gut verwertet werden!« Vgl. Brief von Werner von Siemens an Löffler vom 16. Februar 1885, SAA 2/Li 525. Der im Jahr 1835 in Speyer geborene Henry Villard, eigentlich Heinrich Gustav Hilgard, wanderte 1853 in die Vereinigten Staaten aus und war dort als Journalist, Verleger und Unternehmer tätig. Seit 1875 engagierte er sich im Eisenbahnfinanzierungsgeschäft und wurde später Präsident der Northern Pacific, die unter seiner Leitung eine transkontinentale Verbindung baute. Villard war auch maßgeblich an der Gründung der General Electric Co. beteiligt. Er starb 1900 in New York.

193 Vgl. Vertrag in: SAA 23/Lk 676; vgl. auch Brief von Werner von Siemens an Villard vom 28. September 1886, in: SAA 2/Li 552.

194 Die Deutsche Bank hatte sich an der Finanzierung der Northern Pacific Railway beteiligt. Am 3. September 1883 nahm Georg Siemens als Gast von Henry Villard an der Eröffnung der Northern Pacific Bahn teil. Vgl. Helfferich, Georg von Siemens, Bd. 2, S. 232f.

195 Vgl. Brief von Werner von Siemens an Villard vom 30. Dezember 1886, in: Matschoß, Briefe II, S. 835.

196 Vgl. Brief von Werner von Siemens an Villard vom 16. November 1886, SAA 2/Li 552.

197 Als Mitte 1887 Villard Siemens & Halske vorschlug, sich an der gemeinschaftlichen Übernahme einer elektrischen Beleuchtungskonzession für San Francisco zu beteiligen, wurde die Anregung von Siemens zunächst positiv aufgenommen, aber nach eingehender Prüfung der Anforderungen abgelehnt, da Zweifel an der Rentabilität des Projektes bestanden. »Unsererseits möchten wir nur noch darauf hinweisen, daß uns vor allen Dingen die Frage nach der mittleren Brenndauer der installirten Lampen nicht genügend untersucht zu sein scheint, obwohl doch gerade hierdurch die Frage der Rentabilität vollkommen bedingt wird. In Deutschland würden wir auf Grundlage unserer

Erfahrungen ... Bedenken tragen, mehr wie 400 Brennstunden pro Jahr und installirte Lampe anzunehmen. Sie haben die dreifache Zahl angenommen.« Vgl. Brief von Siemens & Halske an Villard vom 18. August 1887, SAA 23/Lk 676.

198 Vgl. dazu Berliner Tageblatt vom 4. Oktober 1887, in: SAA 23/Lk 667; Brief von Villard an Werner von Siemens vom 27. Februar 1887, SAA 23/Lk 676; Brief von Werner von Siemens an Villard vom 18. November 1887, SAA 2/Li 552.

199 Vgl. SAA 23/Lk 677.

200 Vgl. Brief von Arnold an Wilhelm von Siemens vom 7. März 1892, SAA 4/Lr 563.

201 Vgl. Brief von Werner von Siemens an Carl, 28. März 1892, SAA 68/Li 262.

202 Vgl. Brief von Carl an Werner von Siemens, 28. März 1892; vgl. SAA 20/Ld 366.

203 Vgl. Schreiben von Siemens & Halske, Berliner Werk, 9. April 1892, SAA 68/Li 262.

204 Vgl. SAA Bestand Dornburg Nr. 4485 mit einer Übersicht über den Geschäftsverkehr 1892/93.

205 Vgl. Brief von Patentanwalt Benjamin an Siemens & Halske vom 2. Februar 1893: »Messrs. Wright and Meysenburg... informed me that it was quite impossible for them to take the business offered and carry it on with the present capital...They stated that the actual available capital for carrying on the business, material, etc., is approximately fifty thousand dollars: the whole amount of said capital – two hundred thousand dollars – having been decreased one hundred and fifty thousand dollars by the construction of buildings, purchase of machinery, etc.: and the remaining sum, – fifty thousand dollars – can hardly be said to be capital, for the reason that amount is all required for the purchase of other machinery.« Vgl. SAA Bestand Dornburg Nr. 4485.

206 Vgl. SAA Bestand Dornburg Nr. 4485.

207 Vgl. Vertrag vom 5. April 1894, SAA 68/Li 262.

208 Vgl. Telegramm von Siemens & Halske Electric Co. of America vom 2. August 1894 an Wernerwerk Berlin: »Neighbouring fire – entirely destroyed – our factory nothing saved – except patterns and drawings – we think best plan would be to – send immediately Vogel«, vgl. SAA Bestand Dornburg Nr. 4482; vgl. auch »Destruction of the Factory of the Siemens & Halske Electric Company of America«, in: Western Electrician vom 11. August 1894, S. 63, SAA 68/Li 262; »... our assets and liabilities would about balance each other so that actually nothing would be left after final settlement was made«, vgl. Schreiben von Siemens & Halske Electric Company of America an Siemens & Halske Berlin, 4. August 1894, SAA Bestand Dornburg Nr. 4482; vgl. auch SAA 20/Ld 366, Bd. 3, S. 108.

209 Vgl. Brief von Siemens & Halske, Berlin, an Siemens & Halske Electric Company of America, 22. Oktober 1894, SAA Bestand Dornburg Nr. 4482.

210 Vgl. die Aufstellung der Umsätze nach Staaten im Anhang.

211 Vgl. Werner von Siemens, Lebenserinnerungen, S. 241: »Ich kann nur dringend raten, bei unseren jetzigen kolonialen Bestrebungen in gleicher Richtung vorzugehen. Der bedürfnislose Mensch ist jeder Kulturentwicklung feindlich. Erst wenn Bedürfnisse in ihm erweckt sind und er an Arbeit für ihre Befriedigung gewöhnt ist, bildet er ein dankbares Objekt für soziale und religiöse Kulturbestrebungen. Mit letzteren zu beginnen wird immer nur Scheinresultate geben.«

212 Wilhelm an Werner, 28. Juni 1868: »Es wäre eine Befriedigung, wenn die Maßregeln so getroffen werden könnten, daß der Fortgang unserer Unternehmungen nicht zu sehr von der persönlichen Existenz abhängt und wenn wir nächstens zusammenkommen, so müssen wir suchen eine solche Lösung zu finden! An ein Abbauen der Unternehmungen selbst ist wohl nicht zu denken, aber eine Concentrierung unserer Kräfte auf Durchführung des Wesentlichen wird durch diese Verluste, so wie auch durch das Gefühl eigener Schwäche mehr und mehr geboten.« SAA Briefe der Brüder Siemens.

213 Werner an Carl, Ragaz, 17./18. Juli 1868, SAA Briefe der Brüder Siemens.

214 Vgl. Heintzenberg, Carl Siemens, S. 128.

215 Vgl. Schreiben an seinen Sohn Wilhelm vom 3. Februar 1877: »Mir war in meinen jungen Jahren der Gedanke besonders drückend, daß ich soviel Not und Sorge zu Hause sah und doch nicht helfen konnte, sie zu mildern und so wenig Aussicht hatte, dies später tun zu können. Freilich lag darin auch ein großer Sporn für mich, tüchtig zu arbeiten.« SAA 2/Li 569.

216 Charlottenburg, 25. Dezember 1887, SAA Briefe der Brüder Siemens.

217 Carl an Werner, Petersburg, 21. Dezember 1887; SAA Briefe der Brüder Siemens.

218 Die Brüder Wilhelm und Carl drängten schon in den 1860er Jahren vergeblich auf die Einführung von billigeren und arbeitsteiligen Methoden und beklagten sich über die teuren, handwerksmäßig erstellten Apparate aus Berlin. Vgl. etwa Schreiben von Wilhelm an Werner vom 24. März 1864; Schreiben Carl an Werner vom 7. Januar 1870. SAA Briefe der Brüder Siemens. Damals blockierte jedoch wohl Johann Georg Halske mit seiner traditionellen Werkstattorganisation die betriebswirtschaftliche Optimierung der Produktion, da Werner Siemens sich damals nur wenig um die innere Organisation der Telegraphen-Bauanstalt kümmerte.

219 Vgl. Heintzenberg, Carl Siemens, S. 87.

220 Ausführlich zu dieser Problematik von Weiher, Siemens-Werke, S. 131–137.

221 25. Dezember 1884, in: Matschoß, Briefe II, S. 837.

222 Zitiert nach von Weiher, Siemens-Werke, S. 163.

223 Carl an Werner, St. Petersburg, 21. Dezember 1887: »Wozu fremde Leute als Vertreter Verstorbener hineinbringen? Wenn ich sterbe, tritt laut Testament mein Sohn an meine Stelle und wahrscheinlich machst Du es gerade so mit Deinen Söhnen. Was fremde Leute bedeuten, haben wir ja an Löffler und Louis S. gesehen.« SAA Briefe der Brüder Siemens.

224 Werner an Carl, Charlottenburg, 25. Dezember 1887, SAA Briefe der Brüder Siemens.

225 Vgl. Schreiben Werner an Wilhelm vom 5. Mai 1882, an Carl vom 22. Januar 1884 und 29. Oktober 1889, SAA Briefe der Brüder Siemens.

226 Vgl. Schreiben Werner an Carl vom 29. Oktober 1886: »... es müssen tief einschneidende Reformen durchgeführt werden, sonst wächst es uns über den Kopf...« SAA Briefe der Brüder Siemens.

227 Kommandit-Vertrag, St. Petersburg, 27. Dezember 1889, Berlin, 10. Januar 1890, Paragraph 13; SAA 21/Li 53.

228 Vgl. Kocka, Siemens.

229 Vgl. Schreiben Werner Siemens an Carl vom 22. November 1854: »Es fehlt an Mechanikern ... Es ist schwer, verläßliche Leute zu finden.« SAA Briefe der Brüder Siemens.

230 »Wenn die Leute nicht immer per wir in Geschäftsangelegenheiten sprechen, nicht Gelegenheit haben, sich bei Ehren und Sorgen des Geschäfts beteiligt zu fühlen, so kann man kein treues Festhalten, auch in trüberen Zeiten, verlangen und erwarten. Meine Praxis, stets mit allen tüchtigen Leuten im Privatverkehr umzugehen, als wären sie ganz meinesgleichen, und geschäftliche Angelegenheiten, die sie angehen, so mit ihnen zu besprechen, als wären es ihre Sachen so gut wie die meinigen – eine Praxis, die mir übrigens natürlich, daher auch weiter kein Verdienst ist – hat sich stets als sehr zweckmäßig erwiesen. ...« Brief Werner an Carl vom 21. Dezember 1857, SAA Briefe der Brüder Siemens.

231 16. Juni 1868, in: Matschoß, Briefe I, S. 292.

232 Zu den Beamten der Telegraphen-Bauanstalt zählten Prokuristen, Buchhalter, Werkstattvorsteher, Kassierer, Registratoren, Werkmeister, Werkstattschreiber, Materialverwalter, Zeichner und Komptoirdiener.

233 Der erste Prokurist und Oberingenieur William Meyer, der zunehmend die innere Leitung des Unternehmens, das sich bis 1872 keine Geschäftsordnung gegeben hatte, übernahm, erhielt als Tantieme ab 1860 5% vom Gesamtgeschäft, der Buchhalter Carl Haase, der das kaufmännische Rechnungswesen der Firma in der bis in das 20. Jahrhundert gültigen Form aufbaute, erhielt ebenso wie der Werkstattvorsteher Weiß 2,5% vom Ertrag des Berliner Geschäfts.

234 Ragaz, 17./18. Juli 1868, SAA Briefe der Brüder Siemens.

235 Werner an Carl, 18. Juli 1868, SAA Briefe der Brüder Siemens.

236 Graphik nach: SAA Unverzeichnete Akten im Zwischenarchiv.

237 Vgl. Conrad, Erfolgsbeteiligung, S. 120; Czada, Elektroindustrie, S. 119; Kocka, Unternehmensverwaltung, S. 51.

238 Vgl. Werner von Siemens, Lebenserinnerungen, S. 283.

239 Werner von Siemens sah daher die betrieblichen Kassen auch als ein geeignetes Mittel zur Bekämpfung der »Streikmanie«. Vgl. Werner von Siemens, Lebenserinnerungen, S. 201.

240 Vgl. Kocka, Unternehmensverwaltung, S. 233.

241 Vgl. Kaelble, Interessenpolitik, S. 55ff.

242 Werner von Siemens an Rau, 18. Januar 1876, SAA 2/Li 550.

243 Ähnlich war auch die Einstellung von Sigmund Schuckert: »Das

beste Patent ist eine gute Arbeit«, in: Eibert, Unternehmenspolitik, S. 204.

244 Vgl. Blaich, Absatzstrategien, S. 13.

245 Vgl. Werner an Carl Siemens, 3. Oktober 1882: Die Edison-Gesellschaft »macht uns jetzt viel Scherereien. Sie machen gewaltigen Skandal mit ihren Münchener Geschichten!« SAA Briefe der Brüder Siemens; vgl. dazu auch Kocka, Aufstieg, S. 130

246 Reinhardt, Reklame, S. 25f. Erst nach der Jahrhundertwende erfolgte eine konkrete Umsetzung dieses Problembewußtseins, zum Beispiel durch die Einrichtung von Werbeabteilungen in den Unternehmen.

247 Vgl. Blaich, Absatzstrategien, S. 16f.

248 Vgl. Werner von Siemens an Buffleb, Berlin, 18. April 1877: »Übrigens wiederhole ich, daß Sie erst eine gute Basis für Ihre Agitation gewinnen, wenn sie auf eine oder einige von Ihnen ausgeführte Anlagen verweisen können, daher dies in erster Linie ins Auge zu fassen.« Vgl. SAA 37/Ln 566.

249 Vgl. Werner Siemens an Dr. Krieger in Wien, 4. Oktober 1878, SAA Unverzeichnete Akten im Zwischenarchiv.

250 Vgl. dazu Reinhardt, Reklame, S. 178ff.

251 Vgl. ETZ, Jg. 1, H. 1, 1880, S. 7.

252 Vgl. Werner von Siemens, Lebenserinnerungen, S. 304.

253 Vgl. Circular vom 16. Februar 1893, SAA Unverzeichnete Akten im Zwischenarchiv.

254 Vgl. Rundschreiben vom 27. September 1892, SAA Unverzeichnete Akten im Zwischenarchiv.

255 Vgl. Staudacher, Hauptwerbeabteilung, S. 48.

256 Werner von Siemens an Ingenieur Schwartze am 15. November 1886, SAA 37/Ln 566

257 Vgl. Werner von Siemens an Professor von Beetz in München, 19. April 1882, in: Matschoß, Briefe II, S. 728.

258 Werner an Carl in Paris am 14. Februar 1879, SAA Briefe der Brüder Siemens.

259 Werner an Wilhelm vom 20. Februar 1881, SAA Briefe der Brüder Siemens.

260 Ein Verzeichnis der Siemens & Halske verliehenen Medaillen und Diplome befindet sich in unverzeichneten Akten im Zwischenarchiv. Vgl. auch Schreiben von Werner an seinen Bruder Carl nach dem Erhalt einer Medaille auf der Münchener Ausstellung im Jahr 1854 am 22. November 1854: »Wir nehmen hier jetzt wirklich einen etwas schwindligen Flug an, hoffentlich nicht a la Ikarus. Die neuen gegensprechenden Apparate sowie auch die Münchner Medaille haben neue Bewegung gebracht!« SAA Briefe der Brüder Siemens.

261 Vgl. Werner von Siemens an den Bruder Wilhelm, 25. Januar 1848, SAA Briefe der Brüder Siemens.

262 Vgl. Werner an Wilhelm, 3. März 1879, SAA Briefe der Brüder Siemens.

263 Vgl. Werner an Carl Siemens am 29. November 1878, in: Matschoß, Briefe II, S. 590.

264 Vgl. Verfügungen Nr. 52 und Nr. 54 vom 21. August 1901, SAA Unverzeichnete Akten im Zwischenarchiv.

[265] Vgl. Werner von Siemens, Lebenserinnerungen, S. 202.

[266] Vgl. Werner an Wilhelm, 25. September 1866, SAA Briefe der Brüder Siemens.

[267] Vgl. Zunkel, Unternehmer, S. 223f.

[268] Vgl. Werner von Siemens, Lebenserinnerungen, S. 207.

[269] Vgl. Werner Siemens, Denkschrift betreffend die Notwendigkeit eines Patentgesetzes für das Deutsche Reich. In: Wissenschaftliche und Technische Arbeiten, Bd. 2, S. 561–567.

[270] von Peschke, Elektroindustrie, S. 274–279.

[271] Vgl. Werner von Siemens, Lebenserinnerungen, S. 207f.

[272] Zur Begründung, alle Bereiche der Elektrotechnik zu bearbeiten, vgl. Brief Werner an Carl vom 3. Januar 1879: »... Das kommt von unserer vielseitigen Thätigkeit, in der freilich auch eine grosse Sicherheit für schlechte Zeiten liegt...« SAA Briefe der Brüder Siemens. Vgl. zur Bedeutung von Werner von Siemens für die Unternehmenskultur auch Feldenkirchen, Unternehmenskultur, und Feldenkirchen, Unternehmensgeschichte.

[273] Vgl. Wissenschaftliche und Technische Arbeiten von Werner Siemens, Bd. 1., S. 210.

[274] Vgl. Werner an Wilhelm, 4. Dezember 1866, SAA Briefe der Brüder Siemens.

[275] Neben der Deutschen Bank war die Mitteldeutsche Credit-Bank in den Jahren 1890–1929, als die Fusion mit der Commerz- und Privatbank AG erfolgte, für Siemens & Halske tätig. Sie beteiligte sich auch bei der Gründung von Elektrounternehmen in Deutschland, der Schweiz, in Rußland und Brasilien. Andere Banken erlangten im wesentlichen erst in den 1920er Jahren größere Bedeutung für Siemens. Vgl. SAA 11/Lh 504; BA Abteilungen Potsdam Ba 2 Bd. 18850.

[276] Vgl. etwa Schreiben Carl an Werner 20. Dezember 1888: »... Daß mir Deine beabsichtigte Kommanditât-Stellung nicht besonders mundet, habe ich Dir oft gesagt und geschrieben. Mein Gefühl sagt mir, Du müßtest bis an Dein seliges Ende das Haupt des Geschäftes bleiben u daß es sich nur darum handelt, eine passende Form zu finden. Aktien Unternehmungen haben den Präsidenten des Verwaltungsraths, der nur die Oberaufsicht führt, während die Betriebsdirectoren das eigentliche Geschäft besorgen. Wäre es nun nicht möglich, eine ähnliche Form für unsere Privatgesellschaft zu finden? Das müßte doch gehen! Alle Woche eine Sitzung in der wichtigere Angelegenheiten entschieden werden und welcher Du präsidierst. Alle Actien Gesellschaften der Welt machen es so u ich sehe gar nicht ein, warum es Privatgesellschaften nicht genauso machen können. Das wäre also meine Idee, aber natürlich mußt Du besser wissen, was Dir am angenehmsten ist. Die Allgemeine streut jetzt in der Welt herum, S & H hätten sich ganz von allen Installationen losgesagt um ihr dieselben zu überlassen. Darauf werden viele hereinfallen und der All Ges das Geschäft zuwenden. ... Ist es (Siemens & Halske, d. Verf.) erst eine Actien Gesellschaft, dann kann das Capital immer dem Bedürfnis entsprechend vergrößert werden und man kann sich auf alle Geschäfte einlassen, die vortheilhaft erscheinen. Es kann auch nicht schwer werden, die All-

gemeine todt zu machen oder zu verschlucken. Letzteres wäre vielleicht das rathsamste Denk mal ordentlich nach u Du wirst wahrscheinlich zu meiner Ansicht kommen...« SAA Bestand Dornburg Nr. 6999. Dort auch verschiedene Briefe von Carl an Wilhelm, den Sohn Werners, z.B. vom 19. Oktober 1896: »... freue mich daraus zu ersehen, daß Du jetzt durch eigene Anschauung zu der Überzeugung gekommen bist, daß es mit unserer Geschäftsorganisation so nicht weiter gehen kann. Wie Du weißt, stehe ich schon lange auf diesem Standpunkte...«

277 Vgl. von Weiher/Goetzeler, Weg, S. 44.

278 Vgl. Archiv Deutsche Bank, Bestand Siemens S 1347.

279 Georg Siemens trat daher aus dem Aufsichtsrat der AEG aus. Vgl. Archiv Deutsche Bank, Bestand Siemens S 1348.

280 Vgl. auch die Stellungnahme von Georg Siemens, Deutsche Bank, zu der Geschäftsordnung der Siemens & Halske AG: »Ich habe noch niemals eine solche Bremse gesehen wie diese Instruktion. Die Theorie des Gesetzes ist die, der Aufsichtsrat soll überwachen bzw. alles wissen, die Theorie des Geschäftsordnungsentwurfs von S & H ist, der Aufsichtsrat soll alles genehmigen, ohne ihn darf nichts geschehen, damit wird jede Jurisdiktion der Direktion vernichtet. Als Deutsche Bank würde ich abraten, sich mit einem so geführten Institut auf lange Abmachungen einzulassen.« Für diese Haltung war folgende Festlegung in den Statuten entscheidend: »Um eine einheitliche Behandlung der Geschäfte in den einzelnen Abteilungen und eine zweckentsprechende Zusammenarbeit der im einzelnen Fall in Betracht kommenden Abteilungen herbeizuführen, ernennt der Aufsichtsrat einen Delegierten. Diesem wird das Recht übertragen, im einzelnen Fall eine andere Verteilung der Geschäfte anzuordnen und insbesondere neben dem geschäftsordnungsmäßigen Referenten besondere Korreferenten für besondere Angelegenheiten zu bestellen. Der Delegierte erhält weiterhin die Befugnis, in Ausübung des dem Aufsichtsrat und dessen Vorsitzenden zustehenden Rechts, die gesamte Geschäftsführung des Vorstandes zu überwachen und Anweisungen an den Vorstand zu erlassen. Über die Entscheidung grundsätzlicher Fragen haben die Abteilungsvorstände sich rechtzeitig mit dem Delegierten in Verbindung zu setzen. Insbesondere gilt dies für Angelegenheiten, welche mehrere Geschäftsabteilungen berühren.« Vgl. SAA 33/Ld 603.

Der erste Aufsichtsrat von Siemens & Halske bestand nur aus Mitgliedern der Familie Siemens. Im Frühjahr wurde dann Arthur von Gwinner von der Deutschen Bank zugewählt, Carl Klönne am 19. April 1900. Nachdem noch Roland Lücke im Januar 1901 in den Aufsichtsrat gekommen war, schied von Gwinner am 4. Januar 1902 aus, weil nicht drei Direktoren der Deutschen Bank im Aufsichtsrat einer Gesellschaft sein sollten. Vgl. BA Abteilung Potsdam, Bestand 80 Ba 2 Deutsche Bank Nr. 18850.

281 Vgl. SAA 33/Ld 603.

282 Vgl. G. Siemens, Weg I, S. 188.

283 Vgl. G. Siemens, Weg I, S. 132 ff. Vgl. auch SAA 33/Ld 603 mit der

Stellungnahme von Wilhelm von Siemens, dem Sohn Werners: »Die Zustände bei unserer Gesellschaft weisen in der Tat eine Anomalität auf durch die historische und finanzielle Stellung der Familie Siemens in der Gesellschaft. Wir haben 1897 eine AG gebildet, aber unsere sämtlichen Aktien behalten und neue dazugenommen. Wir hatten nicht die Absicht gehabt, unsere leitende Stellung in der Firma aufzugeben, haben vielmehr die Weiterführung derselben nach wie vor als unsere eigentliche Lebensarbeit angesehen. Es schwebte uns vor, unser Erbe und die mit demselben verbundene Verantwortlichkeit aufrecht zu erhalten, wenn angänglich über unsere Generation hinaus. Wir hätten die Firma SSW nicht in dieser Weise gegründet, wenn damit die Unmöglichkeit verbunden wäre, unsere oberleitende Tätigkeit aufrecht zu erhalten.«

[284] Nach dem Geschäftsbericht der AEG für 1902/03 entfielen bereits im Jahre 1902 drei Viertel der elektrotechnischen Produktion Deutschlands auf Siemens, die AEG und die F&G-Gruppe.

[285] Das Aktienkapital der EAG von ursprünglich 12 Mio. M wurde 1896 um 6 Mio. M, 1897 um 4,5 Mio. M, 1898 um 5,5 Mio. M und 1899 um weitere 14 Mio. M auf 42 Mio. M erhöht. Vgl. SAA 28/Li 987.

[286] Graphik nach SAA Unverzeichnete Akten im Zwischenarchiv.

[287] Zum Geldverkehr während der Krise 1901–1903 zwischen der EAG und der Leipziger Bank vgl. SAA Bestand Dornburg Nr. 6670. Vgl. auch Tagebucheintragung Wilhelm von Siemens vom 16. August 1901: »Schuckert sitzt mit seinen Mitteln vollständig fest. Das kam in der Öffentlichkeit zu Tage, als Schuckert infolge des Zusammenbruchs der Leipziger Bank plötzlich 4 Mill., die er dort schuldet, bezahlen mußte. Infolgedessen beschloß die Generalversammlung, dieses Mal keine Dividende zu zahlen, und die Aktien sanken unter 100. Der weiteren Entwicklung sieht man mit Besorgnis entgegen. Den maßlosen Direktor Wacker scheint man kalt gestellt zu haben...« SAA 4/Lf 775.

[288] Zur geplanten Prioritätsanleihe der Bosnischen Electricitäts AG, Jaice, vgl. SAA Bestand Dornburg 6670. Zur Aktienanmeldung vgl. SAA Bestand Dornburg 6258, Bd. 7.

[289] Vgl. SAA 28/Li 987.

[290] Vgl. S&H-Geschäftsberichte, SAA 15/Lg 969.

[291] Alexander Wacker (1846–1922), seit 1885 Teilhaber der S. Schuckert OHG, Vorstandsvorsitzender der Elektrizitäts-Aktiengesellschaft vorm. Schuckert & Co. (1893–1.4.1902), danach Mitglied des Aufsichtsrats der EAG.

[292] Vgl. Smolka, Wacker, S. 129ff.

[293] Vgl. Cohen, Schuckert, S. 61.

[294] Vgl. Archiv der Bayerischen Hypotheken- und Wechselbank, Sitzungsprotokolle der Direktion vom 29.10.1902, 5.11.1902, 6.11.1902, 12.11.1902, 25.11.1902, 10.12.1902, 23.12.1902, 7.1.1903, 13.1.1903, 26.1.1903, 4.2.1903.

[295] Vgl. Archiv der Bayerischen Hypotheken- und Wechselbank, Entwurf eines Vertrages zwischen dem Bankenkonsortium einerseits und der EAG und der Continentalen Gesellschaft für elektrische Unterneh-

mungen andererseits über einen Gesamtkredit von 30 Millionen Mark, undatiert (wohl 6. November 1902).

296 Vgl. Archiv der Bayerischen Hypotheken- und Wechselbank, Sitzungsprotokolle des Aufsichtsrats vom 16. September 1901 und vom 6. November 1902: »... Herr Reichsrath von Auer entgegnet hierauf, dass der Grund der Schuckert-Calamität unzweifelhaft auch darin zu suchen ist, dass viele Unternehmen durchgeführt worden sind, in welchen nunmehr infolge unvorsichtiger finanzieller Grundlagen ein grosses Kapital unrentabel auf lange Zeit investiert ist. Es war das eine seiner ersten Beobachtungen, welche er im Aufsichtsrathe der Schuckert-Gesellschaft gemacht habe und er habe auch infolge dessen sofort erklärt, seine Zustimmung zu Unternehmungen nicht mehr zu geben, wenn nicht durch genaue Berechnung die Garantie gegeben ist für die gesunde finanzielle Basis ...«

297 Carl Friedrich von Siemens hat vor dem Enquete-Ausschuß die Schwierigkeiten von Schuckert vor allem auf die Betätigung auf elektrochemischem Gebiet zurückgeführt, doch dürfte das erhebliche Engagement im Unternehmergeschäft noch wichtiger gewesen sein. Vgl. Verhandlungen und Berichte des Unterausschusses für allgemeine Wirtschaftsstruktur (Enquete-Ausschuß), I. Unterausschuß 3. Arbeitsgruppe 1. Teil: Wandlungen in den Rechtsformen der Einzelunternehmungen und Konzerne, Berlin 1928, S. 409f.

298 Vgl. SAA 69/Lr 515; 11/Le 862; 50 Jahre AEG, S. 149f. Siehe auch Unterlagen Felix Deutsch im Leo Baeck Institute, New York.

299 In den Jahren 1901/02 hatten längere Verhandlungen zwischen der AEG und der Elektrizitäts-AG vorm. Schuckert & Co. stattgefunden, die zunächst mit dem Ziel einer Interessengemeinschaft und einer eventuell später erfolgenden Fusion geführt wurden. Dabei strebten die im Schuckert-Konsortium vertretenen Banken einen solchen Schritt angesichts der sich ungünstig entwickelnden finanziellen Lage der Gesellschaft an. 1902 wurden die Verhandlungen als gescheitert abgebrochen. Am 14. Januar 1903 nahm dann Roland Lücke, Vorstandsmitglied der Deutschen Bank und Aufsichtsratsmitglied von Siemens & Halske, vertrauliche Vorgespräche mit Geheimrat Anton von Rieppel auf, der im Aufsichtsrat der Elektrizitäts-AG saß und auch die Verhandlungen mit der AEG geführt hatte. Bei einem weiteren Gespräch am 14. Januar 1903 erklärte Wilhelm von Siemens, der Sohn Werners, daß die Firma an sich nicht das Bedürfnis für eine solche Fusion habe, daß das Vorgehen der AEG einen Zusammenschluß jedoch zweckmäßig erscheinen lasse. Nach einem Bericht von Rieppels wäre die Fusion mit der AEG zustandegekommen, wenn nicht die Finanzgeschäfte der Elektrizitäts-AG und der große Besitz an Aktien der Finanzierungsgesellschaft Continentale Gesellschaft für elektrische Unternehmungen die AEG hätten Abstand nehmen lassen. Vgl. SAA 28/Li 987.

300 Die Bilanzsumme der Elektrizitäts-AG vorm. Schuckert & Co. war in den Jahren 1893/94–1900/01 von 20,3 auf 136,5 Mio. M gestiegen, doch hatte die Firma ihre Expansion finanziell nicht entsprechend absichern können. Die interne Finanzierung war vergleichsweise

unbedeutend und in der Krise konnte die Firma nur auf letztlich unzureichende Unterstützung kleinerer süddeutscher Banken zurückgreifen. Ein Teil der Schwierigkeiten dürfte auch darauf zurückzuführen sein, daß der Generaldirektor der EAG, Alexander Wacker, kein festes Gehalt bezog, sondern 15% des Reingewinns erhielt, der nach Dotierung der gesetzlichen Rücklage und nach Verzinsung des Aktienkapitals mit 4% verblieb. Wacker mußte also an der Ausschüttung hoher Gewinne interessiert sein. In den Jahren 1893 bis 1902 hatte die EAG 19,479 Mio. M Dividenden und 5,313 Mio. M Dividenden aus Mitteln verteilt, die vom Kapitalmarkt zur Verfügung gestellt wurden. Um weiter Zugang zum Kapitalmarkt zu haben, steigerte man laufend die Dividenden, um der Öffentlichkeit die Bonität des Unternehmens zu dokumentieren.
Der an sich natürliche Weg einer Vollfusion wurde aus finanziellen Überlegungen heraus nicht beschritten, und man beschränkte sich auf eine Teillösung, die aber zu einer Majoritätsbeherrschung durch Siemens & Halske führte. Die Elektrizitäts-AG wurde zu einer reinen Holdinggesellschaft. Vgl. SAA 4/Lf 682; 722; Jacob Riesser, Die Großbanken, S. 544ff.; Feldenkirchen, Finanzierung, S. 101ff.
Die Glühlampenfertigung verblieb trotz dieser Trennung der Arbeitsgebiete ebenso bei Siemens & Halske wie die sich später zu einer eigenen Gesellschaft entwickelnde Abteilung zum Bau der Berliner Hoch- und Untergrundbahn.

301 Näheren Aufschluß über die Gründung der Siemens-Schuckertwerke gibt wohl eine Randbemerkung, die der Direktor der Deutschen Bank, Carl Klönne, auf einen Brief des Direktors der Schuckertwerke, Dr. Oscar von Petri, vom 24. April 1912 gemacht hat: »Wenn Petri die Hauptertragsquelle der SSW schon bald nach der Gründung in Nürnberg erblickt, so ist das eine merkwürdige Auffassung. In jedem Fall entstand die Besserung des Nürnberger Resultates durch das Einsetzen der energischen Berliner Leitung, die zweckmässige Überweisung gewisser Fabrikate zur Herstellung in Nürnberg, Übernahme anderer Artikel nach Berlin, kurzum durch die ganze neueingeführte Organisation. – Es muss doch nicht vergessen werden, dass Schuckert fast pleite war als Rieppel hülfesuchend zu Lücke kam. –« Vgl. BA Abteilungen Potsdam, Bestand 80 Ba 2 Nr. 18850.

302 Vgl. Czada, Elektroindustrie, S. 50.

303 In einem Schreiben von Wilhelm von Siemens an den Rechtsanwalt Koechlin-Hoffmann in Basel vom 28. Februar 1914 heißt es: »Den Ausdruck Siemens-Schuckert-Konzern bitte ich zu vermeiden. Das Wort Konzern hat überhaupt etwas Unklares und nicht Angenehmes. Unsere Gesellschaft und die Gesellschaft Schuckert bilden aber jedenfalls zusammen keinen Konzern im Sinne des Sprachgebrauchs. Wir sind zwei voneinander ganz unabhängige Gesellschaften. Sie sind weder durch ein gemeinschaftliches Kapital noch durch irgendeine Gemeinschaft in den Verwaltungsorganen miteinander verbunden. Auch das Arbeitsgebiet beider Gesellschaften ist im allgemeinen ein ganz verschiedenes. Unsere Gesellschaft ist eine rein industrielle, während die Schuckert-Gesellschaft eigentlich heute zum größeren

Teil eine Unternehmungsgesellschaft ist. Das gemeinsame Interesse besteht bei den verschiedenen Siemens-Schuckert-Werken in Deutschland in der Form, daß sie die beiden Gesellschafter einer GmbH sind. Für uns hat jedoch dieser Gesellschaftsanteil nicht den Charakter einer Beteiligung, wie etwa eine Bank solche Beteiligungen in ihren Büchern bezeichnet, sondern er ist ein Teil, und zwar ein wesentlicher Teil, unseres industriellen Gesamtunternehmens. Wir haben uns, um diesen Charakter aufrechtzuerhalten, damals bei der Begründung der SSW deshalb ausdrücklich vorbehalten, den Sitz in Berlin, die Majorität im Gesellschaftsanteil und auch im Aufsichtsrat dadurch, daß S & H den Vorsitzenden statuarisch zu ernennen haben, und diese Stimme gleichzeitig die Majorität liefert... Wir legen hier großen Wert darauf, daß die Sache nicht so dargestellt wird, als hätten S & H damals ihr Haus in verschiedene Gesellschaften aufgelöst und es bestände das Band lediglich noch in finanziellen Beteiligungen. Es ist im Gegenteil der Charakter der einheitlichen Verwaltung des einheitlichen Hauses noch in größerem Maße gepflegt worden als es vor dieser Zeit der Fall war. Wir haben diesen Weg lediglich deshalb gewählt, weil wir nicht neue S&H-Aktionäre in zu großem Verhältnis schaffen wollten.« Vgl. SAA 54/Ll 618.

304 Graphik nach SAA Unverzeichnete Akten im Zwischenarchiv

305 Vgl. SAA 69/Lr 515.

306 Die bei der Gründung der Siemens-Schuckertwerke gewählte Rechtsform der GmbH hatte keine steuerlichen Gründe, obwohl die Einkommensteuerpflicht für Gesellschaften mit beschränkter Haftung erst 1906 in Preußen eingeführt worden ist. Da Siemens & Halske und die EAG sich jedoch verpflichtet hatten, ihr gesamtes Starkstromgeschäft aus ihrem Gesellschaftsvermögen herauszulösen, wäre die Beschaffung von Aktien und ihre Begebung am Kapitalmarkt zum Zweck der Finanzierung der neuen Gesellschaft einer Erhöhung und damit einer Verwässerung des Aktienkapitals gleichgekommen. Bei einer Nichtbegebung war die Rechtsform der AG jedoch zunächst sinnlos. Vgl. Findeisen, Unternehmensform, Berlin 1924, S. 128; Brandstetter, Finanzierungsmethoden, S. 63.

307 Vgl. SAA 37/Lp 872.

308 Zur Bilanzpolitik vgl. auch SAA 20/La 246.

309 Zur Unternehmensfinanzierung vgl. Feldenkirchen, Finanzierung; ders., Finanzierung Zwischenkriegszeit. Zur Entwicklung von Belegschaft und Umsatz bei Siemens & Halske und Siemens-Schuckertwerken Tabelle im Anhang.

Anhang

Chronologie

1816 13. Dezember: Werner Siemens wird auf dem Obergut Lenthe bei Hannover geboren
1823 4. April: Wilhelm (William) Siemens
1826 8. Dezember: Friedrich Siemens
1829 3. März: Carl Siemens
1834 Werner Siemens tritt als Offiziersanwärter in das 3. Preußische Artillerieregiment in Magdeburg ein
1835–38 Offiziersausbildung in Berlin auf der Artillerie- und Ingenieurschule
1842 Werner Siemens erfindet ein neues Verfahren zur galvanoplastischen Vergoldung und Versilberung
1847 1. Oktober: Werner Siemens gründet gemeinsam mit Johann Georg Halske und Justizrat Johann Georg Siemens die »Telegraphen-Bauanstalt von Siemens & Halske« in Berlin; die Fertigung (Zeigertelegraphen, Läutewerke, elektromedizinische Induktoren) wird im Hinterhaus der Schöneberger Straße 19 aufgenommen
Werner Siemens erfindet die Guttaperchapresse zur nahtlosen Ummantelung von Drähten
1848/49 Bau der Telegraphenlinie von Berlin nach Frankfurt am Main (preußischer Staatsauftrag)
1851 Siemens & Halske beginnt mit der Herstellung von Wassermessern
1852 Verlegung der Fabrikationsräume in die Markgrafenstraße 94
Werner Siemens heiratet Mathilde Drumann
1853–55 Bau der großen Telegraphenlinien durch Siemens & Halske in Rußland
1855 Gründung des Zweiggeschäfts in St. Petersburg unter Leitung von Carl Siemens
1856 Werner Siemens erfindet den Doppel-T-Anker

1856–57 Technische Mitwirkung bei der englischen Kabellegung von Cagliari nach Bona
1858 Die Londoner Vertretung von Siemens & Halske wird selbständiges Zweiggeschäft unter Leitung von Werners Bruder Wilhelm Siemens
1862–66 Werner Siemens ist Mitglied des Preußischen Abgeordnetenhauses für Lennep-Solingen
1863 Errichtung eines eigenen Kabelwerkes in Woolwich bei London
1864 Erwerb des Kupferbergwerks Kedabeg im Kaukasus
Kabellegung von Cartagena nach Oran
1865 Neubildung der englischen Firma unter dem Namen »Siemens Brothers« nach dem Ausscheiden Halskes aus dem englischen Geschäft
Tod von Mathilde Siemens
1866 Werner Siemens entdeckt das dynamoelektrische Prinzip
1867 Johann Georg Halske scheidet aus der Firma Siemens & Halske aus
1867–70 Bau und Vollendung der Indo-Europäischen Telegraphenlinie von London nach Indien durch die Brüder Siemens
1869 Zweite Heirat von Werner Siemens mit Antonie Siemens
1872 Gründung der Firma »Gebrüder Siemens & Co.« zum Bau von Alkoholmessern
Gründung einer Pensionskasse für die Belegschaften der Siemens-Firmen
1873 Werner Siemens wird ordentliches Mitglied der Preußischen Akademie der Wissenschaften
1874 Legung des ersten (von Siemens Brothers hergestellten) direktenTransatlantikkabels von Irland in die USA mit dem Kabeldampfer »Faraday«
1876 Errichtung einer Kabelfabrik in Berlin
1877 Werner Siemens wird zum Mitglied des Reichspatentamtes ernannt
1879 Vorführung der ersten Eisenbahn mit elektrischem Antrieb auf der Berliner Gewerbeausstellung
Gründung einer Niederlassung in Wien
Gründung des Elektrotechnischen Vereins durch Werner Siemens und den Generalpostmeister Heinrich von Stephan in Berlin
1881 Bau und Inbetriebnahme der ersten elektrischen Straßenbahn in Lichterfelde bei Berlin durch Siemens & Halske
1882 Siemens & Halske beginnt mit der Herstellung von Glühlampen

1882/83 Errichtung eines Kabel- und eines Apparatewerkes in St. Petersburg unter der Leitung von Carl Siemens

1883 Tod von Wilhelm (William) Siemens

1887 Werner Siemens wird Mitglied des Kuratoriums der Physikalisch-Technischen Reichsanstalt in Berlin

1888 Werner Siemens wird von Kaiser Friedrich III. geadelt

1890 Werner Siemens übergibt die Firmenleitung an seinen Bruder Carl Siemens und seine Söhne Arnold und Wilhelm

1892 Gründung der Siemens & Halske Electric Company of America mit Sitz in Chicago
Werner Siemens stirbt am 6. Dezember in Berlin-Charlottenburg

1897 Siemens & Halske wird Aktiengesellschaft

1903 Gründung der Siemens-Schuckertwerke GmbH

Gesellschaftsverträge

1. Gesellschaftsvertrag zwischen Johann Georg Halske, Werner Siemens und Johann Georg Siemens vom 1. Oktober 1847 (siehe Faksimile S. 280–283)

2. Übereinkunft zwischen Werner und Wilhelm Siemens in London am 16. März 1850

Die Unterzeichneten kamen am heutigen Tage dahin überein, daß Werner Siemens für sich und im Namen der Compagnie Siemens & Halske dem Wilhelm Siemens die Ausbeutung von mehreren Erfindungen im Gebiete der elektromagnetischen Telegraphie für England übergibt. Wilhelm Siemens übernimmt sämtliche Arbeiten und Mühwaltungen und führt Verkäufe und andere ihm zweckdienlich scheinende Maßregeln nach seinem Ermessen aus. Die aus der Patentierung etc. erwachsenden Kosten werden von der Compagnie getragen und es ist dem Wilhelm Siemens ein Vorschuß von £ 210 bereits übergeben, zu dessen Empfangnahme derselbe sich hierdurch bekennt. Der aus der Unternehmung erwachsende Verdienst wird in der Weise unter die Kontrahierenden getheilt, daß die Compagie Siemens & Halske 2/3 und Wilhelm Siemens 1/3 des Netto Gewinns erhält. – Für Bestellungen an Apparaten für England, die Wilhelm Siemens bei der Compagnie in Berlin macht kann derselbe 12 $^1/_2$ but Aufschlag für seine Bemühungen anrechnen. – Mehreinnahmen werden nach obiger Norm wie 2 zu 1 getheilt. –

Wilhelm Siemens wird, wenn seine Zeit nicht erlaubt allen Geschäften, die ihm durch diesen Kontakt erwachsen, allein vorzustehen, Friedrich Siemens zum Assistenten nehmen und demselben als Entschädigung $^1/_4$ seines Gewinnantheils überlassen.

Weiter fand sich nichts zu erinnern

London den 16ten März 1850 V. g. u.

C. W^{m}

Siemens Werner

Siemens

Gesellschaftsvertrag
zwischen

1, dem Mechanikus Herrn Halske
2, dem Artillerieleutnant Werner Siemens
3, dem Justizrath Georg Siemens.

Zwischen folgenden Personen
1, dem Mechanikus Halske,
2, dem Artillerieleutnant Werner Siemens,
3, dem Justizrath Georg Siemens,
ist nachstehender Gesellschaftsvertrag verabredet und geschlossen:

§. 1.,

Es wird von denselben in Gemeinschaft eine mechanische Werkstatt, hauptsächlich zur Fabrikation und Ausführung elektrischer Telegraphen, doch ohne Ausschließung anderer Arbeiten angelegt.

§. 2.,

Werner Siemens übergiebt der Compagnie das ihm für Preußen ertheilte Patent auf einen neuen Telegraphen und verzichtet auf jede alleinige Nutzbarmachung desselben. Er verpflichtet sich ferner ihr alle seine Erfindungen zur Verbesserung derselben abzutreten und verzichtet darauf dieselben sich später auf alleinigen Namen patentiren zu lassen. Er wird ferner auch für die Ausführung der von der Gesellschaft übernommenen Aufträge mit seinen persönlichen Kräften Sorge tragen und macht sich anheischig, dieselben dem Unternehmen fortdauernd zu widmen.

§. 3.,

Der Mechanikus Halske giebt seine bisher betriebene Geschäft auf und widmet seine ganze Thätigkeit dem neuen Unternehmen

§. 4.,

Der Justizrath Georg Siemens übernimmt die Beschaffung der nöthigen Geldmittel, welche auf 10,000 Rth. veranschlagt werden. Er verpflichtet sich, diese Summe bis Ostern 1848. einzuzahlen und zwar bis Ende October 1847. 4000 Rth. Neujahr 3000 Rth. und Ostern 1848. ebenfalls 3000 Rth. Diese Summen werden vom Tage der Einzahlung ab mit 5 Prozent jährlich verzinst. Sollte die Geldherbeischaffung auf besondere Schwierigkeiten stoßen und die vorstehend bestimmten Zahlungen nicht erfüllt werden, so können die dem Justizrath Siemens dafür ausgesetzten Vortheile verhältnißmäßig vermindert werden, um die nöthigen Summen aufzunehmen und herbeizuschaffen

§. 5.,

Die Dauer des Contracts wird auf 8 Jahre festgestellt. Alsdann hängt es von der Mehrheit ab, ob sie die Fortdauer oder die Auflösung beschließt. Will aber ein einzelnes Mitglied austreten, so muß dasselbe ein halbes Jahr vorher kündigen. Die sämtlichen Gerätschaften und fertigen Maschinen bleiben Eigenthum der Zusammenbleibenden, desgleichen das oder die Patente welche zu jener Zeit der Gesellschaft gehören. Das ausscheidende Mitglied muß sich, sofern es die Übrigen vorziehen, in Gelde abfinden lassen, und ist nicht berechtigt die gerichtliche Abschätzung zu verlangen. Vielmehr erfolgt diese Auseinandersetzung durch zwei von den Parteien zu wählende Schiedsrichter und können diese sich nicht einigen, durch einen von denselben zu wählenden Obmann. Ist die Abfindungssumme wie oben bestimmt ermittelt, so bleibt der Gesellschaft eine halbjährige Frist zur Abzahlung.

§. 6.,

Der aus dem Unternehmen sich ergebende Gewinn, soll in dem Verhältniß unter den drei Contrahenten getheilt werden, daß Halske und Werner Siemens jeder 2/5., Georg Siemens dagegen 1/5. der Gesammtsumme erhält. Halske und Werner Siemens haben ferner das Recht sich aus der Gesellschaftskasse einen Vorschuß auf ihren Gewinnantheil auszahlen zu lassen, der im ersten Jahre bis 500 rt. in den folgenden bis auf 2/3. der letztjährigen Gewinnsumme gehen darf.

§. 7.,

Die Leitung des Geschäfts liegt den Herren Halske und Werner Siemens gemeinschaftlich ob, und zwar soll Halske die specielle Leitung der inneren Fabrikation Werner Siemens die der Arbeiten außerhalb der Werkstätten übernehmen. Kommen zwischen den Genannten Meinungsdifferenzen über Geschäftsangelegenheiten vor, so tritt das dritte Mitglied hinzu und entscheidet alsdann über ihre Differenz.

§. 8.,

Der Nachweis des gesellschaftlichen Vermögens wird durch ein Inventarium geführt, welches halbjährlich revidirt und vervollständigt werden muß. Enthält dasselbe über einzelne Gegenstände keine Auskunft, so entscheidet der Umstand, daß dieselben zu Gesellschaftszwecken gebraucht worden sind und muß der Nachweis des besonderen Eigenthums geführt werden.

Außerdem muß eine genaue Buchführung über alle Ausgaben und Einnahmen statt finden, welche halbjährlich abgeschlossen und von den drei Theilnehmern unterzeichnet werden muß.

§. 9.,

In dem Fall des Todes eines der Gesellschafter bleibt es bei den contractlichen Bestimmungen und treten mithin die Erben für ihn ein. Die übrigbleibenden Gesellschafter haben indeß das Recht für die Verwaltung des verstorbenen Mitglie-

des

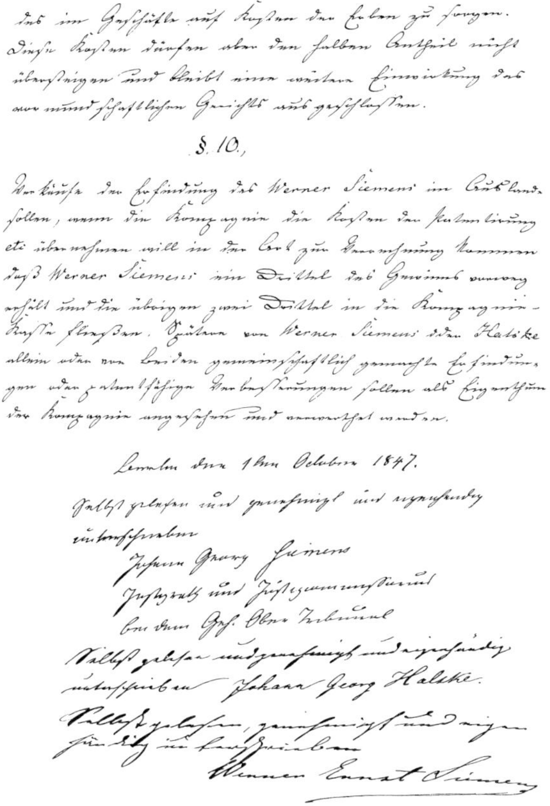
das im Geschäfte auf Kosten der Erben zu sorgen.
Diese Kosten dürfen aber den halben Antheil nicht
übersteigen und bleibt eine weitere Einwirkung des
verwandtschaftlichen Gerichts ausgeschlossen.

§. 10.

Die Käufe der Erfindung des Werner Siemens im Auslande
sollen, wenn die Kompagnie die Kosten der Patentirung
etc übernehmen will in der Art zur Berechnung kommen
daß Werner Siemens ein Drittel des Gewinns voraus
erhält und die übrigen zwei Drittel in die Kompagnie-
Kasse fließen. Spätere von Werner Siemens oder Halske
allein oder von beiden gemeinschaftlich gemachte Erfindun-
gen oder patentfähige Verbesserungen sollen als Eigenthum
der Kompagnie angesehen und verwerthet werden.

Berlin den 1ten October 1847.

Selbst gelesen und genehmigt und eigenhändig
unterschrieben
Johann Georg Siemens
Justizrath und Justizcommissarius
bei dem Geh. Ober Tribunal
Selbst gelesen und genehmigt und eigenhändig
unterschrieben Johann Georg Halske.
Selbst gelesen, genehmigt und eigen-
händig unterschrieben
Werner Ernst Siemens

3. Societäts Vertrag zwischen Werner Siemens und Johann Georg Halske in Berlin und Carl Siemens in St. Petersburg vom 1. Januar 1855

Unter heutigem Tage ist zwischen Werner Siemens, J.G. Halske und Carl Siemens nachstehender Contract geschlossen worden.

§ 1.

Die Gesellschaft übernimmt alle Activa und Passiva, sowie alle Rechte und Verpflichtungen des bisher unter der Firma Siemens & Halske betriebenen Geschäftes, nach der Bilanz vom 1. Januar 1855 und führt dieselbe Firma fort.

§ 2.

Werner Siemens & J.G. Halske werden wie bisher die Leitung des in Berlin betriebenen Geschäftes fortführen und zwar wird J.G. Halske im Allgemeinen die Fabrikation und innere Verwaltung, Werner Siemens dagegen das auswärtige Geschäft dirigieren. Carl Siemens wird speciell die Leitung des russischen Geschäfts übernehmen und ist gehalten, wichtige Fragen desselben, seinen Associés mitzutheilen und ihre Ansicht darüber einzuholen. Bei Meinungsverschiedenheit entscheidet die Majorität . Carl Siemens hat ferner dafür zu sorgen, daß übersichtliche Geschäftsberichte an das Berliner Geschäft regelmäßig eingesandt werden.

§ 3.

Das Geschäftsvermögen, woran die drei Theilnehmer, nach Maaßgabe ihres im nächsten § festgesetzten Antheiles participiren, besteht in sämmtlichem be und unbeweglichen Vermögen, das bisher von Siemens & Halske betriebenen Geschäftes, nach Abrechnung der auf ihm ruhenden Lasten. Der General Abschluss der Geschäftsbücher vom 1. Januar 1855 der Berliner Verwaltung ergiebt die Vermögens Bilanz. Diese Letztere wird Carl Siemens mitgetheilt, sobald die noch fehlenden Data des Russischen Geschäfts eingegangen sind.

§ 4.

An dem am 1. Januar 1855 vorhandenen Geschäftsvermögen, sowie an dem bei jeder Inventur sich ergebenden Gewinn oder Verlust des gesamten Geschäfts participiren Werner Siemens und J.G. Halske mit je zwei fünftel, Carl Siemens mit ein fünftel des Resultats. Außerdem erhält Carl Siemens, während der Dauer dieses Contractes, 3 000 R°. S. schreibe dreitausend Silber Rubel jährliche persönliche Entschädigung, die, in die General Unkosten gehörend, als zur Bestreitung der Repräsentation des Geschäfts in St. Petersburg angesehen werden sollen.

§ 5.

Jedes Jahr müssen mindestens einmal die Geschäftsbücher abgeschlossen und die Vermögensbilanz gezogen werden. Das Petersburger Filial muß den betreffenden Abschluß so schnell als möglich anfertigen und in aller Ausführlichkeit mit Gewinn und Verlust Conto einsenden, worauf das Berliner Geschäft seiner Seits die General Bilanz ziehen und Carl Siemens für seinen Antheil erkennen, resp. belasten wird. –

§ 6.

Die Dauer dieses Contractes ist auf 12, schreibe zwölf Jahre, bis zum 1. Januar 1867 festgesetzt. Mindestens sechs Monate vor Ablauf des Contractes, haben sich die Theilnehmer über die etwaige Fortdauer desselben zu verständigen. Es wird hierdurch im Voraus festgestellt, daß im Falle der Fortdauer der Association, der künftige Gewinnantheil aller drei Socien gleich sein soll. Zu dem Ende muß bereits sechs Monate vor Ablauf des Contractes, eine Feststellung des Vermögens des Geschäfts und der einzelnen Theilnehmer, durch Übereinkunft erfolgen. –

§ 7.

Jedes Mitglied hat das Recht, im Laufe jeden Jahres, die Hälfte des vorjährigen Gewinnantheils aus dem Geschäft zu entnehmen. Wird diese Summe nicht erreicht und will das Mitglied sich später nachträglich die Differenz auszahlen lassen, so muß es sechs Monate vorher kündigen. –

§ 8.

In dem Falle des Todes oder der Invalidität eines der Associés, bleibt es bei den contractlichen Bestimmungen und treten mithin die Erben für ihn ein. Die übrigbleibenden Gesellschafter haben indeß das Recht, für die Vertretung des verstorbenen oder invaliden Mitgliedes im Geschäft, auf Kosten der Erben zu sorgen. Diese Kosten dürfen aber den halben Antheil nicht übersteigen und bleibt eine weitere Einwirkung des vormundschaftlichen Gerichts ausgeschlossen.

§ 9.

Nach Auflösung der Association, wird das Vermögen jedes Mitgliedes durch Inventur festgestellt. Will keins der bisherigen Miglieder das Geschäft fortsetzen, so wird das be und unbewegliche Vermögen verwerthet und das Ergebniß nach den contractlichen Bestimmungen getheilt. Anderen Falls hat dasjenige Mitglied, welches das Geschäft fortsetzen will, das Recht, die übrigen, nach dem Ergebniß der Inventur, im Laufe des nächstfolgenden Jahres auszuzahlen. Gerichtliche Abschätzung ist ausgeschlossen. Sollten Differenzen zwischen den Associés entstehen, so werden erstere, mit Ausschluss jedes gerichtlichen Verfahrens, durch Schiedsrichter ausgeglichen, von denen jedes Mitglied einen wählt und wobei Stimmmehrheit entscheidet.

Gelesen, genehmigt und unterschrieben.

Berlin d. 1ten Januar 1855

Ernst Werner Siemens
Johann Georg Halske
Carl Heinrich Siemens

4. Memorandum der Übereinkunft zwischen Werner Siemens, Johann Georg Halske und William Siemens zur Begründung eines Geschäfts in London, 29. September 1858

1858 — 29ten September

Memorandum der Übereinkunft zwischen den Herren Ingenieuren Ernst Werner Siemens und John Georg Halske, ansässig in Berlin unter der Firma Siemens & Halske einerseits, und dem Herrn Ingenieur William Siemens in London andererseits, in Bezug auf die Begründung eines Geschäftes in London für die Fabrikation und den Verkauf elektrischer Telegraphen, und der damit in Verbindung stehenden Apparate.

Da nun die Interessenten zusammen Eigenthümer, gewisser Patente auf Verbesserungen Elektrischer Telegraphen, dem obengenannten Herrn Ernst Werner Siemens am 23ten April 1850 ausgefertigt. Patent No 13062, und gewisser Anspruch auf ein Patent auf Verbesserung elektrischer Telegraphen, datirt vom 15ten September 1855, und dem Herrn Lewis Gordon ausgefertigt sind; und da nun ferner der obengenannte Charles William Siemens am 29ten September 1858 wegen eines neuen Patentes auf Verbesserung in der Isolirung von Telegraphenleitungen eingekommen ist, welcher hiermit ebenfalls zum Gesammteigenthum der Interessenten erklärt wird, und da die besagten Interessenten zusammen einen Contract, datirt vom 1ten Juny 1858, mit den Herren R.S. Newall & Co abgeschlossen haben, der die gemeinschaftliche Ausführung unterseeischer elektrischer Telegraphenlinien feststellt, so ist man über folgende Paragraphen übereingekommen.

1) Die obengenannten Interessenten vereinigen ihre persönlichen Ansprüche auf die besagten Patente, und auf Alles was in England, Irland und den von England abhängigen Staaten und Besitzthümern auf elektrische Telegraphen Bezug hat, und eröffnen gemeinschaftlich unter der Firma Siemens Halske & Co ein Geschäft.

2) Die Leitung des besagten Geschäftes fällt dem Charles William Siemens zu, welcher durch seine Unterschrift die Firma innerhalb der gesetzlichen Grenzen ihrer Operationen verpflichtet.

Er verbindet sich jedoch, seine Compagnos bei allen Gelegenheiten die außerordentliche pecuniäre Wageniße einschließen zu Rathe zu ziehen, und durch ihre Entscheidung sich leiten zu laßen. Jedoch verpflichtet er sich nicht, sich gänzlich dem Interesse der neuen Firma hinzugeben, sondern er reservirt sich das Recht andere Geschäfte, die nicht mit elektrischen Telegraphen in Verbindung stehen, besonders, und auf seine eigene Rechnung zu machen.

3) Das regelmäßige Betriebskapital der Firma ist auf £ 3 000 festgesetzt, welche von jedem der drei Interessenten zu gleichen Theilen eingelegt werden müssen. Die eine Hälfte dieses Capitals ist bei Unterzeichnung dieses Contractes und die übrige Hälfte im Verhältnis wie sie gebraucht wird, einzuzahlen. Charles William Siemens in Anbetracht seiner Mühe und der Ausgaben die in Folge der Eröffnung des Geschäfts, welches schon bestand, und von ihm abgetreten ist, entstanden sind, erhält Credit auf Höhe von £ 500, und zwar in der Art, als ob diese Summe wirklich von ihm eingezahlt wäre; und auf gleiche Weise wird den Herren Siemens & Halske ein Betrag von £ ... zu Gute geschrieben, für die Telegraphen Instrumente, die von ihnen als Muster geschickt werden.

4) Alles Geld von den Herrn Siemens Halske & Co verwendet, u. von den obengenannten Interessenten eingelegt trägt Interessen auf Höhe von 5% pro Jahr, ohne irgend eine Theilung des Gewinnes eintreten kann.

Für den Fall daß außerordentliche Contracte, die speziell von den Herrn Siemens & Halske in Berlin gebilligt sind abgeschlossen werden, und die Einzahlung eines größeren Capitals erfordern, erklären sich die Herren Siemens & Halske bereit, die nöthigen Extra Zuschüsse zu leisten, indem ihnen dieselben zu 5% pro Jahr verzinst werden.

5) Die Herren Siemens & Halske verbinden sich einen passenden Geschäftsführer, und die nöthige Anzahl von geschickten Elektrikern und Arbeitern, um die Verpflichtungen der Herrn Sie-

mens Halske & Co auszuführen zu stellen. Die Auszahlung des Gehaltes u. der Löhnung, und der Reisediäten derselben fällt den Herrn Siemens Halske & Co zu, von dem Tage ab, wo sie Berlin verlassen.

6) Die Herren Siemens & Halske, verpflichten sich den Herren Siemens Halske & Co Telegraphen Instrumente oder Theile derselben zu ihren üblichen Verkaufspreisen zu liefern. Bei Zahlungen per Cassa drei Monat nach dem Datum der Faktura werden 2 1/2% Disconto gewährt.

7) Von dem Reingewinn werden $7^1/_2$% für Gratificationen für die, welche hauptsächlich die Operationen leiten, abgesetzt.

8) Der übrige Reingewinn wird auf folgende Weise vertheilt. Zwei Drittel werden den Herren Siemens & Halske ausgezahlt, das übrige Drittel fällt dem Charles William Siemens zu.

9) Ein Bericht über den Stand der Angelegenheiten wird vierteljährlich den Herren Siemens & Halske zu gehen, eine Teilung des Gewinns dagegen am 1ten Januar jeden Jahres, nach Abzug von 15% zur Bildung eines Reservefonds stattfinden.

10) Alle Verbesserungen elektrischer Telegraphen, die von Zeit zu Zeit von einem der hier genannten Interessenten angegeben werden, sind hiermit so weit die britischen Besitzthümer reichen zum Gemeineigenthum erklärt. Aber die Kosten, welche in Folge von Experimenten, oder der Patente, welche diese Erfindungen in England sicher stellen auslaufen, werden von den Herren Siemens Halske & Co. getragen.

11) Dieser Contract soll vom 1ten October 1858 in Kraft treten, und für die hier genannten Interessenten bis zum 31ten December 1863 bindend sein, nach welcher Zeit er für irgend einen Theilhaber erlöschen kann, indem er oder sie, an den oder die übrigen Theilhaber durch eine schriftliche jährliche Kündigung seinen oder ihren Entschluß kund giebt. Die Unternehmungen jedoch, welche jetzt in der Ausführung begriffen sind, sind nicht mit in den Contract eingeschlossen, mit Ausnahme derer, welche in Verbindung mit den Herren R.S. Newall ausgegeführt werden.

12) Im Fall des Ablebens von Charles William Siemens oder einer Auflösung der Firma von Siemens & Halske in Berlin, soll es gehalten werden daß die Ansprüche der ausgeschiedenen Theilhaber auf das Vermögen der Herren Siemens Halske & Co der Bilanz gemäß, welche ihm oder ihnen nach ihren Forderungen an dem Kassenbestand zu kommt geregelt werden.

Die Theilnahme an dem Gewinn oder Verlust des Geschäftes, für solche Theilhaber wird als vom 31. December des letzten Jahres erloschen betrachtet.

5. PROSPECTUS der Indo-Europäischen Telegraphen-Actien-Gesellschaft vom 9. April 1868

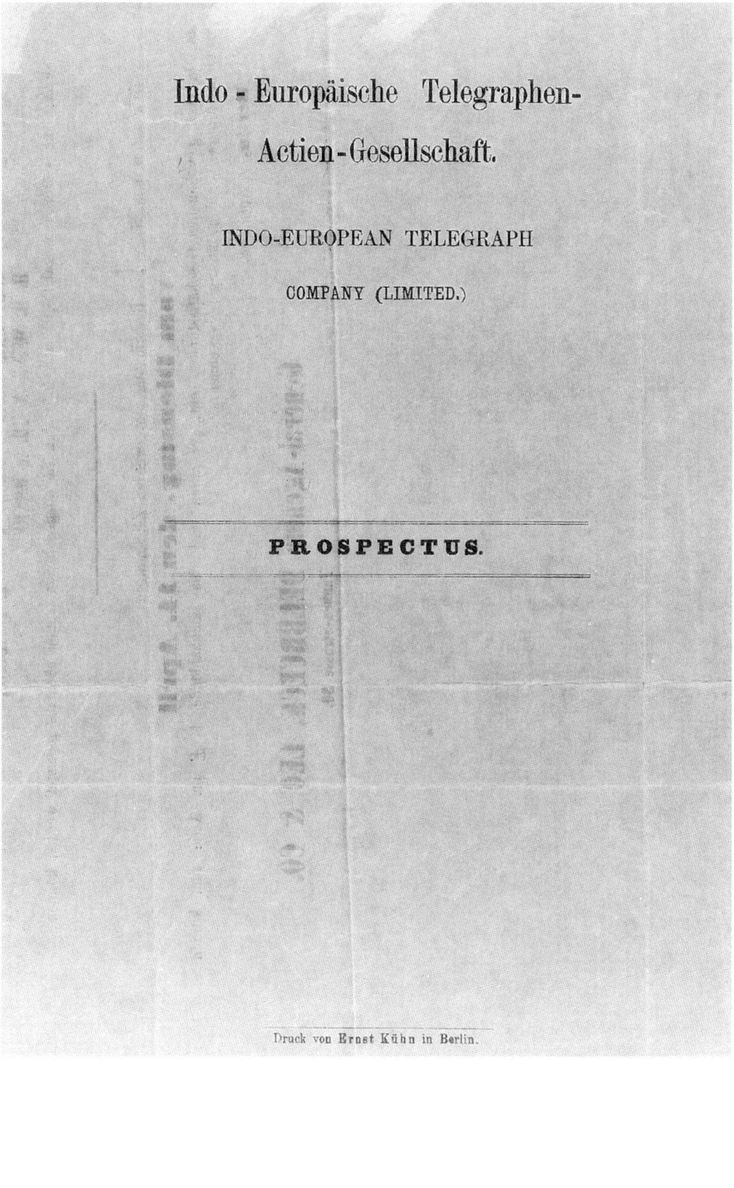
Indo - Europäische Telegraphen-
Actien - Gesellschaft.

INDO-EUROPEAN TELEGRAPH
COMPANY (LIMITED.)

PROSPECTUS.

Druck von Ernst Kühn in Berlin.

PROSPECT.

Indo-Europäische Telegraphen-Actien-Gesellschaft.

INDO-EUROPEAN TELEGRAPH COMPANY (LIMITED.)

Incorporirt unter dem Gesetz, Gesellschaften betreffend, vom Jahre 1862 und 1867.

Actien-Capital £ 450,000, in 18,000 Actien von £ 25, von welchen jetzt nur 17,000 Stück ausgegeben werden.

Einzahlung beim Zeichnungs-Antrag 1 £ per Actie. Zahlung bei der Zusicherung 4 £ per Actie. Einzahlungen von 5 £ per Actie werden in Zwischenräumen von mindestens 2 Monaten eingefordert.

OFFICIELLE DIRECTOREN:

Oberst VON CHAUVIN, General-Director der Telegraphen des Norddeutschen Bundes.
General VON LUEDERS, General-Director der Kaiserlichen Telegraphen in Russland.

DIRECTOREN:

Herr ROBERT GRIMSTON, Vorsitzender der Electric and International-Telegraph-Company, Vorsitzender.
„ W. H. BARLOW, Vorstandsmitglied des Instituts der Civil-Ingenieure.
„ J. H. GOSSLER (Firma Joh. Berenberg Gossler & Co.) in Hamburg.
„ Oberst JAMES HOLLAND, Vorsitzender von Reuter's Telegraphen-Company (limited).
„ H. H. MEIER (Firma H. H. Meier & Co.) in Bremen, Vorsitzender des Deutschen Lloyd.
„ L. OESTERREICH (Firma L. Knoop) in St. Petersburg.
„ W. E. QUENTELL (früher in der Firma Frühling & Göschen).
„ CHARLES B. SKINNER (Firma Jardine Skinner & Co.) in Calcutta.
„ General-Major G. B. TREMENHEERE, von den Bengalischen Ingenieurs.
„ J. HERBERT TRITTON (Firma Barclay, Bevan, Tritton, Twells & Co.).

(Herr C. W. SIEMENS wird auf Grund seiner Beziehungen zu den contrahirenden Firmen der Direction als Mitglied ohne votirende Stimme angehören).

BANQUIERS: Herren BARCLAY, BEVAN, TRITTON, TWELLS & CO. in London.
die General-Agentur DELBRUECK LEO & CO. in Berlin.
SYNDICI: Herren WILSON, BRISTOWS & CARPMAEL, Solicitors, 1 Copthall Buildings, London.
SECRETAIR: Herr H. WEAVER, Secretair der Electric and International-Telegraph-Company.
BUREAUX: vorläufig No. 3 GREAT GEORGE STREET, WESTMINSTER, S.W. London.

Der Zweck der Gesellschaft ist die Herstellung einer directen und unabhängigen Telegraphenlinie über Land zwischen England und Indien. Die projectirte neue Linie bildet zugleich eine Verbindung Europa's mit Asien und wird von London durch die Nordsee, Preussen, Südrussland und Persien gehen und von da aus die Linien der Indischen Regierung nach Indien benutzen.

Ausschliessliche Concessionen sind den Herren Siemens Brothers in London und den Herren Siemens & Halske in Berlin und Petersburg zu diesem Behufe von der Preussischen, Russischen und Persischen Regierung eingeräumt worden: dieselben sind auf einen Vertrag zwischen der Russischen und Preussischen Regierung (datirt St. Petersburg $\frac{\text{19. April}}{\text{1. Mai}}$ 1867) begründet und sind auf 25 Jahre, von der Eröffnung der Linien an gerechnet, gewährt.

Die Concessionaire haben einen Vertrag mit der Reuterschen Telegraphen-Gesellschaft und der Electric and International-Telegr.-Comp. für die ausschliessliche Benutzung von einem und wenn nöthig zwei Dräthen zwischen London und Norderney geschlossen, durch welchen zugleich die werthvolle Mithülfe der letzteren Gesellschaft für die Annahme und Ausgabe von Indischen und andern Telegrammen gesichert ist.

Die Concessionaire erbieten sich, obige Concessionen und Verträge der Actiengesellschaft gegen $^1/_3$ desjenigen Netto-Ueberschusses abzutreten, welcher sich in jedem Jahre herausstellen wird nachdem eine Dividende von 12% auf das eingezahlte Capital an die Actionaire vertheilt ist.

Die Concessionaire erbieten sich, die oben beschriebene Telegraphen-Verbindung nach Indien für eine Summe von £ 400,000 vollständig herzustellen und sie nach ihrer Herstellung für den jährlichen Betrag von £ 34,000 im Stande zu erhalten. Die Linie durch Norddeutschland wird von der Preussischen Regierung auf ihre eigenen Kosten hergestellt.

In diesem Anerbieten der Concessionaire ist ausgesprochen, dass die Landlinien, welche sie herzustellen haben, hauptsächlich mit eisernen Pfählen versehen sein sollen, ausgenommen in Theilen des Europäischen Russlands, wo gutes Holz reichlich vorhanden ist und sich als dauerhaft erwiesen hat.

Ein unterseeisches Kabel von ungefähr 200 Engl. Meilen wird durch das schwarze Meer gelegt, um die Circassischen Gebirge zu umgehen, wo die bestehenden Linien der Unterbrechung durch Schnee ausgesetzt sind. Die unterseeische Linie wird eine dritte Leitung für die innere Russische Correspondenz enthalten, deren Einnahmen der Actien-Gesellschaft gehören werden.

Die Herren Siemens sind in jeder Weise für die Ausführung der Arbeiten qualificirt, da sie eine bedeutende Erfahrung im Telegraphenwesen besitzen und ausgedehnte Linien im Russischen Reiche sowohl errichtet als während eines Zeitraums von 12 Jahren gegen bestimmte Jahresbeträge unterhalten haben. Sie haben ein vortrefflich organisirtes Beamten-Personal, das mit den betreffenden Landessprachen und Gebräuchen vertraut ist, zur Ausführung der beabsichtigten Linie in Bereitschaft, und ihre verantwortliche Mitwirkung für die Zwecke der Actien-Gesellschaft ist durch eine Clausel der Russischen Concession sicher gestellt, wonach sie verpflichtet sind, mit $^1/_3$ des Actien-Capitals betheiligt zu bleiben.

Die Concessionen enthalten die Bestimmung, dass nach ihrem Erlöschen neue Abkommen mit den concessionirenden Regierungen über den ferneren Betrieb der Anglo-Indischen Linien getroffen werden müssen. Sollte mit der Russischen resp. der Persischen Regierung keine Vereinbarung zu Stande kommen, so werden die durch die betreffenden Länder gehenden Linien (d. h. nicht deren Vermehrungen oder Ausdehnungen) in die Hände derselben ohne Ersatz übergehen.

In den Gesellschafts-Statuten ist festgesetzt, dass jährlich die Summe von £ 10,000 von den Netto-Ueberschüssen vorweg genommen und dadurch ein Reservefond gebildet werden soll, um das Capital für den Fall zu ersetzen, dass nicht mittlerweile fernere Abmachungen mit den betreffenden Regierungen zu Stande gekommen wären.

Den Gesellschafts-Statuten sind Briefe des Auswärtigen Amtes und des Indischen Departements der Englischen Regierung beigefügt, welche Zusicherungen der Unterstützung enthalten und sich auf die projectirte Indische Regierungs-Telegraphen-Linie zum Anschluss an das Persische Meerbusen-Kabel beziehen. Nach den Ausweisen des Indischen Amtes betrug die Durchschnittszeit von Telegrammen zwischen London und Bombay via Türkei im Jahre 1867 über fünf Tage und es ist bekannt, dass dieselben sehr häufig verstümmelt und fast unverständlich ankommen. Dies wird bei einer getheilten Verwaltung und der häufigen Uebertragung Indischer Depeschen durch Beamte verschiedener Nationalitäten unvermeidlich sein, während auf der neuen Linie zwischen London und Teheran eine directe und ununterbrochene Verbindung mit rein mechanischer Uebertragung auf einigen Zwischenstationen, die Gefahr des Irrthums auf ein Minimum reduciren wird.

Es ist zur Befriedigung der Directoren durch Berechnungen, welche auf Grund veröffentlichter amtlicher Ausweise angestellt worden sind, bewiesen worden, dass trotz der offenkundigen Mängel der bestehenden Linie — sowohl in Hinsicht der Schnelligkeit als der Genauigkeit — im Jahre 1867 zwischen Europa und Indien Depeschen expedirt worden sind, die eine jährliche Einnahme von £ 190,000 repräsentiren. Dieser Betrag wird zweifellos durch die Herstellung einer zuverlässig arbeitenden Linie unter Englischer Verwaltung verdoppelt und verdreifacht werden.

Die Kosten einer Depesche nach irgend einem Theile von Indien werden von dem jetzigen Minimalsatz von £ 5. 1 s. durch die Türkei auf £ 3. 10 s. für eine Depesche von 20 Worten, und auf £ 2 für eine Depesche von nicht über 10 Worten ermässigt werden. Von den £ 3. 10 s. für eine gewöhnliche Depesche erhält die Indische Regierung £ 1. 17 s. für die Strecke von Teheran nach Calcutta oder anderen Stationen in Indien, und die concessionirenden Regierungen und Gesellschaften (beide unter Vorbehalt der Ermässigung) 9 s. 7 d., so dass £ 1. 3 s. 5 d. pr. Depesche für die Indo-Europäische Gesellschaft übrig bleiben.

Bei der Annahme einer täglichen Durchschnittsbeförderung von 200 gewöhnlichen Telegrammen in jeder Richtung für 300 Arbeitstage und £ 8,000 Brutto-Einnahme für die Inner-Russischen Telegramms durch das Schwarze Meer-Kabel würde eine jährliche Einnahme von £ 148,500 erzielt. Hiervon der Betrag für Betrieb und Unterhaltung der Linie, für den Reservefond und alle anderen Ausgaben, angenommen mit £ 60,000 in Abzug gebracht, würden £ 88.500 für die Vertheilung übrig bleiben, gleich einer jährlichen Dividende von nahezu 20 Procent auf eine Auslage von £ 425,000.

Zuversichtlich kann aber eine Zunahme der Depeschen erwartet werden, da die Statistik eine durchschnittliche Zunahme von über 25 Procent jährlich auf den Preussischen und Russischen Linien nachweist. Die projectirte Linie wird im Stande sein, das Fünffache des abgeschätzten Verkehrs zu vermitteln. Das schlagendste Beispiel von der Entwickelung des Verkehrs auf einer durchgehenden Telegraphenlinie durch Ermässigung der Beförderungskosten ergiebt der Atlantische Telegraph, dessen Einnahme für Telegramms nach und von Amerika trotz der gedrückten Handelsverhältnisse sich von einer jährlichen Summe von £ 257,000 auf das jetzige Einkommen, welches £ 500,000 p. a. übersteigt, gehoben hat, nachdem der Tarif von £ 20 auf £ 5. 5 s. für die einzelne Depesche herabgesetzt worden ist.

In der obigen Abschätzung ist eine geringere Einnahme für die Indo-Europäische Linie angenommen worden, obgleich mit gleich guten Verbindungsmitteln und bei gleichen Kosten der Indische Telegraphen-Verkehr gewiss grösser sein müsste, da der Handel zwischen Europa und dem Osten, einschliesslich China und Australien bei weitem umfangreicher als der Handel zwischen Europa und Amerika ist.

Die Zeit, die man durch Telegraphiren nach Bombay erspart, wird wenigstens 24 Tage — verglichen mit dem Postverkehr — betragen, gegen 10 oder 11 Tage, die man durch Telegraphiren nach New-York erspart.

Ein sehr bedeutender Verkehr darf auch zuversichtlich von den sehr intimen persönlichen Beziehungen erwartet werden, die zwischen dem Vereinigten Königreiche und seinen Oestlichen Besitzungen bestehen, wenn die Correspondenz zu so billigen Sätzen geführt werden kann, als jetzt in Aussicht genommen worden.

Die Concessionen und der Vertrag, mit beglaubigten Uebersetzungen, das Abkommen zwischen den Concessionären und Reuter's Telegraphen-Gesellschaft und der Electric Telegr.-Comp., das Anerbieten der Concessionäre und andere ihnen zugehörige, auf das Unternehmen bezügliche Documente, welche sämmtlich zur Kenntniss der Directoren gebracht worden sind, sind dem Gesellschafts-Statut beigefügt und können mit demselben und dem Associations-Memorandum in den Bureaux der Gesellschaft eingesehen werden.

Prospecte und Zeichnungsscheine sind in den Bureaux der Gesellschaft oder bei den Banquiers zu haben.

Sollte keine Zutheilung erfolgen, so wird der eingezahlte Betrag voll zurückerstattet.

Zur Annahme von Zeichnungen und der ersten Einzahlung sind auch bevollmächtigt:

General-Agentur DELBRUECK, LEO & CO. in BERLIN,
L. KNOOP in ST. PETERSBURG,
JOH. BERENBERG GOSSLER & CO. in HAMBURG,
H. H. MEIER & CO. in BREMEN,

bei welchen die späteren Einzahlungen auf die durch sie ausgegebenen Actien ebenfalls geleistet werden können.

Wir laden demzufolge zur Betheiligung ein, werden Zeichnungen

vom Dienstag, den 14. April

an, in den gewöhnlichen Geschäftsstunden entgegenehmen und das einzuzahlende 1 £ pr. Actie zum kurzen Londoner Course (6 Thlr. 26 Sgr.) berechnen.

Berlin, 9. April 1868.

General-Agentur DELBRUECK, LEO & CO.
Tauben-Strasse 30.

Tabellen

Tabelle 1: Belegschaft und Umsatz Siemens 1848–1870

Jahr	Belegschaft insgesamt	Haus Siemens			
		Belegschaft	Umsatz (1000 M)	Exportumsatz (1000 M)	Gewinn (M)
1848	18	18	10,3	5	
1849	28	28	58,1	41	45 000
1850	49	49	221,8	272	96 000
1851	50	50	253,1	132	?
1852	90	90	514	447	10 414
1853	49	49	212,8	693	13 500
1854	130	90	594,9	323	17 282
1855	268	122	801,1	293	142 988
1856	332	119	466	367	60 600
1857	367	127	470,3	408	61 700
1858	408	166	563,7	375	108 700
1859	419	174	509,2	280	73 400
1860	401	180	462,9	175	73 100
1861	438	181	381,5	256	27 100
1862	492	175	351,2	192	21 000
1863	515	198	456,8	383	26 700
1864	660	193	589,7	269	83 300
1865	652	135	670,1	277	133 300
1866	733	166	621,5	210	189 200
1867	672	192	685,1	467	142 000
1868	691	211	900,4	507	243 900
1869	836	271	1 052		397 900
1870	1 070	380	1 543		475 170

Die Angaben über die Umsatz- und Belegschaftsentwicklung differieren zum Teil in den Unterlagen des Siemens-Archivs. Die genannten, heute als offiziell verbindlich anzusehenden Zahlen basieren auf dem Z-Bericht vom 26. Mai 1966.

Tabelle 2: Belegschaftsentwicklung Siemens & Halske und zugehörige Gesellschaften 1847–1892

Jahr	S&H	S&H Wien	Gesco*	S. Brothers	Rußland	Insgesamt
1847						
1848	18					18
1849	28					28
1850	49					49
1851	50					50
1852	90					90
1853	49					49
1854	90				40	130
1855	122				146	213
1856	119				213	332
1857	127				240	367
1858	146	20		2	240	408
1859	154	20		10	235	419
1860	150	30		23	198	401
1861	141	40		40	217	438
1862	135	40		50	267	492
1863	168	30		50	267	515
1864	163	30		200	267	660
1865	135			250	267	652
1866	166			300	267	733
1867	192			350	130	672
1868	211			400	80	691
1869	271			450	115	836
1870	380			550	150	1080
1871	446			850	90	1386
1872	581			900	110	1591
1873	558		70	934	110	1672
1874	540		110	1601	100	2351
1875	499		72	458	90	1119
1876	469		161	239	90	959
1877	698		40	461	130	1329
1878	729		94	348	140	1311
1879	635	2	117	1254	120	2128
1880	631	6	239	495	120	1491
1881	675	10	220	1418	130	2453
1882	725	27	333	765	140	1990
1883	899	68	333	856	170	2326

(Fortsetzung)

Tabelle 2 (Fortsetzung)

Jahr	S&H	S&H Wien	Gesco*	S. Brothers	Rußland	Insgesamt
1884	1026	109	302	1735	200	3372
1885	1142	120	306	963	220	2751
1886	1258	105	259	738	240	2600
1887	1361	320	397	687	260	3025
1888	1722	373	354	699	330	3478
1889	2125	688	271	1019	410	4513
1890	2737	1041	172	1065	530	5545
1891	3057	1127	178	990	590	5942
1892	3325	1199	251	1118	640	6533

Quelle: SAA 29/Le 932
* Gebr. Siemens & Co., Charlottenburg

Tabelle 3: Umsatzentwicklung nach Bereichen 1847–1874 (Angaben in Talern)

Jahr	Gesamtumsatz			davon Ausland			
	Telegraphie	Wassermesser	Gesamt	Telegraphie	Wassermesser	Summe	Exportquote (%)
1847	74		74				0
1848	3420		3420	21		21	0,6
1849	19379		19379	1470		1470	7,6
1850	73949		73949	1546		1546	2,1
1851	84281	70	84351	13431	70	13501	16
1852	170315	835	171150	89849	835	90684	53
1853	70760	165	70926	43856	135	43992	62
1854	198293		198293	148977		148977	75,1
1855	267030		267030	230842		230842	86,5
1856	155325		155325	107665		107665	69,3
1857	156756		156756	97687		97687	62,3
1858	181891	6069	187961	122108	258	122366	65,1
1859	162543	7182	169725	135022	918	135942	80,1
1860	149952	4177	154130	124102	859	124961	81,1
1861	121304	5838	127142	92805	474	93279	73,4
1862	107929	9132	117062	56704	1752	58456	49,9
1863	141941	10169	152111	83196	2030	85226	56
1864	186332	10171	196503	62175	1799	63974	32,6
1865	200211	22399	222610	120117	7403	127520	57,3
1866	177419	17229	194649	86711	2871	89583	46
1867	206044	19482	225526	86174	6112	92287	40,9
1868	252006	26883	278889	62925	6967	69892	25,1
1869	311889	33217	345107	144465	11125	155590	45,1
1870	401663	35815	437478	158541	7222	165763	37,9
1871	445166	83932	529098	130502	11041	141543	26,8
1872	585599	134188	720088	126676	21310	147987	20,6
1873	620416	150063	770479	114853	13287	128141	16,6
1874	724577	148261	872839	166210	24031	190241	21,8

Zusammengestellt nach: SAA 29/Ld 893

Tabelle 4: Die Aufteilung des Umsatzes nach Staaten und Produktgruppen 1847–1896 (Angaben in Mark)

Staat	Telegraphie	Glühlicht	Wassermesser	Dynamo	Kabel
Deutschland	45 808 241	4 414 106	8 357 498	46 070 241	46 457 356
Schweden	250 012	212 149	32 050	1 975 403	1 041 185
Norwegen	204 975	12 057	12 108	119 564	47 863
Dänemark	1 339 812	35 237	8 285	1 485 328	1 089 388
Holland	2 396 757	101 852	268 381	1 913 440	1 646 273
Belgien	1 166 987	37 400	1 267	271 659	109 707
Schweiz	441 352	229 497	496 846	2 261 300	674 032
Italien	236 582	252 017	126 235	3 262 542	1 170 118
England	2 527 456	279 835	211 211	870 124	84 136
Frankreich	307 706	150 498	6 401	1 005 516	480 906
Luxemburg	25 311	17 049	36 105	316 065	80 121
Österreich	1 166 225	1 304 049	258 531	3 333 830	1 164 840
Rußland	6 308 753	1 311 865	558 093	2 004 736	241 951
Spanien	15 619	177 495	30 816	1 683 995	2 475 762
Türkei	110 114	189	42	85 599	44 377
Asien	71 596	76 517	2 410	804 663	149 551
Australien		59 413	65 820	23 376	24 212
Afrika	13 952	1 662	131 351	3 900 178	812 673
Amerika	372 074	124 035	61 330	3 623 214	427 609
Ausland					
o. Ortsangabe	2 675	259 962	89 935	68 065	14 305
Summe	62 766 208	9 058 595	10 754 726	75 078 848	58 237 041

Zusammengestellt nach: SAA 29/Ld 893

Tabelle 5: Umsatzentwicklung und Umsatzverteilung nach Produktgruppen 1867–1880

Jahr	Telegraphie (M)	Umsatzanteil (%)	Wassermesser (M)	Umsatzanteil (%)	Dynamo (M)	Umsatzanteil (%)	Kabel (M)	Umsatzanteil (%)	Sonstiges (M)	Gesamtumsatz (M)
1867	618 132	91	58 448	9						676 580
1868	756 018	90	80 650	10	5 654					842 332
1869	953 670	90	99 653	10	5 554					1 040 877
1870	1 204 990	92	107 481	8	14 482					1 326 998
1871	1 335 500	84	251 797	16	4 543					1 591 840
1872	1 757 699	81	402 566	19	6 896					2 167 161
1873	1 853 471	80	450 189	20	20 509				11 777	2 331 946
1874	2 165 905	83	444 786	17	17 391				7 832	2 635 910
1875	1 816 157	77	527 807	23	26 332				714	2 371 010
1876	1 659 135	79	367 674	18	66 171	3				2 092 980
1877	1 999 501	57	424 104	12	181 190	5	897 817	26		3 502 612
1878	1 885 032	41	584 568	13	484 027	10	1 636 267	13		4 589 894
1879	1 140 198	25	307 022	7	591 628	13	2 544 205	55		4 583 053
1880	1 257 740	50	315 933	5	826 636	13	3 985 727	62		6 386 043

Zusammengestellt nach: SAA 20/Ld 366, Bd. 2, S. 55

Tabelle 6: Aufteilung des Umsatzes von Siemens & Halske in den Jahren 1847–1897 nach Staaten

Staat	Umsatz in Talern 1847–1872	(%)	Umsatz in Mark 1873–1897	(%)
Deutschland	8 846 858	55	163 373 003	69,2
Schweden	84 163	0,5	3 829 270	1,6
Norwegen	51 297	0,3	395 680	0,2
Dänemark	386 642	2,4	4 547 490	1,9
Holland	268 162	1,7	6 947 912	2,9
Belgien	17 647	0,1	1 641 804	0,7
Schweiz	30 757	0,2	5 021 612	2,1
Italien	12 669	0,1	6 137 086	2,6
England	1 586 540	9,9	2 583 869	1,1
Frankreich	88 042	0,5	1 928 738	0,8
Luxemburg	3 988	0,03	588 897	0,2
Österreich	240 173	1,5	7 789 428	3,3
Rußland	4 122 163	25,6	8 395 463	3,6
Spanien	3 241	0,02	6 347 546	2,7
Türkei	5 492	0,03	1 537 527	0,7
Asien	5 492		1 537 527	
Australien			209 938	0,1
Afrika			8 249 742	3,5
Amerika	12 662	0,08	6 739 078	2,9
Ausland*			455 892	0,2
Summe	16 092 915	100	235 977 429	100

Zusammengestellt nach: SAA 29/Ld 897 und SAA 29/Lp 556
* Ausland ohne Ortsangabe

Tabelle 7: Gesamtumsatz des über Berlin abgerechneten Geschäfts (Angaben in 1000 M)

Geschäftsjahr	Telegraphie	Fernsprecher	Signalwesen	Elektrochemie	Wassermesser	Glühlampen	Meß-instrumente	Dynamo	Kabel	Gesamtes Berliner Werk	Charlottenburger Werke		Gebrüder Siemens	Wien I	Wien II	Bahnen	Gesamt-umsatz
											Dynamo	Kabel					
1880	824	88	310		361		61	835	3 953	6 466			467				6 933
1881	902	252	487		380		45	996	1 194	4 309			653				4 962
1882	824	297	477		353	4	38	1 327	379	3 794			992	56			4 841
1883	749	358	384		346	38	58	1 846	556	4 524			999	59			5 583
1884	796	374	429		342	43	70	2 140	661	4 858	339		896	381			6 473
1885	793	659	368		308	166	51	1 484		3 827	491	1 228	907	315			6 769
1886	667	826	352		404	493	46	1 879		4 668	325	1 005	777	332			7 109
1887	761	861	403		363	734	63	1 572		4 699	654	2 065	1 213	880			9 511
1888	969	1 259	314		453	667	69	1 628		5 358	1 318	2 386	1 105	839	437		11 443
1889	1 339	1 080	340		374	1 181	167			4 914	3 260	3 517	861	1 476	1 747		16 782
1890	1 279	1 080	415		372	1 133	153			4 842	5 161	6 514	548	3 378	3 057		23 788
1891	690	583	265		238	515	97	1		2 399	2 782	3 857	237	2 424	1 391		13 092
1892*	1 098	725	749	1	425	726	135	7		3 934	6 043	3 589	805	4 209	1 080		19 661
1892/93	852	413	501	1	445	589	150	8		3 053	5 224	3 275	830	4 321	1 197	231	18 131
1893/94	1 044	822	684	10	526	719	228	1		4 076	7 313	4 157	767	5 589	1 350	352	23 605
1894/95	1 151	436	721	18	358	857	313			4 120	10 261	4 933	872	7 739	1 145	2 541	31 612
1895/96	927	520	1 132	6	509	1 013	434			4 743	17 945	8 419	917	11 011	6 848	3 515	53 398
1896/97	983	866	1 706	15	495	913	438	16		4 490	20 480	8 105	1 246	9 197	1 885	3 689	50 913

Die Umsatzzahlen sind in den verschiedenen Quellen unterschiedlich angegeben. Daher sind die Zahlen untereinander nicht addierfähig. Die Differenzen verfälschen jedoch das Bild nicht entscheidend. Vgl. auch SAA 29/Lp 530.

Tabelle 8: Remonte-Ergebnisse 1856–1865 (Angaben in Rubel)

Jahr	Ausgaben	Einnahmen	Gewinn
1856	400 863	460 994	60 310
1857	325 450	423 645	98 194
1858	332 789	142 415	79 625
1859	388 225	511 727	123 502
1860	533 891	688 553	152 662
1861	318 802	443 385	124 582
1862	238 500	343 191	104 691
1863	323 904	419 364	95 460
1864	191 060	279 155	88 094
1865	171 771	269 751	97 979

Quelle: SAA 17/Lm 184

Tabelle 9: Die Gewinnentwicklung bei Siemens Brothers 1865–1880 bzw. bei Siemens Brothers & Co. 1881–1914 (Angaben in Pfund Sterling)

Jahr	Gewinn
1865	14 455
1866	17 000
1867	21 768
1868	32 349
1869	25 822
1870	69 005
1871	30 504
1872	– 507
1873	96 265
1874	119 625
1875	113 921
1876	22 397
1877	60 494
1878	24 031
1879	282 550
1880	189 672
1881	356 097
1882	122 475
1883	26 660
1884	313 560
1885	174 758

(Fortsetzung)

Tabelle 9 (Fortsetzung)

Jahr	Gewinn
1886	627
1887	21 578
1888	13 824
1889	96 545
1890	88 570
1891	33 977
1892	24 461
1893	– 35 021
1894	129 000
1895	66 584
1896	14 309
1897	19 690
1898	18 339
1899	22 769
1900	64 387
1901	77 920
1902	38
1903	2 515
1904	71
1905	682
1906	106
1907	20 217
1908	23 061
1909	24 173
1910	24 225
1911	24 119
1912	24 796
1913	45 707
1914	45 351

Vgl. von Weiher, Überseegeschäft, S. 206 ff.

Tabelle 10: Umsatzentwicklung Siemens & Halske Wien I und II

Jahr	Umsatz Wien I (M)	Wien II (M)	Geschäfts-ergebnis (1000 M)
1878			– 12,2
1879	3 549		– 1
1880	88 471		– 29,3
1881	111 768		– 20,1
1882	138 571		– 24,1
1883	331 609		– 12,3
1884	601 260		– 62,3
1885	463 430		– 74,7
1886	443 312		– 81,6
1887	1 173 997		– 20,9
1888	1 175 238	591 847	158,4
1889	2 408 379	2 367 390	61,4
1890	4 034 122	4 142 933	
1891	2 646 307	1 709 162	
1891/92	4 617 545	1 913 417	
1892/93	4 640 128	1 906 879	
1893/94	5 861 642	1 862 360	
1894/95	8 131 429	3 017 608	
1895/96	11 497 921	10 995 506	
1896/97	9 948 893	6 592 632	
1897/98	7 928 915	5 495 568	
1898/99	14 683 549	5 947 628	
1899/00		8 851 907	
1900/01		13 301 176	
1901/02		17 177 310	

Zusammengestellt nach: SAA 29/Li 435, 29/Li 935, 20/Ld 366, Bd. 3, S. 102 (Angaben des Geschäftsergebnisses für die Jahre 1878–1880 in 1000 österreichischen Schilling)

Tabelle 11: An die Inhaber verteilter Reingewinn 1850–1895/96 (Angaben in Mark)

Jahr	Summe
1850	12 375
1851/52	26 035
1853	33 750
1854	43 205
1855	142 988
1856	57 177
1857	57 905
1858	97 860
1859	65 531
1860	60 456
1861	10 752
1862	3 049
1863	26 067
1864	75 015
1865	119 857
1866	164 002
1867	122 632
1868	260 661
1869	349 695
1870	438 303
1871	549 213
1872	446 148
1873	726 540
1874	689 778
1875	570 037
1876	495 247
1877	915 964
1878	1 060 481
1879	1 004 250
1880	1 296 518
1881	883 051
1882	734 016
1883	1 054 680
1884	945 488
1885	1 009 685
1886	1 184 795
1887	1 705 175
1888	1 945 545

(Fortsetzung)

Tabelle 11 (Fortsetzung)

Jahr	Summe
1889	2 125 704
1890	2 761 677
1891	1 523 952
1891/92	1 446 496
1892/93	687 658
1893/94	1 276 881
1894/95	1 816 721
1895/96	2 850 000

Quelle: SAA 14/Lh 662

Tabelle 12: Belegschaft und Umsatz Haus Siemens 1871–1902/03

Jahr	Belegschaft insgesamt	Haus Siemens ohne ausländische Häuser	
		Belegschaft	Umsatz (1000 M)
1871	1 386	446	1 760
1872	1 591	581	2 234
1873	1 672	628	3 381
1874	2 351	650	3 114
1875	1 119	571	2 700
1876	959	630	2 677
1877	1 329	738	3 712
1878	1 311	823	4 984
1879	2 128	754	5 023
1880	1 491	876	6 933
1881	2 453	905	4 962
1882	1 990	1 085	4 841
1883	2 326	1 300	5 583
1884	3 372	1 437	6 473
1885	2 751	1 568	6 769
1886	2 600	1 622	7 109
1887	3 025	2 078	9 511
1888	3 478	2 449	11 443
1889	4 513	3 084	16 782
1890	5 545	3 950	23 788
1891*	5 942	4 362	13 092
1891/92	6 533	4 775	19 661
1892/93	6 795	4 897	18 131
1893/94	7 833	5 389	23 605
1894/95	8 371	6 054	31 612
1895/96	10 340	7 697	53 498
1896/97	10 911	8 733	50 193
1897/98	11 445	9 058	57 217
1898/99	14 040	10 597	65 939
1899/00	16 350	12 283	76 809
1900/01	16 891	15 513	81 846
1901/02	17 823	14 659	76 552
1902/03	25 831	22 506	74 201

Zusammengestellt nach Z-Bericht vom 26. Mai 1966. Der Umsatz 1891* umfaßte nur sieben Monate, da Siemens & Halske sein Geschäftsjahr auf die Zeit 1. August bis 31. Juli verlegte. Seit 1920 beginnt das Geschäftsjahr am 1. Oktober.

Tabelle 13: Umsatz- und Belegschaftsentwicklung Haus Siemens und DEG/AEG

Jahr	Siemens		DEG/AEG
	Umsatz (Mio. M)	Belegschaft	Umsatz (Mio. M)
1884	6,5	1437	1,2
1885	6,8	1568	2,1
1886	7,1	1622	2,2
1887	9,5	2078	
1888	11,4	2449	4,8
1889	16,7	3084	6,2
1890	23,8	3950	11,1
1891*	13,1	4362	17
1892	19,7	4775	13,1
1893	18,1	4897	13,7
1894	23,6	5389	16,3
1895	31,6	6054	16,9
1896	53,5	7697	39,2
1897	50,2	8733	47
1898	57,3	9058	64
1899	65,9	10597	82,1
1900	76,8	12283	100,2
1901	81,8	15513	96,9
1902	76,6	14659	80,6
1903	74,2	22506	78,6
1904	81,8	24246	108,3
1905	107	27756	132,1
1906	135,6	30644	175,5
1907	187,7	34324	216,1
1908	211,5	33162	237,2
1909	214,5	32061	249,7
1910	228,8	38457	252
1911	252,6	49896	306,6
1912	329,7	58497	379,2
1913	402,5	63447	441,3

Nach Z-Bericht vom 26. Mai 1966. Der Umsatz 1891* umfaßte nur sieben Monate, da Siemens & Halske sein Geschäftsjahr auf die Zeit 1. August bis 31. Juli verlegte. Seit 1920 beginnt das Geschäftsjahr am 1. Oktober.

Tabelle 14: Belegschafts- und Umsatzentwicklung des Hauses Siemens

Geschäftsjahr	Belegschaft Haus Siemens		Umsatzentwicklung	
	Insgesamt	Deutschland	S&H (Mio. M)	SSW (Mio. M)
1903/04	31475	24246	21,6	70,4
1904/05	35258	27756	26,2	84
1905/06	38787	30644	35,4	104,2
1906/07	42866	34324	49,4	144,3
1907/08	42514	33162	53,7	164,7
1908/09	41303	32061	60,1	160,5
1909/10	49289	38457	65,8	169,1
1910/11	64016	49896	64,2	195,4
1911/12	74945	58497	93,1	246,7
1912/13	81795	63447	97	318,3
1913/14	81745	61862	99,2	314,8

Zusammengestellt nach Z-Bericht vom 26. Mai 1966.

Tabelle 15: Versuch einer konsolidierten Bilanz zum 31. 12. 1880

Aktiva	St. Petersburg	London	Gebr. Siemens Charlottenburg	Berlin	Gesamt-geschäft	Summe
Anlagevermögen						
Grundstücke und Gebäude	378 120	1 241 400	426 818	1 327 779		3 374 117
Maschinen und maschinelle Einrichtungen	284 092	1 068 100	81 577	264 101		1 697 870
Kabelschiff		953 960				953 960
Einrichtung	3 269	52 960		49 810		106 039
Pariser Werkstatt		266 400				266 400
Dampfmaschine			16 312	58 916		75 228
Umlaufvermögen						
Warenbestand	159 465	1 439 100	400 028	3 546 748		5 545 341
Debitoren	200 669	553 120	256 420	282 431		1 292 640
Wertpapiere	1 084 938	1 121 780			6 169 661	8 376 379
Kasse und Bank	418 614	442 460	16 817	237 952		1 115 843
Hypotheken			7 200			7 200
PdR aktiv	392 955	200 840				593 795
Mark	**2 922 122**	**7 340 120**	**1 205 172**	**5 767 737**	**6 169 661**	**23 404 812**

Quelle: SAA 20/Ld 366, Bd. 3

Tabelle 16: Versuch einer konsolidierten Bilanz zum 31. 12. 1880

Passiva	St. Petersburg	London	Gebr. Siemens Charlottenburg	Berlin	Gesamt-geschäft	Summe
Eigenkapital						
Siemens & Halske Kap. Kto.		5 989 500	1 006 079	–1 006 079		5 930 261
			–59 239			
Siemens & Halske Berlin		–555 304				–555 304
Siemens & Halske Wien				–144 706		–144 706
Siemens & Halske St. Petersburg	678 212			–678 083		129
	–27 260	27 260				
Siemens Brothers London		–900 616		900 616		
Gebrüder Siemens Charlottenburg			204 764	–200 094		4 670
Kedabeg	1 021 816			–263 768		758 048
Werner Siemens	342 042			2 871 494	4 212 841	7 426 377
Wilhelm Siemens	195 450	–926 980		1 435 747	–15 974	688 243
Carl Siemens	690 848			1 435 747	1 083 246	3 209 841
Louis Siemens			35 864			35 864
Fremdkapital						
Reserve Fonds Wassermesser				160 209		160 209
Dispositionsfonds				29 457		29 457
Pensionsfonds etc.		290 000		268 521		558 521
Anzahlungen		333 760				333 760
Creditoren		2 984 960	17 704	567 473	889 548	4 459 685
Sparkasse				391 203		391 203
PdR passiv	21 014	97 540				118 554
Mark	**2 922 122**	**7 340 120**	**1 205 172**	**5 767 737**	**6 169 661**	**23 404 812**

Tabelle 17: Aufgliederung des Eigenkapitals auf die Angehörigen der Familie Siemens zum 31. 12. 1880

		Werner	Wilhelm	Carl	Louis
S&H Kap. Kto.	5 930 261	2 372 105	1 779 078	1 779 078	
S&H Berlin	−555 304	−222 122	−166 591	−166 591	
S&H Wien	−144 706	−57 882	−43 412	−43 412	
S&H St. Petersburg	129	51	39	39	
Gebr. Siemens	4 670	1 868	1 401	1 401	
Kedabeg	758 048	379 024		379 024	
Werner Siemens	7 426 377	7 426 377			
Wilhelm Siemens	688 243		688 243		
Carl Siemens	3 209 841			3 209 841	
Louis Siemens	35 864				35 864
	17 353 423	**9 899 421**	**2 258 758**	**5 159 380**	**35 864**

Quelle: SAA 20/Ld 366, Bd. 2

Tabelle 18: Umsatz der Vertreter 1873–1897 (Angaben in Mark)

Moleschott	3 306 603
Société pp Belfort	1 119 042
Société pp Brüssel	61 203
Société pp. Luxemburg	216 738
Wisbech & Meinrich	159 140
Inlandvertreter nach Ausland	2 183 273
Auslandsvertreter nach Inland	4 345
Allgemeine Elektrizitätsgesellschaften	18 913 564
Tenner	4 170 704
v. Bremen & Co.	3 621 537
Dix & Co.	1 517 033
Schöppe	640 845
Krimping	2 932 203
Lüders	55 617
Elektr. Werke »Stettin«	1 043 918
Buch	201 796
Kabisch	424 009
Fleischhauer	2 843 564
Elektrische Bahnen	5 102 053
Elektrische Zentralen	27 501 832
diverse Abnehmer und Selbstkäufer	115 274 675
ehemalige Vertreter	7 578 375
Summe	**198 872 081**

Quelle: SAA 29/Lp 556

Tabelle 19: Belegschaftszahlen* der Siemens-Firmen 1848–1914

Jahr	S&H (Inland)	Gebr. Siemens	SSW (Inland)	Siemens Ausland	Gesamt-Konzern
1848	18				
1849	28				
1850	49				
1851	50				
1852	90				
1853	49				
1854	90			40	130
1855	122			146	268
1856	119			213	332
1857	127			240	367
1858	146			262	408
1859	154			265	419
1860	150			251	401
1861	141			297	438
1862	135			357	492
1863	168			347	515
1864	163			497	660
1865	135			517	652
1866	166			567	733
1867	192			480	672
1868	211			480	691
1869	271			565	836
1870	380			700	1 080
1871	446			940	1 386
1872	581			1 010	1 591
1873	558	70		1 044	1 672
1874	540	110		1 701	2 351
1875	499	72		548	1 119
1876	469	161		329	959
1877	698	40		591	1 329
1878	729	94		488	1 311
1879	635	117		1 376	2 128
1880	631	239		621	1 491
1882	725	333		932	1 990
1883	899	333		1 094	2 326
1884	1 026	302		2 044	3 372
1885	1 142	306		1 303	2 751
1886	1 258	259		1 083	2 600

(Fortsetzung)

Tabelle 19 (Fortsetzung)

Jahr	S&H (Inland)	Gebr. Siemens	SSW (Inland)	Siemens Ausland	Gesamt-Konzern
1887	1361	397		1267	3025
1888	1722	354		1402	3478
1889	2125	271		2117	4513
1890	2737	172		2636	5545
1891	3055	178		2709	5942
1892	3315	251		2967	6533
1893	3381	241		3173	6795
1894	3682	244		3907	7833
1895	4057	314		4000	8371
1896	5334	346		4660	10340
1897	6091	386		4434	10911
1898	6396	419		4630	11445
1899	7310	442		6288	14040
1900	8897	475		6978	16350
1901	11426	518		6947	18891
1902	11012	530		6281	17823
1903	5692	600	12683	6856	25831
1904	6687	700	14704	9384	31475
1905	8780	800	16031	9647	35258
1906	8577	900	18775	10535	38787
1907	9365	960	21798	10743	42866
1908	9414	946	20312	11842	42514
1909	9901	1044	18687	11671	41303
1910	11522	1061	22718	13988	49289
1911	14211	1289	30752	17764	64016
1912	15684	1504	36432	21325	74945
1913	16316	1585	39719	24175	81795
1914	17233	1257	38649	24606	81745

Jahresdurchschnittszahlen nach: SAA 29/Le 932,1

* Die Zahlen wurden von der Sozialpolitischen Abteilung der Siemens-Unternehmen 1965/66 aus zum Teil widersprechenden, zum Teil unvollständigen Quellen erarbeitet.

Tabelle 20: Die Geschäftsentwicklung von Schuckert/EAG

Geschäftsjahr	im Geschäftsjahr definitiv abgelieferte								Fabriken i. Nürnb.		In Nürnberg durchschnittlich beschäftigte[1]		Gesamt Personal[2]	Gesamt Umsatz in Mio. Mark
	Maschinen		Transformatoren		Bogenlampen	Scheinwerfer	Meßapparate		bebaute Grundfläche qm	nutzbare Arbeitsfläche qm				
	Anzahl	Kilowatt	Anzahl	Kilowatt			Strom- u. Spann.-Messer	Zähler			Beamte	Arbeiter		
bis 1879	109				11						4	30		
1879/80	60				10						4	29		
1880/81	75				11						10	31		
1881/82	128				202						24	36		
1882/83	234				628						29	119		
1883/84	366	1 152			745				1 100	1 500	31	156		2,25
1884/85	348	1 153			971		539		1 550	2 100	39	170		1,16
1885/86	500	2 416			1 300		806		1 750	2 300	46	228		1,53
1886/87	543	3 459			1 611		1 747		2 650	4 700	64	300		1,74
1887/88	607	5 867			1 876	38	2 008		3 100	5 200	84	401		3,37
1888/89	593	5 886			2 417	35	2 395		4 200	6 400	105	498		4,31
1889/90	671	7 140			3 633	46	2 953		4 200	7 500	136	629		6,00
1890/91	812	9 559			4 170	45	4 185		7 500	13 900	160	905	1 168	8,00
1891/92	801	10 378			4 743	60	3 299	400	9 500	15 900	184	1 038	1 270	11,27
1892/93	842	10 701			4 575	87	3 639	1 200	10 800	20 100	235	1 011	1 472	10,27
1893/94	1 157	14 886			6 573	67	4 119	1 626	11 400	22 400	262	1 172	1 994	16,90
1894/95	2 355	26 316	143	1 106	7 029	59	5 514	2 512	11 400	22 400	360	1 558	2 225	18,10

(Fortsetzung)

Tabelle 20 (Fortsetzung)

Geschäftsjahr	im Geschäftsjahr definitiv abgelieferte								Fabriken i. Nürnb.		In Nürnberg durchschnittlich beschäftigte[1]		Gesamt Personal[2]	Gesamt Umsatz in Mio. Mark
	Maschinen		Transformatoren		Bogenlampen	Scheinwerfer	Meßapparate		bebaute Grundfläche qm	nutzbare Arbeitsfläche qm				
	Anzahl	Kilowatt	Anzahl	Kilowatt			Strom- u. Spann.-Messer	Zähler			Beamte	Arbeiter		
1895/96	2 889	46 808	214	1 945	9 782	70	6 060	4 429	15 500	32 300	441	2 156	3 570	29,60
1896/97	3 445	49 823	461	6 209	9 217	86	5 172	4 553	18 900	39 500	554	2 812	5 430	33,80
1897/98	4 547	72 477	441	8 862	10 788	120	5 088	8 017	31 200	66 300	571	3 700	6 800	46,50

[1] In den Nürnberger Fabriken, in auswärtigen Baubüros und auf Montage im Durchschnitt jeden Geschäftsjahres
[2] Beamte und Arbeiter in Nürnberg, in Baubüros und auf Montage, im Berliner Werk und in eigenen Zweiggeschäften am Schlusse jeden Geschäftsjahres

Quelle: Fasolt, Elektrizitätsgesellschaften, S. 83

Quellen- und Literaturverzeichnis

Archive und Institute

Archiv der AEG-Aktiengesellschaft, Frankfurt a. M. (AEG-Archiv)
Archiv der Deutschen Bank AG, Frankfurt a. M.
Archiv der Siemens AG, München (SAA = Siemens-Archiv-Akte)
Bundesarchiv, Abteilungen Potsdam (BA Abteilungen Potsdam)
Leo Baeck Institute, New York

Literatur

Allgemeine Elektricitäts-Gesellschaft (Hg.): 50 Jahre AEG. Als Manuskript gedruckt, Berlin 1956

van den Berg, Hans-Joachim: 100 Jahre Friedrich Siemens Regenerativ-Öfen, Berlin 1956

Beyrer, Klaus/Mathis, Birgit-Susann: So weit das Auge reicht. Die Geschichte der optischen Telegrafie, Karlsruhe 1995

Blaich, Fritz: Absatzstrategien deutscher Unternehmen im 19. und in der ersten Hälfte des 20. Jahrhunderts, in: Absatzstrategien deutscher Unternehmen. Gestern – Heute – Morgen (= Beiheft 23 der Zeitschrift für Unternehmensgeschichte), Wiesbaden 1982, S. 5–46

Borchardt, Knut: Die industrielle Revolution in Deutschland, München 1977

Borchardt, Knut: Wirtschaftliches Wachstum und Wechsellagen, 1800–1914. In: Handbuch der deutschen Wirtschafts- und Sozialgeschichte, hg. von W. Zorn, Bd. 2, Stuttgart 1976, S. 198–275

Brandstetter, Erich: Finanzierungsmethoden in der deutschen elektrotechnischen Industrie, Diss. Gießen 1930
Chandler, Alfred D.: Scale and Scope. The Dynamics of Industrial Capitalism, Cambridge – London 1990
Cohen, Rudolf: Schuckert 1873–1923, Würzburg 1923
Conrad, Christoph: Erfolgsbeteiligung und Vermögensbildung der Arbeitnehmer bei Siemens (1847–1945) (= Beiheft 36 der Zeitschrift für Unternehmensgeschichte), Stuttgart 1986
Czada, Peter: Die Berliner Elektroindustrie in der Weimarer Zeit (= Einzelveröffentlichungen der Historischen Kommission zu Berlin 4), Berlin 1969
Dettmar, Georg: Die Entwicklung der Starkstromtechnik in Deutschland, Bd. 1, Berlin 1940
Dynamik und Dimensionen der deutschen Elektroindustrie. Sonderdruck aus Elektrotechnik, Frankfurt/M. o. J.
Ehrenberg, Richard: Die Unternehmungen der Brüder Siemens. Bd. 1. Bis zum Jahre 1870, Jena 1906
Eibert, Georg: Unternehmenspolitik Nürnberger Maschinenbauer 1835–1914 (= Beiträge zur Wirtschaftsgeschichte 3), Stuttgart 1979
Eitel, Wolfram: Die historische Entwicklung des Überseegeschäftes des Hauses Siemens und seine Organisation. (Manuskript im Siemens-Archiv, SAA 12/Lm 910)
Elektrotechnische Zeitschrift (ETZ), Bd. 1, H. 1, 1880
Fasolt, Friedrich: Die sieben größten deutschen Elektrizitätsgesellschaften, ihre Entwicklung und Unternehmertätigkeit. Eine volkswirtschaftliche Studie. Nebst einem Anhang: Die zahlenmäßige Entwicklung der deutschen elektrotechnischen Industrie, ihre örtliche Verteilung und ihre Gliederung. Phil. Diss. Heidelberg, Borna–Leipzig 1904 (= Mitteilungen der Gesellschaft für wirtschaftliche Ausbildung e.V., Frankfurt a. Main, H.2), Dresden 1904
Feldenkirchen, Wilfried: Krise und Konzentration in der deutschen Elektroindustrie am Ende des 19. Jahrhunderts. Vortrag auf der GUG-Tagung am 10. und 11. Oktober 1995 in Düsseldorf (demnächst in: Beiheft der Zeitschrift für Unternehmensgeschichte)
Feldenkirchen, Wilfried: Die deutsche Elektroindustrie in Rußland vor 1914. In: Deutsche Unternehmer im Russischen Reich vom Beginn des 19. Jahrhunderts bis 1914. Tagungsband einer Konferenz in Freiburg im Dezember 1994, hg. v. Dittmar Dahlmann u. Carmen Scheide, Essen 1996
Feldenkirchen, Wilfried: Unternehmensgeschichte, Unternehmenskultur und kulturelles Management bei Siemens. In: Wirt-

schaft, Gesellschaft und Staat im Umbruch. Festschrift der Wirtschafts- und Sozialwissenschaftlichen Fakultät der Friedrich-Alexander-Universität Erlangen-Nürnberg 75 Jahre nach Errichtung der Handelshochschule Nünberg, hg. v. Karl Albrecht Schachtschneider, Nürnberg 1995, S. 521–534

Feldenkirchen, Wilfried: Die Anfänge des Siemensgeschäfts in Amerika. In: Wirtschaft – Gesellschaft – Unternehmen. Festschrift für Hans Pohl zum 60. Geburtstag, hg. von Wilfried Feldenkirchen, Frauke Schönert-Röhlk, Günther Schulz, 2. Bde (= Beiheft 120 a/b der Vierteljahrschrift für Sozial- und Wirtschaftsgeschichte), Stuttgart 1995, S. 876–900

Feldenkirchen, Wilfried: Siemens 1918–1945, München 1995

Feldenkirchen, Wilfried: Competition and Cooperation in the German Electrical Industry. Erweiterte Fassung eines beim Internationalen Wirtschaftshistorikerkongreß in Mailand im September 1994 gehaltenen Vortrages (Veröff. i. Vorb.)

Feldenkirchen, Wilfried: Foreign Investments in the German Electrical Industry. In: Hans Pohl (Hrsg.), Transnational Investment from the 19th Century to the Present (= Beiheft 81 der Zeitschrift für Unternehmensgeschichte), Stuttgart 1994, S. 117–151

Feldenkirchen, Wilfried: Unternehmensgeschichte und Unternehmenskultur am Beispiel Siemens. In: Archiv und Wirtschaft, Jg. 26 (1993), S. 153–162

Feldenkirchen, Wilfried: Concentration in the German Industry 1870–1939. In: Hans Pohl (Hrsg.), The Concentration Process in the Entrepreneurial Economy since the Late 19th Century. Lectures held on the 9th International Congress of Economic History in Berne, Switzerland, on August 28, 1986, (= Beiheft 55 der Zeitschrift für Unternehmensgeschichte), Stuttgart 1988, S. 113–146. Auch abgedruckt in: Barry E. Supple, The Rise of Big Business (The International Library of Critical Writings in Business History 5), Cambridge 1992, S. 472–505

Feldenkirchen, Wilfried: Die Finanzierung der deutschen Elektroindustrie in der Zwischenkriegszeit. In: Zur Geschichte der Unternehmensfinanzierung, hg. v. Dietmar Petzina (= Schriften des Vereins für Socialpolitik NF. 196), Berlin 1990, S. 35–68

Feldenkirchen, Wilfried: Die wirtschaftliche Bedeutung des Siemens-Martinverfahrens. In: Technikgeschichte 55, 1988, S. 301–322

Feldenkirchen, Wilfried: The Export Organization of the German Economy. In: Business History of General Trading Companies. The International Conference on Business History 13. Proceedings of the Fuji Conference, ed. by S. Yonekawa/H. Yoshihara, Tokyo 1987, S. 295–331

Feldenkirchen, Wilfried: Zur Finanzierung von Großunternehmen in der chemischen und elektrotechnischen Industrie Deutschlands vor dem Ersten Weltkrieg. In: Beiträge zur quantitativen vergleichenden Unternehmensgeschichte (= Historisch-Sozialwissenschaftliche Forschungen 19), hg. von R. Tilly, Stuttgart 1985, S. 94–125

Findeisen, Franz: Unternehmensform als Rentabilitätsfaktor, Berlin 1924

Gömmel, Rainer: Realeinkommen in Deutschland. Ein internationaler Vergleich (1810–1914), Nürnberg 1979.

Goetzeler, Herbert/Schoen, Lothar: Wilhelm und Carl Friedrich von Siemens. Die zweite Unternehmergeneration, Stuttgart 1986

Heintzenberg, Friedrich: Carl Heinrich von Siemens. Ein Lebensbild nach seinen Briefen aufgezeichnet für das Siemens-Archiv von Friedrich Heintzenberg, unveröffentlichtes Manuskript im Siemensarchiv, 1944

Helfferich, Karl: Georg von Siemens, 3 Bde, Berlin 1921–1923

Henning, Friedrich-Wilhelm: Die Industrialisierung in Deutschland, 1800–1914, 8. Aufl., Paderborn 1993

Henniger, Gerd: Elektrifizierung in Preußen. Ein Beitrag zur Geschichte der Elektrifizierung der Industrie 1890–1914, Diss. (Ost-)Berlin 1988

Hertner, Peter: German Multinational Enterprises before 1914: Some Case Studies. In: Peter Hertner/Geoffrey Jones (Hg.), Multinationals – Theory and History, Aldershot 1986

Hoffmann, Walther G.: Das Wachstum der deutschen Wirtschaft seit der Mitte des 19. Jahrhunderts, Berlin–Heidelberg–New York 1965

Kaelble, Hartmut: Berliner Unternehmer während der frühen Industrialisierung. Herkunft, sozialer Status und politischer Einfluß (= Veröffentlichungen der Historischen Kommission zu Berlin 40) Berlin–New York 1972

Kaelble, Hartmut: Industrielle Interessenpolitik in der Wilhelminischen Gesellschaft. Der Centralverband Deutscher Industrieller 1895–1914, Berlin 1967

Keuth, Heinz: Sigmund Schuckert – Ein Pionier der Elektrotechnik, Berlin–München 1988

Kieve, Jeffrey: The Electric Telegraph. A Social and Economic History, Newton 1973

Kirchner, Walther: Die deutsche Industrie und die Industrialisierung Rußlands 1815–1914, St. Katharinen 1986

Kocka, Jürgen: Die Angestellten in der deutschen Geschichte 1850–1980. Vom Privatbeamten zum angestellten Arbeitnehmer, Göttingen 1981

Kocka, Jürgen: Unternehmer in der deutschen Industrialisierung, Göttingen 1975

Kocka, Jürgen: Siemens und der aufhaltsame Aufstieg der AEG. In: Tradition, Jg.17, 1972, S. 125–142

Kocka, Jürgen: Unternehmensverwaltung und Angestelltenschaft am Beispiel Siemens 1847–1914. Zum Verhältnis von Kapitalismus und Bürokratie in der deutschen Industrialisierung (= Industrielle Welt 11), Stuttgart 1969

Loewe, Joseph: Die elektrotechnische Industrie. In: Die Störungen im deutschen Wirtschaftsleben während der Jahre 1900ff., Bd. 3.3 (= Schriften des Vereins für Socialpolitik 107), Leipzig 1903, S. 75–155

Matschoß, Conrad: Werner Siemens. Ein kurzgefaßtes Lebensbild nebst einer Auswahl seiner Briefe, 2 Bde., Berlin 1916

Michel, Andrée/Longin, Frans: Siemens. Trajectoire d'une entreprise mondiale, Paris 1990

Mitchell, Brian R.: European Historical Statistics. 2nd Revised Edition, London/ Basingstoke 1981

Peschke, Hans-Peter von: Elektroindustrie und Staatsverwaltung am Beispiel Siemens 1847–1914 (= Europäische Hochschulschriften 154), Frankfurt a. M.–Bern 1981

Pohl, Hans: Aufbruch der Weltwirtschaft. Geschichte der Weltwirtschaft von der Mitte des 19. Jahrhunderts bis zum Ersten Weltkrieg, Stuttgart 1989

Pohl, Hans: Zur Geschichte von Organisation und Leitung deutscher Großunternehmen seit dem 19. Jahrhundert. In: Zeitschrift für Unternehmensgeschichte 26, 1981, S. 143–178

Pohl, Manfred: Emil Rathenau und die AEG, Berlin–Frankfurt 1988

Pole, William: Wilhelm Siemens (deutsche Ausgabe von: The Life of Sir William Siemens, London 1888), Berlin 1890

Reinhardt, Dirk: Von der Reklame zum Marketing. Geschichte der Wirtschaftswerbung in Deutschland, Berlin 1993

Remy, Heinrich: Die Elektrisierung der Berliner Stadt, Ring- und Vorortbahnen als Wirtschaftsproblem, Berlin 1931

Riesser, Jacob: Die deutschen Großbanken und ihre Konzentration im Zusammenhang mit der Entwicklung der Gesamtwirtschaft in Deutschland. 3. völlig umgearbeitete und stark vermehrte Auflage, Jena 1910

Sawall, Edmund: Die Unternehmenskonzentration in der Elektroindustrie. Stand, Motive und Organisationsformen. Diss. Karlsruhe 1963

Schoen, Lothar: Friedrich von Hefner-Alteneck. In: Berlinische Lebensbilder 6 – Techniker, hg. von Wilhelm Treue/Wolfgang König, Berlin 1990, S. 227–247

Schoen, Lothar: Werner von Siemens. In: Berlinische Lebensbilder 6 – Techniker, hg. von Wilhelm Treue/Wolfgang König, Berlin 1990, S. 153–175

Schulz-Hanssen, Klaus: Die Stellung der Elektroindustrie im Industrialisierungsprozeß (= Schriftenreihe zur Industrie- und Entwicklungspolitik 5), Berlin 1970

Schumpeter, Joseph: Business Cycles. A Theoretical Historical and Statistical Analysis of the Capitalist Process, New York 1939

Scott, J. D: Siemens Brothers 1858–1958, London 1958

Siemens, Georg: Der Weg der Elektrotechnik. Geschichte des Hauses Siemens, 2 Bde, 2. Aufl. München 1961

Siemens, Werner von: Lebenserinnerungen, 18. Aufl., München 1986

Siemens, Werner von: Wissenschaftliche und Technische Arbeiten. Band I: Wissenschaftliche Abhandlungen und Vorträge, 2. Aufl., Berlin 1889; Band II: Technische Arbeiten, 2. Aufl., Berlin 1891

Siemens, Werner: Kurze Darstellung der an den preußischen Telegraphenlinien mit unterirdischen Leitungen gemachten Erfahrungen, Berlin 1851. Auch abgedruckt in: Wissenschaftliche und Technische Arbeiten, Bd. II, 2. Aufl., Berlin 1891, S. 58–77

Siemens plc (Hg.): Sir William Siemens – a Man of Vision, London 1993

Smolka, Wolfgang J.: Alexander von Wacker. Das Leben eines Industrie-Pioniers, München 1990

Staudacher, Emil: Die Hauptwerbeabteilung. Eine Chronik der Werbung im Hause Siemens von den Anfängen bis 1966 (Unveröffentlichtes Manuskript aus dem Jahr 1966 im Siemens-Archiv)

Tilly, Richard: Verkehrs- und Nachrichtenwesen, Handel, Geld-, Kredit- und Versicherungswesen 1850–1914. In: Handbuch der deutschen Wirtschafts- und Sozialgeschichte, hg. von W. Zorn, Bd. 2, Stuttgart 1976, S. 563–596

Trendelenburg, Ferdinand: Aus der Geschichte der Forschung im Hause Siemens (= Technikgeschichte in Einzeldarstellungen 31), Düsseldorf 1975

Ufermann, P./Hüglin, C.: Die AEG. Darstellung des Konzerns, Berlin 1922

Verhandlungen und Berichte des Unterausschusses für allgemeine Wirtschaftsstruktur (Enquete-Ausschuß), I. Unterausschuß 3.

Arbeitsgruppe 1. Teil: Wandlungen in den Rechtsformen der Einzelunternehmungen und Konzerne, Berlin 1928
Wagenführ, Rolf: Die Bedeutung des Außenmarktes für die deutsche Industriewirtschaft (= Sonderheft 41 des Instituts für Konjunkturforschung), Berlin 1936
Waller, Ernst: Studien zur Finanzgeschichte des Hauses Siemens, unveröffentlichtes Manuskript, 5 Bde (zugleich SAA 20/Ld 366)
Weiher, Sigfrid von: Die englischen Siemens-Werke und das Siemens-Überseegeschäft in der zweiten Hälfte des 19. Jahrhunderts (= Schriften zur Wirtschafts- und Sozialgeschichte 38), Berlin 1990
Weiher, Sigfrid von: Stammbaum der Familie Siemens. Aus Anlaß der 600jährigen Wiederkehr des ersten urkundlichen Nachweises des Namens Siemens in Goslar 1384, München 1985
Weiher, Sigfrid von/Goetzeler, Herbert: Weg und Wirken der Siemens-Werke im Fortschritt der Elektrotechnik 1847–1980, 3. Aufl., Berlin–München 1981
Weiher, Sigfrid von: Werner von Siemens. Ein Leben für Wissenschaft, Technik und Wirtschaft, Göttingen 1966, 2. Aufl. 1974
Weiher, Sigfrid von: Johann Georg Halske. In: Neue Deutsche Biographie, Bd. 7, Berlin 1966, S. 572–573
Weiher, Sigfrid von: Carl von Siemens 1829–1906. Ein deutscher Unternehmer in Rußland und England. In: Tradition, Jg. 1956, S. 13–25
Wessel, Horst A.: Die Entwicklung des rheinischen Nachrichtenwesens in Deutschland und die rheinische Industrie. Von den Anfängen bis zum Ausbruch des Ersten Weltkrieges (= Beiheft 25 der Zeitschrift für Unternehmensgeschichte), Wiesbaden 1983
Wessel, Horst A.: Helios, AG für elektrisches Licht und Telegraphenbau 1884 bis 1913. Finanzierungsprobleme der deutschen elektrotechnischen Industrie. In: Bankhistorisches Archiv 1984, S. 35–53
Winterfeld, Ludwig von: Entwicklung und Tätigkeit der Firma Siemens & Halske in den Jahren 1847–1897, Diss. Berlin, Naumburg 1913
Zahlenspiegel der Deutschen Bundespost, o.O. o.J.
Zeitschrift des Königlich Preussischen Statistischen Landesamtes 47, 1907
Zunkel, Friedrich, Der rheinisch-westfälische Unternehmer 1834–1879. Ein Beitrag zur Geschichte des deutschen Bürgertums im 19. Jahrhundert (= Dortmunder Schriften zur Sozialforschung Bd. 19), Köln–Opladen 1962

Verzeichnis der Abbildungen

Die Fotos, einschließlich der Umschlagabbildung, und Reproduktionen stammen aus dem Bildarchiv des Siemens-Forums.

Die Graphiken im Text basieren auf Daten der im Anhang aufgeführten Tabellen, sofern keine Quellenangabe erfolgt.

Personen-, Firmen- und Ortsregister

Personenregister

Firmenregister

Ortsregister